일잘러의 비밀,
챗GPT와 GPTs로
나만의 AI 챗봇 만들기

일잘러의 비밀, 챗GPT와 GPTs로 나만의 AI 챗봇 만들기

테디노트와 AI 전문가가 알려주는 챗GPT 업무 활용법 + o1, 소라, 서치, 캔버스 활용 팁

초판 1쇄 발행 2025년 2월 10일

지은이 이경록, 김정욱 / **펴낸이** 전태호
펴낸곳 한빛미디어(주) / **주소** 서울시 서대문구 연희로2길 62 한빛미디어(주) IT출판1부
전화 02-325-5544 / **팩스** 02-336-7124
등록 1999년 6월 24일 제25100-2017-000058호 / **ISBN** 979-11-6921-317-2 93000

총괄 배윤미 / **책임편집** 박민아 / **기획 · 편집** 권소정
디자인 윤혜원/ **전산편집** 이경숙
영업 김형진, 장경환, 조유미 / **마케팅** 박상용, 한종진, 이행은, 김선아, 고광일, 성화정, 김한솔 / **제작** 박성우, 김정우

이 책에 대한 의견이나 오탈자 및 잘못된 내용은 출판사 홈페이지나 아래 이메일로 알려주십시오.
파본은 구매처에서 교환하실 수 있습니다. 책값은 뒤표지에 표시되어 있습니다.
한빛미디어 홈페이지 www.hanbit.co.kr / 이메일 ask@hanbit.co.kr
예제파일 www.hanbit.co.kr/src/11317

Published by HANBIT Media, Inc. Printed in Korea
Copyright © 2025 이경록, 김정욱 & HANBIT Media, Inc
이 책의 저작권은 이경록, 김정욱과 한빛미디어(주)에 있습니다.
저작권법에 의해 보호를 받는 저작물이므로 무단 복제 및 무단 전재를 금합니다.

지금 하지 않으면 할 수 없는 일이 있습니다.
책으로 펴내고 싶은 아이디어나 원고를 메일(writer@hanbit.co.kr)로 보내주세요.
한빛미디어(주)는 여러분의 소중한 경험과 지식을 기다리고 있습니다.

일잘러의 비밀,
챗GPT와 GPTs로 나만의 AI 챗봇 만들기

테디노트(이경록), 김정욱 지음

▶ 저자 직강 동영상 강의 제공

38가지 업무 활용 예제 수록

연말 정산, 뉴스 요약 등 5개 챗봇 완성

한빛미디어
Hanbit Media, Inc.

▶▶ 저자의 글

생성형 AI의 시대, 어떻게 준비할 것인가?

2018년 GPT 모델이 처음 공개된 이후, 우리는 기술 혁신의 급격한 전환점을 맞이했습니다. 특히 2022년 챗GPT의 등장은 AI와 인간의 상호작용 방식을 완전히 변화시켰습니다. 챗GPT는 개인과 기업이 업무를 혁신하고, 창의적인 콘텐츠를 생성하며, 문제 해결의 효율성을 극대화하는 데 필수적인 도구가 되었습니다.

그러나 기술은 도구일 뿐입니다. 그것을 어떻게 활용하고, 목적에 맞게 최적화하느냐에 따라 그 가치가 달라집니다. 이 책은 바로 그런 필요를 채우기 위해 기획되었습니다. 챗GPT와 같은 생성형 AI를 활용하여 업무를 더 스마트하게 수행하고, 창의적인 아이디어를 발전시키며, 새로운 가능성을 탐구하고자 하는 모든 분들에게 실질적인 가이드를 제공하고자 합니다.

이 책은 총 10개 챕터로 구성되어 있으며, 챗GPT의 기본 개념부터 심화된 활용 사례까지 아우릅니다. 처음 접하는 독자도 쉽게 이해할 수 있도록 기본 기능과 설정 방법을 다루고, 고급 사용자를 위해서는 프롬프트 엔지니어링, 멀티모달 데이터 활용법, 비즈니스와 개인 업무에서의 실질적인 응용 방안을 심도 있게 설명합니다. 또한 엑셀과 데이터 분석, GPTs 챗봇을 활용한 실질적인 업무 개선 방법도 다뤄, 독자들이 AI를 통해 업무 효율성을 극대화할 수 있도록 돕고자 했습니다.

이 책을 준비하며 가장 중요하게 생각한 것은 '실용성'입니다. AI라는 거대한 가능성을 추상적인 아이디어로만 남기지 않고, 독자들이 실제로 자신의 일상과 업무에 적용할 수 있도록 다양한 예시와 가이드를 포함했습니다. 책을 읽는 동안 챗GPT의 힘을 느끼고, 여러분만의 창의적인 방법으로 이 기술을 활용할 수 있는 인사이트를 얻으시길 바랍니다.

이 책은 이경록, 김정욱 두 사람이 함께 집필했습니다. 두 사람 모두 생성형 AI 기술의 잠재력에 깊은 관심을 가지고 있으며, 각자의 경험과 지식을 바탕으로 실용적이고 유용한 가이드를 제공하고자 했습니다. 이 책이 나오기까지 아낌없는 지원과 격려를 보내주신 동료들과 가족, 그리고 초기 원고 검토에 조언을 아끼지 않으신 모든 분들께 깊은 감사를 드립니다. 특히 챗GPT의 기술을 더 많은 사람들이 이해하고 활용할 수 있도록 다양한 의견을 공유해 주신 독자 여러분께 이 책을 바칩니다.

여러분의 성장과 변화에 챗GPT가 든든한 동반자가 되기를 바라며...

이경록, 김정욱 드림

▶▶ 추천의 글

요즘 대부분의 기업은 AI를 어떻게 활용할 것인가에 대한 고민에 빠져 있다. 기업의 실무자들이 AI를 직접 활용하여 자신의 업무에 통합하는 과정이야말로 AI 도입의 핵심이라고 생각한다. 이 책은 바로 그런 실무자들을 위한 실질적이고 강력한 가이드다.

'ChatGPT'는 사용자의 이해도와 활용 능력에 따라 그 잠재력이 달라진다. 이 책은 ChatGPT 활용 방법을 처음부터 끝까지 체계적으로 다루며, 엑셀 매크로 자동화, 데이터 분석, 웹 크롤링, 웹사이트 제작 및 배포, 맞춤형 GPT 모델 생성 등 실무에 즉시 적용할 수 있는 구체적인 사례들을 제시한다.

최근 AI가 나의 일자리를 대체할 것이라는 우려가 많다. 그러나 정확히 말하면, AI를 효과적으로 활용할 수 있는 직원이 그렇지 못한 직원을 대체할 가능성이 크다. 기업에서는 생산성을 두 배 이상 높일 수 있는 AI 활용 능력을 갖춘 인재를 선호하고 있다. 이는 단순한 미래 전망이 아니라 이미 현실로 다가오고 있는 변화이다.

이 책은 AI 시대에 기업이 생산성을 극대화하고, 개인이 경쟁력을 확보할 수 있는 실질적인 방법들을 다룬다. AI를 활용하여 새로운 가치를 창출하고자 하는 모든 이들에게 필독서로 추천한다. AI가 우리의 업무와 삶을 어떻게 변화시킬 수 있는지, 그리고 그 변화의 중심에서 어떻게 나의 가치를 나타낼 수 있는지 이 책이 명쾌한 답을 제공할 것이다.

KAIST 김재철 AI대학원 책임교수 장동인

▶▶ 이 책의 구성

이 책은 총 4개 파트, 10개 장으로 구성되어 있습니다. 각 장에서 배울 내용을 먼저 확인하고 예제를 따라 하면서 챗GPT 활용 방법을 익혀 보세요. 좀 더 깊이 있는 내용은 '좀 더 알아보기'와 '여기서 잠깐'을 참고하세요.

이 장에서 배울 내용

이 장에서 앞으로 배울 내용에 대해 한눈에 파악할 수 있습니다.

좀 더 알아보기

본문에서 다루지 못한 심화 내용을 추가로 설명합니다.

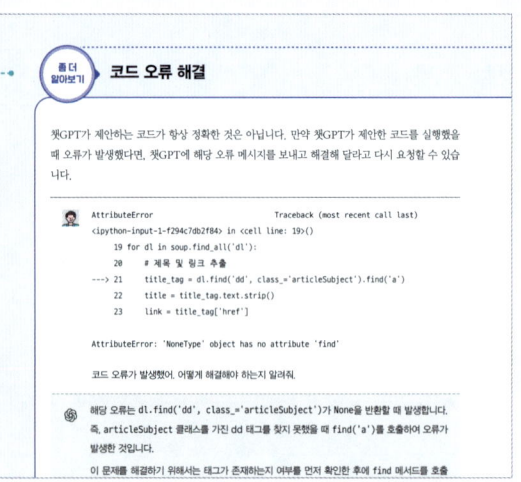

7.1 챗GPT에게 엑셀 함수 물어보기

▶▶ 챗GPT는 사용자가 원하는 데이터 처리 작업을 이해하고, 그에 맞는 엑셀 함수와 공식을 알려주거나, 사용 방법을 단계별로 설명해 줄 수 있습니다. 이를 통해 사용자는 복잡한 데이터 조작을 쉽게 할 수 있으며, 엑셀 응용 작업에도 자신감을 가질 수 있습니다.

이 절에서 배울 내용

해당 절에서 배울 주제 및 주요 개념을 짚어줍니다.

기본 엑셀 함수 물어보기

예제 | chapter07\센터 원생 수 현황.xlsx

예제

실습에서 사용할 예제 파일을 알려줍니다.

챗GPT에서 엑셀 파일을 사용하기 위해 '센터 원생 수 현황' 데이터를 불러오겠습니다. 데이터에는 센터별 '직영 여부', '원생 수', '목표 원생 수'가 기입되어 있고, '순위', '목표 달성 여부'와 '전체 센터', '직영점'에 대한 통계 정보는 비어 있습니다. 이제 비어 있는 셀을 채우기 위해 챗GPT에 필요한 함수식을 요청해 보셌습니다.

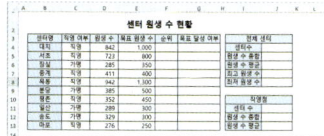

NOTE 한 대화창에서 여러 주제를 이야기하는 것보다 주제별로 대화창을 분리하는 것이 좋습니다.

NOTE

본문 내용과 관련해서 필요한 정보나 주의해야 할 사항들에 대해 간략히 설명합니다.

엑셀 데이터 챗GPT에 알려주기

먼저 챗GPT에게 엑셀 데이터를 알려주도록 하겠습니다.

01 불러온 엑셀 파일에서 데이터가 들어 있는 [B2:J13] 셀을 복사합니다.

STEP BY STEP

실습해 볼 내용을 STEP BY STEP으로 한 단계씩 따라 해 봅니다.

02 복사한 데이터를 챗GPT에 붙여 넣으면, 다음과 같이 복사한 부분이 캡처되어 이미지 파일 형태로 첨부됩니다. 이 경우 챗GPT가 이미지에서 데이터를 추출해야 하므로 오히려 데이터를 잘못 이해할 수 있습니다. 따라서 이미지는 제거하고 텍스트는 유지한 채 엔터 키를 눌러 전달합니다.

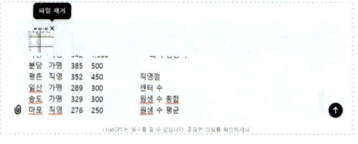

여기서 잠깐

본문에서 다루지 못한 내용이나 알아두면 좋은 내용을 추가적으로 설명합니다.

여기서 잠깐 ▶ 엑셀 자동 채우기

동일한 함수식을 사용할 때는 자동 채우기 기능을 사용하면 편리합니다. 첫 번째 셀에 원하는 함수를 입력하고, 해당 셀을 선택하면 셀의 오른쪽 하단에 작은 사각형(채우기 핸들)이 나타납니다. 이 핸들을 원하는 만큼 드래그하면 수식이 자동으로 다른 셀에 복사됩니다.

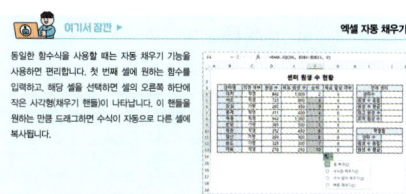

▶▶ 이 책을 보는 방법

이 책에 수록된 예제 파일은 한빛미디어 홈페이지에 업로드되어 있습니다. 기능을 정확하게 이해하기 위해 직접 실습해보기를 권합니다.

1. 자료실 링크로 접속하기

한빛미디어 자료실(https://www.hanbit.co.kr/src/11317)에 접속해서 [예제소스]의 [다운로드] 버튼을 클릭합니다.

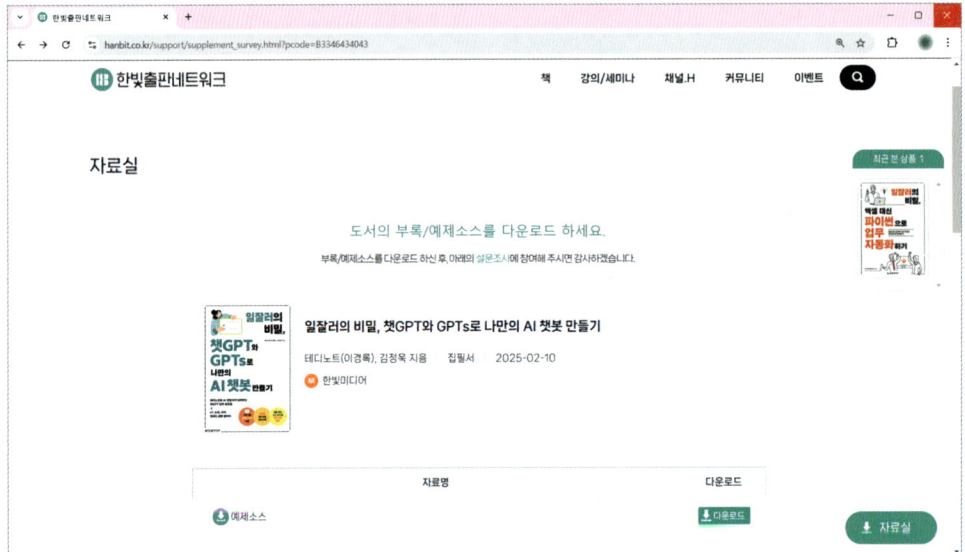

2. 한빛출판네트워크 홈페이지에서 도서로 검색하기

① 한빛출판네트워크 홈페이지(https://www.hanbit.co.kr)에 접속합니다.
② 우측 상단의 돋보기 버튼을 클릭하여 ③ '일잘러의 비밀, 챗GPT와 GPTs로 나만의 AI 챗봇 만들기'를 검색합니다.

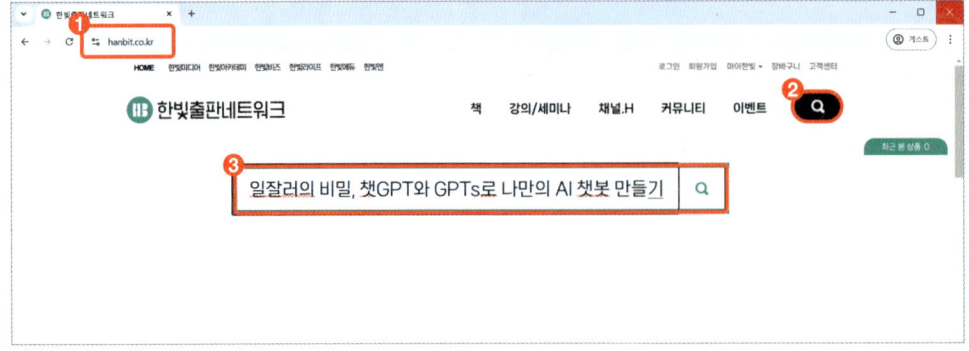

④ 도서 상세 페이지의 [부록/예제소스] 탭에서 [예제소스]의 [다운로드] 버튼을 클릭합니다.

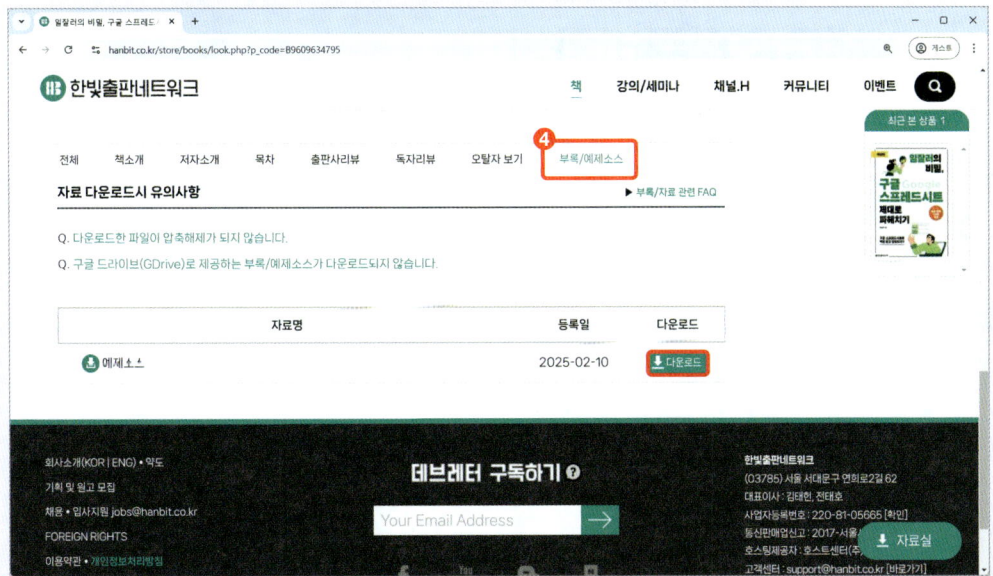

3. 동영상 강의

저자의 유튜브 채널(youtube.com/@cudanote)에서 『일잘러의 비밀, 챗GPT와 GPTs로 나만의 AI 챗봇 만들기』의 동영상 강의를 만나 보세요! 각 예제와 연관된 내용을 동영상으로 제공합니다. 이해가 어렵거나 더 자세히 알고 싶은 내용은 유튜브 강의를 활용하세요.

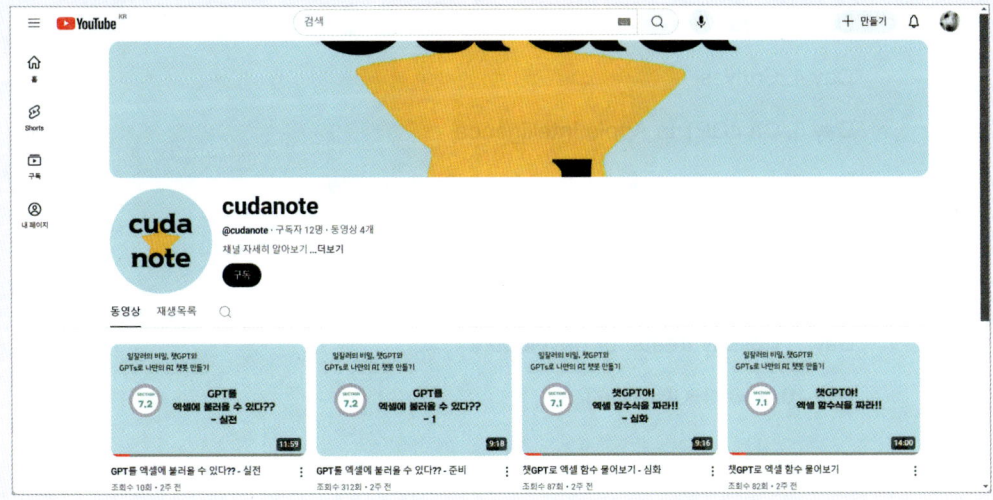

▶▶ 목차

PART 01 챗GPT 준비하기

CHAPTER 01 ▶ 챗GPT의 등장

1.1	챗GPT의 개요	004
	챗GPT와 GPT-3.5	004
	GPT-4	005
1.2	GPT-4의 발전	007
	언어 처리 능력	007
	멀티모달 처리 및 데이터 통합	008
	새로운 추론 모델 OpenAI o1	009
1.3	12 Days of OpenAI	011
	Day 1. o1 & ChatGPT Pro	011
	Day 2. OpenAI's Reinforcement Fine-Tuning Research Program	015
	Day 3. Sora	015
	Day 4. Canvas	017
	Day 5. ChatGPT in Apple Intelligence	020
	Day 6. Advanced voice with video & Santa mode	020
	Day 7. Projects in ChatGPT	021
	Day 8. Search	022
	Day 9. Holiday treats for developers	022
	Day 10. 1-800-CHATGPT	023

Day 11. Work with apps		023
Day 12. o3 preview & call for safety researchers		025
좀 더 알아보기 생성형 AI 관련 용어		026

CHAPTER 02 ▶ 챗GPT 시작하기

2.1	챗GPT 이용하기	030
	챗GPT 계정 만들기	030
	챗GPT 기본 구성	032
	챗GPT 설정	034
	플랜 업그레이드	036
	챗GPT와 친해지기	038
2.2	프롬프트	042
	프롬프트 엔지니어링	042
	고급 프롬프트 엔지니어링 전략	051
	마크다운으로 프롬프트 잘 쓰기	055
	마크다운 활용하기	055

▶▶ 목차

PART 02 챗GPT 다양하게 활용하기 I

CHAPTER 03 ▶ 다양한 콘텐츠 제작하기

3.1 콘텐츠 제작하기   066
    아이디어 생성과 브레인스토밍하기   066
    스토리텔링으로 스크립트 제작하기   069
    소셜 미디어 콘텐츠 기획하기   071

3.2 다양한 문서 작성과 업무 효율화   074
    블로그 콘텐츠 작성하기   074
    비즈니스 제안 이메일 작성하기   079
    보도 자료 작성하기   082

CHAPTER 04 ▶ 이미지 처리하기

4.1 다양한 이미지 생성하기   086
    이미지 생성하기   086
    이미지 편집하기   087
    이미지 생성 프롬프트 작성하기   090

4.2 이미지 분석하기   097
    이미지 기반 질문하기   097
    통계 자료 분석하기   103
    강의 스크립트 작성하기   105
    자료 형태 변환하기   107
    재무재표 분석하기   110

PART 03 챗GPT 다양하게 활용하기 II

CHAPTER 05 ▶ GPT-4를 활용한 고급 데이터 분석

5.1 지역/연령별 소비 및 금융자산 데이터 분석하기   116
    데이터 탐색과 이해하기   116
    분석 기반 전략 수립하기   131

5.2 온라인쇼핑 요일, 시간대별 이용 특징 데이터 분석하기   140
    데이터 탐색과 이해하기   140
    전략적 시각화와 예측 모델링하기   145

CHAPTER 06 ▶ 웹 데이터 수집하기

6.1 금융 데이터와 고객 리뷰 웹 스크래핑하기   156
    웹 스크래핑으로 금융 데이터 및 고객 리뷰 분석하기   156
    웹 스크래핑 데이터 시각화하기   163

6.2 뉴스 기사 크롤링하기   168
    HTML 데이터 저장하기   168
    웹 크롤링 코드 작성하기   170
       [좀 더 알아보기] 코드 오류 해결   176
    웹 크롤링 코드 활용하기   178
    엑셀 파일로 저장하기   183

▶▶ 목차

CHAPTER 07 ▶ 엑셀과 스프레드시트에서 챗GPT 활용하기

7.1 기본 챗GPT에게 엑셀 함수 물어보기   188
     기본 엑셀 함수 물어보기   188
     심화 엑셀 함수 물어보기   198

7.2 스프레드시트에서 챗GPT API 활용하기   205
     챗GPT API 불러오기   205
     구글 스프레드시트에 프로그램 설치하기   208
     GPT 함수 활용하기   210

CHAPTER 08 ▶ 나만의 웹페이지 만들기

8.1 상품 상세 페이지 제작하기   226
     상품 정보 생성하기   226
     웹페이지 제작하기   227

8.2 상품 상세 페이지 개선하기   232
     웹페이지 개선하기   232
     웹페이지 배포하기   253

GPTs로 나만의 AI 챗봇 만들기

CHAPTER 09 ▶ GPTs와 GPT 스토어

- 9.1 GPTs와 GPT 스토어 시작하기 … 262
  - GPTs와 GPT 스토어란? … 262
  - GPTs 살펴보기 … 263
- 9.2 나만의 챗봇 만들기 … 266
  - 연말정산 도우미 챗봇 만들기 … 266
  - 서울 지하철 혼잡도 챗봇 만들기 … 272
  - 회의록 작성 도우미 챗봇 만들기 … 277
  - [좀 더 알아보기] 멘션 … 284

CHAPTER 10 ▶ GPTs 기능 업그레이드하기

- 10.1 외부 서비스 연동하기 … 288
  - 외부 서비스 연동 준비하기 … 288
  - SerpAPI 알아보기 … 290
- 10.2 API로 업그레이드하는 나만의 챗봇 … 292
  - 네이버 뉴스 요약 챗봇 만들기 … 292
  - 유튜브 키워드 검색 챗봇 만들기 … 300

▶▶ **38가지 업무 활용 예제**

실전 업무 활용 예제로 업무 효율 높이기

▶ 업무 활용 예제 38가지

- **예제 01** 아이디어 생성과 브레인스토밍하기
- **예제 02** 스토리텔링으로 스크립트 제작하기
- **예제 03** 소셜 미디어 콘텐츠 기획하기
- **예제 04** 블로그 콘텐츠 작성하기
- **예제 05** 비즈니스 제안 이메일 작성하기
- **예제 06** 보도 자료 작성하기
- **예제 07** 이미지 생성하기
- **예제 08** 이미지 편집하기
- **예제 09** 이미지 생성 프롬프트 작성하기
- **예제 10** 이미지 기반 질문하기
- **예제 11** 통계 자료 분석하기
- **예제 12** 강의 스크립트 작성하기
- **예제 13** 자료 형태 변환하기
- **예제 14** 재무제표 분석하기
- **예제 15** 데이터 탐색과 이해하기
- **예제 16** 분석 기반 전략 수립하기
- **예제 17** 데이터 탐색과 이해하기
- **예제 18** 전략적 시각화와 예측 모델링하기
- **예제 19** 웹 스크래핑으로 금융 데이터 및 고객 리뷰 분석하기

| 예제 20 | 웹 스크래핑 데이터 시각화하기
| 예제 21 | HTML 데이터 저장하기
| 예제 22 | 웹 크롤링 코드 작성하기
| 예제 23 | 웹 크롤링 코드 활용하기
| 예제 24 | 엑셀 파일로 저장하기
| 예제 25 | [기본] 엑셀 함수 물어보기
| 예제 26 | [심화] 엑셀 함수 물어보기
| 예제 27 | 챗GPT API 불러오기
| 예제 28 | 구글 스프레드시트에 프로그램 설치하기
| 예제 29 | GPT 함수 활용하기
| 예제 30 | 상품 정보 생성하기
| 예제 31 | 웹페이지 제작하기
| 예제 32 | 웹페이지 개선하기
| 예제 33 | 웹페이지 배포하기
| 예제 34 | 연말정산 도우미 챗봇 만들기
| 예제 35 | 서울 지하철 혼잡도 챗봇 만들기
| 예제 36 | 회의록 작성 도우미 챗봇 만들기
| 예제 37 | 네이버 뉴스 요약 챗봇 만들기
| 예제 38 | 유튜브 키워드 검색 챗봇 만들기

PART 01

챗GPT 준비하기

CHAPTER 01. 챗GPT의 등장
CHAPTER 02. 챗GPT 시작하기

챗GPT는 OpenAI에 의해 개발된 인공지능 언어 모델입니다. 챗GPT를 활용하여 업무 효율을 높이기 위해서는 챗GPT를 잘 사용하기 위한 준비 과정이 필요합니다. PART 01에서는 챗GPT 계정 생성부터 프롬프트 엔지니어링까지 차근차근히 살펴보겠습니다.

CHAPTER 01

챗GPT의 등장

▶▶▶

챗GPT는 우리가 정보를 찾는 방식을 완전히 바꿔 놓았습니다. 챗GPT로 인해 기계와 인간의 소통이 자연스러워지고, 친구와 대화하듯 편하게 대화할 수 있게 되었습니다. 이제 우리는 교육, 비즈니스, 일상 대화 등 다양한 영역에서 원하는 답을 빠르고 정확하게 얻을 수 있습니다. Chapter 01에서는 이 놀라운 기술이 어떻게 탄생하고 발전해 왔는지, 그리고 우리의 일상을 어떻게 바꾸고 있는지에 대해 살펴보겠습니다.

SECTION 1.1 챗GPT의 개요

▶▶ 챗GPT가 나오기 전까지 일반인들은 인공지능을 이미 개발되어 제공되는 특정 서비스나 기능을 수동적으로 활용하는 수준에 머물렀습니다. 따라서 인공지능 기술을 주도적으로 활용하여 새로운 서비스를 만들거나 업무에 활용하는 것은 어려운 일이었습니다. 하지만 챗GPT의 등장으로 누구나 쉽게 인공지능을 활용할 수 있는 시대가 열렸습니다. 이제 이러한 변화를 가능하게 한 챗GPT에 대해 자세히 알아보겠습니다.

챗GPT와 GPT-3.5

챗GPT는 '채팅'이라는 의미의 '챗(Chat)'과 '사전에 학습된 트랜스포머'란 의미의 'GPT(Generative Pre-trained Transformer)'가 결합된 이름입니다. OpenAI는 2018년 GPT라는 언어 모델을 처음 발표했으며, 대화형 모델인 챗GPT는 2022년에 공개되었습니다. 여기서 '모델'이란 특정 작업을 수행하기 위해 훈련된 알고리즘을 의미합니다.

2022년 11월 30일, OpenAI는 전 세계를 깜짝 놀라게 한 GPT-3.5를 출시했습니다. 이 모델은 출시 후 단 5일만에 일간 활성 사용자 수가 100만 명을 돌파하며 기록적인 성장세를 보였습니다. 이후 빠르게 사용자 기반이 확대되며 수많은 사람이 이 모델을 활용하기 시작했습니다.

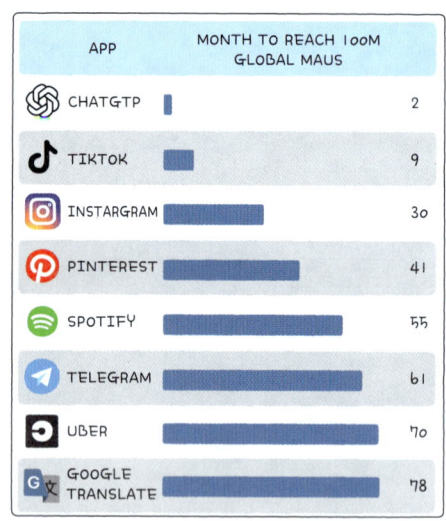

주요 앱의 월간 사용자 1억 명 달성 기간(개월)
출처: USB/yahoo!finance

 **여기서 잠깐 ▶** **GPT 파라미터**

파라미터는 모델이 학습하는 동안 수집하는 데이터 조각들로, 이를 통해 모델은 언어의 규칙, 문맥, 의미 등을 이해하게 됩니다. 파라미터가 많을수록 더 많은 단어와 문장을 학습했다는 의미이며, 이는 인공지능이 더 다양하고 복잡한 질문에 대응할 수 있고, 더 섬세한 텍스트를 생성할 수 있음을 의미합니다.

예를 들어, GPT-3에는 1,750억 개의 파라미터가 있습니다. 이는 GPT-3이 1,750억 개의 단어나 문장을 이해하고 기억할 수 있는 능력을 가진다는 것을 의미합니다. 파라미터 덕분에 인공지능은 단순한 질문뿐만 아니라 복잡한 질문에도 대답할 수 있고, 더 자연스럽고 다양한 문장을 만들어 낼 수 있습니다.

쉽게 말해, 파라미터는 인공지능이 학습하고 처리할 수 있는 정보의 양을 나타내는 중요한 지표입니다. 사람이 다양한 경험을 통해 배우고 지식을 축적하듯, 인공지능도 파라미터를 통해 배우고 발전하여 더 나은 답변을 할 수 있게 됩니다.

GPT-3은 사용자의 질문에 상당히 자연스러운 응답이 가능했지만, 긴 문맥을 유지하거나 복잡한 논리적 추론을 수행하는 데는 한계가 있었습니다. GPT-3.5는 이러한 한계를 극복하고 대화의 일관성과 문맥을 유지하는 능력이 크게 향상된 후속 모델입니다. GPT-3.5의 정확한 파라미터 수는 공개되지 않았으나, 아키텍처의 개선과 최적화에 초점을 맞추었다고 설명하고 있습니다. 이러한 발전으로 챗GPT는 단순한 질의응답을 넘어 더 복잡한 대화와 업무 수행이 가능해졌습니다.

GPT-4

2023년 3월 14일, OpenAI는 최신 언어 모델인 GPT-4를 출시했습니다. GPT-4에는 웹 브라우징 모드가 추가되어 인터넷 검색을 통해 최신 정보를 제공합니다. 또 대화 내용을 내보내는 기능, 사용자 맞춤 지침 설정, 이미지 인식 기능, 메모리 기능 등이 추가되었습니다. 이후 텍스트와 이미지를 입력할 수 있고, 더 많은 컨텍스트를 지원하는 GPT-4o(GPT-4 Turbo)가 공개되었습니다. GPT-4는 초기에는 Chat GPT Plus Subscription 구독자만 이용할 수 있었으나, GPT-4o는 일부 제한된 기능으로 무료 사용자도 이용 가능합니다.

GPT-4o는 응답 속도가 빨라지고, 사용자의 어투나 맥락을 파악하여 감정 표현이 가능해졌습니다. 또한 베타 버전으로 출시된 canvas 기능은 사용자가 대화 내용을 시각적으로 구성하고 편집할 수 있는 기능을 제공합니다. 직장인이라면 GPT-4의 언어 이해 능력과 정교한 답변이 업무에 도움이 될 수 있으므로, 유료 구독을 하는 것이 효과적일 수 있습니다.

같은 날, Custom GPTs(맞춤형 GPT)도 배포되어 사용자가 개인화된 챗봇 서비스를 제작할 수 있게 되었습니다. GPTs는 챗GPT가 단순히 사용자의 질문에 답하는 역할에 그치지 않고, 사용자가 독립적이고 개인화된 서비스를 만들 수 있음을 의미합니다. 이에 대해서는 뒤에서 더 자세히 다루겠습니다.

여기서 잠깐 ▶ **GPT 모델별 기능 비교**

모델/기능	GPT-3	GPT-4	GPT-4o
파라미터 수	1,750억 개	비공개 (더 많음)	비공개 (GPT-4 수준)
컨텍스트 길이	최대 4,096 토큰	최대 32,000 토큰	최대 32,000 토큰
이미지 이해	지원하지 않음	이미지 입력 지원	이미지 입력 지원
응답 정확성	제한적	더 자연스럽고 정확함	더 빠르고 정확하며 감정을 포함한 답변 가능
감정 표현	기본적인 수준	어투 및 감정 표현 가능	더 자연스러운 감정 표현 가능
사용 가능 옵션	무료 사용	유료 사용	일부 무료 사용 (사용량 제한, 유료 사용 가능)

우리 책에서는 GPT Plus 구독을 통해 제공되는 GPT-4를 기준으로 설명을 진행할 예정입니다. 이는 다양한 기능과 성능을 최대한 활용하여 여러분에게 유용한 팁과 활용법을 보다 폭넓게 알려드리기 위함입니다. 물론 무료 버전에서도 유사한 방법을 활용할 수 있지만, 유료 버전의 기능을 통해 좀 더 깊이 있는 활용법과 실질적인 예시를 제공해 드리겠습니다.

SECTION 1.2 GPT-4의 발전

▶▶ GPT-4는 이전 모델인 GPT-3.5에 비해 훨씬 정교한 답변을 제공합니다. 이는 대규모의 사전 학습 데이터, 변경된 모델 구조 및 미세조정 방식의 개선을 통해 발전된 것입니다. 특히 언어 처리 능력, 멀티모달 데이터 처리, 맞춤형 대화, 그리고 효율적인 성능 최적화 등에서 두드러진 개선이 이루어졌습니다. 이번 절에서는 이러한 발전을 보여주는 주요 기능들과 각 기능에 대한 예시를 살펴보겠습니다.

언어 처리 능력

GPT-4는 여러 언어로 된 복잡한 질문을 더 잘 이해하고, 논리적이고 상세하게 답변할 수 있습니다. 특히 대화의 맥락을 잘 이해하고 유지하는 능력이 크게 향상되었습니다. 비즈니스 문서 작성, 기술적 지원, 고객 문의 응답 등의 분야에서 보다 자연스럽고 직관적인 대화를 만들어내는 데 최적화되었습니다.

 한국의 교육 시스템은 어떤 장단점을 가지고 있어?

- **GPT-3.5**

  한국의 교육 시스템은 학업 성취도가 높고, 학생들이 열심히 공부합니다. 하지만 스트레스가 많고 경쟁이 심한 단점이 있습니다.

- **GPT-4**

  한국의 교육 시스템은 높은 학업 성취도와 집중적인 커리큘럼으로 잘 알려져 있습니다. 학생들은 수학, 과학 등 주요 과목에서 우수한 성과를 보이며, 이는 교육에 대한 국가적 투자와 높은 교육열 덕분입니다. 하지만 이러한 시스템에는 단점도 있습니다. 과도한 경쟁과 시험 위주의 교육 방식은 학생들에게 큰 스트레스를 주고, 창의력 개발보다는 암기 중심의 학습을 유도하는 경향이 있습니다. 또한, 사교육의 의존도가 높아 경제적 불평등을 심화시킬 우려도 있습니다.

GPT-3.5는 상대적으로 간단하고 직접적인 설명에 그치는 반면, GPT-4는 교육 시스템의 배경과 구조적 문제까지 분석하여 더 깊은 맥락의 답변을 제공합니다.

멀티모달 처리 및 데이터 통합

GPT-4는 텍스트뿐만 아니라 이미지, 표, 코드 등 다양한 형태의 데이터를 이해하고 분석할 수 있어 복잡한 문제도 해결할 수 있습니다. 이렇게 다양한 형태의 데이터를 처리하는 것을 멀티모달이라고 합니다.

다음은 OpenAI에서 공개한 GPT-4 Technical Report의 일부입니다. GPT-4에게 다음과 같은 사진을 보여주었을 때, 사진에서 보이는 어색한 부분을 정확히 찾아내는 것을 확인할 수 있습니다.

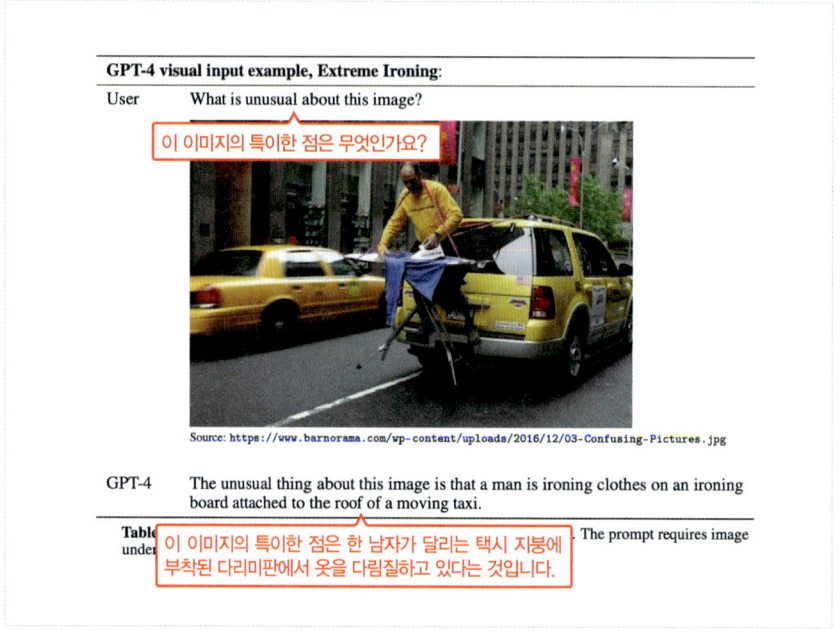

GPT-4의 시각적 이해 능력을 보여주는 예
출처: GPT-4 Technical Report(https://arxiv.org/pdf/2303.08774.pdf)

 **여기서 잠깐 ▶**　　　　　　　　　　　　　　　　**멀티모달 능력을 갖춘 AI**

멀티모달 AI는 기존의 AI와 몇 가지 차이점을 보입니다.

기존의 AI는 '남자가 말을 타고 있다'는 문장에서 '말을 탄다'라는 행동은 이해하지만, 말의 크기나 말을 타는 방식에 대한 실제적인 이미지를 이해하는 데는 한계가 있었습니다. 하지만 멀티모달 AI는 이 한계를 해결할 수 있습니다.

멀티모달 AI는 텍스트와 자연어뿐만 아니라, 이미지, 소리, 비디오와 같은 다양한 형태의 데이터를 이해하고 처리할 수 있습니다. 덕분에 단순히 텍스트를 읽는 것을 넘어 이미지를 분석하고 해석할 수 있게 된 것입니다. 한마디로 AI가 세상을 입체적으로 바라볼 수 있게 된 것입니다.

새로운 추론 모델 OpenAI o1

OpenAI의 새로운 추론 모델인 o1은 GPT-4의 성능을 더 강화하여 정교한 질문에 대한 정확도를 높이고, 빠르고 효율적인 응답을 제공합니다. 복잡한 논리적 추론이 필요한 문제에 특화되어 있어, 수학적 문제 해결, 추론 기반 문제 풀이, 법적 분석 및 논증, 복잡한 계획 수립 같은 작업에서 뛰어난 성능을 발휘합니다.

예를 들어, 복잡한 수학 문제를 단계별로 풀어내거나 추론 기반 문제를 여러 단계로 나누어 분석하고, 법적 사례에서 일관된 결론을 이끌어내는 데 유리합니다. 이미지나 파일 업로드, 인터넷 검색 기능은 없으므로 상황에 따라 GPT-4o와 함께 사용하는 것이 좋습니다.

 1~30까지 적혀있는 숫자판이 하나씩 있습니다. 이 숫자판과 +, - 연산만을 사용해서 1~30까지의 자연수를 만든다고 했을 때, 1~30까지의 숫자판 중 최소한의 것만 사용한다면 몇 개가 필요할까요? 숫자판은 하나씩만 있기 때문에 중복해서 사용할 수 없습니다.

　• **GPT-4o**

1부터 30까지의 자연수를 만들기 위해 최소한의 숫자판을 사용하려면 각 숫자가 조합되어 목표 숫자를 만들 수 있도록 해야 합니다. 이 경우에는 숫자판을 조합하여 +와 - 연산을 통해 각 숫자를 만들 수 있는지 확인하며 최소의 숫자판 수를 찾는 것이 목표입니다.

우선적으로 가능한 접근 방법은 다음과 같습니다.

1. **가능한 최소의 숫자판 선택**: 숫자 조합을 통해 각 숫자를 만들 수 있도록 필요한 숫자판을 선택합니다.
2. **조합 연산을 통한 목표 달성**: 각 숫자판을 조합해 1부터 30까지의 숫자를 생성할 수 있는지 확인합니다.

이 문제를 해결하기 위해서는 최적의 조합을 찾는 과정이 필요하며, 대략적인 풀이 방법을 코딩으로 구현해볼 수 있습니다. 이를 통해 필요한 숫자판의 최소 수를 찾겠습니다.

1부터 30까지의 자연수를 만들기 위해 필요한 최소한의 숫자판 개수는 **4개**이며, 필요한 숫자판은 1, 2, 7, 20입니다. 이 숫자판을 조합하여 +, − 연산을 통해 1부터 30까지의 모든 자연수를 생성할 수 있습니다.

- GPT-o1

6초 동안 생각

문제를 해결하기 위해, 1부터 30까지의 자연수를 만들기 위해 최소한의 숫자판을 선택해야 합니다. 각 숫자판은 한 번만 사용할 수 있으며, +와 − 연산을 사용할 수 있습니다. 이를 효율적으로 해결하기 위해 **균형 3진법(Balanced Ternary)** 개념을 사용할 수 있습니다.

균형 3진법 개념

균형 3진법에서는 각 자릿수에 −1, 0, +1의 값을 사용할 수 있습니다. 이를 통해 특정 숫자를 표현할 수 있습니다. 예를 들어, 숫자판 1, 3, 9, 27을 사용하면 다음과 같은 이점을 가집니다:

- 1: 1
- 3: 3
- 9: 9
- 27: 27

이 네 개의 숫자판을 사용하면 다음과 같이 다양한 숫자를 표현할 수 있습니다:

- 1 + 3 = 4
- 9 - 3 = 6
- 2 - 9 = 18+
- 1 + 3 + 9 + 27 = 40 등

이를 통해 **1부터 30까지의 모든 자연수를 표현할 수 있습니다.**

최소 숫자판의 수

균형 3진법을 적용하면, 4개의 숫자판(1, 3, 9, 27)으로 1부터 40까지의 모든 숫자를 표현할 수 있습니다. 따라서 1부터 30까지의 숫자를 만들기 위해 **최소 4개의 숫자판이 필요**합니다.

결론

1부터 30까지의 자연수를 만들기 위해 필요한 최소한의 숫자판은 **4개 (1, 3, 9, 27)**입니다.

답: 최소 4개의 숫자판이 필요합니다.

SECTION 1.3 12 Days of OpenAI

▶▶ '12 Days of OpenAI'는 AI 기술의 현재와 미래를 조명하는 특별한 행사로, OpenAI가 12일 동안 매일 새로운 기능과 제품을 발표하며 인공지능 혁신의 가능성을 보여주었습니다. 이 행사는 AI 기술이 우리의 일상과 산업 전반에 어떻게 영향을 미치는지 보여주며, 사용자 경험의 개선과 기술적 진보를 탐구하는 기회를 제공했습니다. 이번 절에서는 이 행사에서 만들어낸 주요 성과와 AI 기술의 발전 방향에 대해 자세히 알아보겠습니다.

Day 1. o1 & ChatGPT Pro

OpenAI의 o1 모델은 1장 2절에서 설명했던 것처럼, 이전 GPT-4 모델보다 한층 강화된 성능을 자랑하며 복잡한 논리적 추론이 필요한 작업에 특화되어 있습니다. 특히 수학 문제를 단계별로 풀이하거나, 여러 단계를 거쳐야 하는 추론 문제, 법적 분석, 그리고 복잡한 계획 수립 등에서 높은 정확도를 제공합니다. 이 모델은 빠른 응답보다는 정확하고 정교한 답변을 우선시하도록 설계되었습니다. 덕분에 더 복잡하고 심도 있는 과학적 질문이나 고난도의 수학 문제를 해결하는 데 탁월한 능력을 보여줍니다. 또한 이미지와 텍스트를 동시에 처리할 수 있는 멀티모달 입력 기능을 지원합니다.

2024년 12월을 기준으로, ChatGPT Plus 또는 팀 계정 사용자는 o1 모델 사용에 제한이 있습니다.

- **o1 모델:** 일주일에 50개의 질문
- **o1-mini 모델:** 하루에 50개의 질문

다음은 2024년 국가공무원 5급 공개경쟁채용시험 상황판단 영역 18번 문제입니다. o1 모델이 이 문제를 어떻게 해결하는지 살펴보겠습니다.

---

18. 다음 글과 〈상황〉을 근거로 판단할 때, 청년후계농으로 선발될 수 있는 지원자는?

〈2023년 청년후계농 선발 공고문〉

□ 목적

○ 젊고 유능한 인재의 농업분야 유입을 촉진하고, 청년 근로자의 영농 정착과 농업 인력구조 개선을 도모

□ 지원자격

○ 만 19세 ~ 만 40세(병역이행기간은 연령 계산 시 미산입)

○ **독립경영** 3년 이하인 자 및 독립경영 예정자

- 독립경영: ① 본인명의로 농지를 임차하거나 구입하고, ② 경영주로 등록한 후, ③ 본인이 직접영농에 종사하는 경우

- 위의 독립경영 요건 중 ①과 ②를 충족하였으나 ③을 충족하지 못한 경우를 독립경영 예정자로 봄

○ 2023. 1. 1. 현재 위의 기준을 충족한 자에 한함

〈상황〉

지원자	甲	乙	丙	丁	戊
생년월일	1980. 5. 4.	2000. 2. 27.	1994. 7. 5.	1989. 10. 20.	1992. 8. 8.
병역이행기간	6개월	×	30개월	24개월	×
농지	2021. 12. 31. 본인명의 구입	2022. 10. 31. 본인명의 임차	2018. 1. 31. 본인명의 구입	2020. 5. 10. 본인명의 임차	2022. 4. 10. 본인명의 구입
경영주 등록	2022. 1. 10.	2023. 1. 3.	2018. 2. 3.	2020. 12. 3.	×
직접영농개시	2022. 1. 10.	×	2018. 2. 3.	2021. 1. 5.	×

문제에서 주어진 청년후계농 선발 요건을 간단히 정리하면 다음과 같습니다.

1. 연령 요건: 2023. 1. 1. 기준 만 19세 이상 ~ 만 40세 이하

    - 단, 병역이행기간은 연령 계산에서 빼 줌(미산입).

2. 독립경영 3년 이하 또는 독립경영 예정자

    - '**독립경영**'이란,

① 본인 명의로 농지를 임차하거나 구입하고

② 경영주로 등록한 뒤

③ 본인이 직접 영농에 종사하는 것

    - 이 중 ①과 ②를 이미 충족하였으나(농지가 있고 경영주 등록 완료) ③(직접영농)을 아직 시작하지 못한 경우는 "독립경영 예정자"로 봄.

    - 독립경영 3년 이하인지는, 농지를 본인 명의로 확보 + 경영주 등록 + 직접 영농을 시작한 시점부터 계산하여 2023. 1. 1. 현재 3년이 넘지 않아야 함.

각 지원자별 자격 여부 판단

아래 표의 생년월일 기준으로 2023. 1. 1. 당시 만 나이를 계산하고(아직 생일이 지나지 않았다면 실제로는 한 살 어림), 남성은 복무기간(개월/년)을 연령에서 빼 줍니다. 이어서 농지 취득(또는 임차)·경영주 등록·직접영농 시점을 보고 '독립경영 3년 이하' 또는 '예정자' 요건을 충족하는지 살펴봅니다.

1) 갑(甲)

- 생년월일: 1980. 5. 4.
- 2023. 1. 1. 기준 만 나이: 만 42세쯤(아직 5월 생일 전이므로 43세는 아님)
- 병역이행기간: 6개월 → 실제 적용 나이 약 41.5세
- 연령 요건(만 19 ~ 40세)에 벗어남

→ 불합격

2) 을(乙)

- 생년월일: 2000. 2. 27.
- 2023. 1. 1. 기준 만 나이: 만 22세
- 병역이행이 없으므로 그대로 22세 → 연령 요건 통과
- 농지(본인명의 임차): 2022. 10. 31. → 독립경영 요건 ① 충족
- 경영주 등록: 2023. 1. 3. → 2023. 1. 1. 기준으로 보면 아직 등록 전(이틀 뒤에 등록)
- 직접영농개시: 없음(×)

  즉, 2023. 1. 1. 현재는 ①만 충족하고 ②(경영주 등록)가 이루어지지 않았으므로,

- "독립경영 예정자"가 되려면 ①+②를 만족해야 하는데, 아직 ②가 안 되어서 독립경영 예정자에도 해당되지 않음.

→ 불합격

3) 병(丙)

- 생년월일: 1994. 7. 5.
- 2023. 1. 1. 기준 만 나이: 약 28세
- 병역이행기간: 30개월(2년 6개월) → 실질 연령 약 25.5 ~ 26세 → 연령 요건 통과
- 농지(본인명의 구입): 2018. 1. 31.
- 경영주 등록·직접 영농: 2018. 2. 3. (동시에 시작)

  2018. 2. 3.부터 이미 5년 가까이 독립경영 중(2023. 1. 1. 기준으로 약 4년 11개월)

- "독립경영 3년 이하" 초과

→ 불합격

4) 정(丁)

- 생년월일: 1989. 10. 20.
- 2023. 1. 1. 기준 만 나이: 만 33세
- 병역이행기간: 24개월(2년) → 실질 연령 약 31세 → 연령 요건 통과
- 농지(본인명의 임차): 2020. 5. 10. → 독립경영 요건 ① 충족
- 경영주 등록: 2020. 12. 3. → 요건 ② 충족
- 직접영농개시: 2021. 1. 5. → 요건 ③ 충족

결국 2021. 1. 5.부터 독립경영을 시작했으므로, 2023. 1. 1. 현재 약 2년 정도 경과 → 3년 이하

→ 합격 가능

5) 무(戊)

- 생년월일: 1992. 8. 8.
- 2023. 1. 1. 기준 만 나이: 만 30세(병역 없음) → 연령 요건 통과
- 농지(본인명의 구입): 2022. 4. 10. → 독립경영 요건 ① 충족
- 경영주 등록: 없음(×) → 요건 ② 미충족
- 직접영농개시: 없음(×)

②가 충족되지 않아 "독립경영 예정자"로도 볼 수 없음(①+②가 되어야 예정자).

→ 불합격

결론: 청년후계농으로 선발될 수 있는 지원자

- 정(丁) 한 명만 요건을 충족
- 따라서 정답은 ④(丁)

Day 2. OpenAI's Reinforcement Fine-Tuning Research Program

강화 미세 조정(Reinforcement Fine-Tuning) 연구 프로그램은 개발자와 머신러닝 엔지니어가 복잡한 작업에 특화된 AI 모델을 개발할 수 있도록 지원하는 OpenAI의 프로그램입니다. GPT와 같은 일반적인 생성형 AI 모델은 사용자의 일반적인 질문에는 훌륭히 답변할 수 있지만, 특정 분야의 전문적인 정보를 다루는 데 한계가 있습니다. 이를 극복하기 위해 특정 분야의 데이터를 추가로 학습 시키는 과정을 '미세 조정(Fine-Tuning)'이라고 합니다. 이 과정을 통해 AI 모델을 해당 분야에 맞게 최적화하여 더 복잡한 문제를 효과적으로 해결할 수 있습니다.

강화 미세 조정은 법률, 보험, 의료, 금융, 엔지니어링 등 높은 전문성이 요구되는 다양한 분야에서 유용합니다. 이 프로그램은 기존 AI 모델의 성능을 한층 강화하여, 특정 분야에 적합한 맞춤형 솔루션을 개발할 수 있는 기회를 제공합니다.

Day 3. Sora

소라(Sora)는 텍스트 기반 비디오 생성 모델로, 사용자가 입력한 텍스트를 바탕으로 최대 20초 길이의 고해상도(최대 1080p) 비디오를 생성합니다. 예를 들어, "눈 내리는 서울 거리를 걷는 사람들"이라는 문장을 입력하면 해당 장면을 묘사하는 비디오가 생성됩니다.

소라는 단순한 텍스트 입력만 지원하는 것이 아니라, 이미지나 기존 비디오 클립을 입력으로 받아 이를 변형하거나 확장해 새로운 비디오를 생성할 수도 있습니다. 이를 통해 사용자는 AI를 활용하여 독창적인 콘텐츠를 손쉽게 제작할 수 있습니다.

현재 소라는 ChatGPT Plus 및 Pro 사용자들에게 추가 비용 없이 제공되며, 생성된 비디오에는 AI 생성임을 나타내는 워터마크와 메타데이터가 포함됩니다. 다만, 복잡한 물리 현상이나 정교한 인간 동작을 완벽하게 재현하는 데에는 일부 한계가 있을 수 있으며, 효과적인 비디오 생성을 위해 프롬프트는 영어로 작성하는 것이 권장됩니다.

소라의 주요 사용자 인터페이스와 기능에 대해 알아보겠습니다.

❶ **+ 아이콘:** 이미지나 영상을 직접 업로드 하거나 라이브러리에서 선택해 업로드할 수 있습니다.

❷ **Presets:** 영상의 프리셋(스타일)을 설정할 수 있습니다.

- **None:** 필터나 스타일이 적용되지 않은 기본 상태를 말합니다.
- **Balloon World:** 풍선과 관련된 밝고 독특한 스타일을 제공합니다.
- **Stop Motion:** 재미있는 수작업 애니메이션 느낌의 스타일을 제공합니다.
- **Archival:** 아카이브 느낌의 빈티지 스타일로 오래된 기록물 같은 색감이나 질감을 줍니다.
- **Film Noir:** 흑백 대비가 강한 고전 영화 스타일로 어두운 분위기와 드라마틱한 연출에 적합합니다.
- **Cardboard & Papercraft:** 종이 공예나 판지 스타일로 입체적이고 손으로 만든 듯한 효과를 제공합니다.

❸ **Aspect ratio:** 영상의 화면 비율을 설정합니다. 16:9(와이드스크린), 1:1(정사각형 화면), 9:16(세로형 화면) 중 선택할 수 있습니다.

❹ **Resolution:** 출력될 영상의 해상도를 설정합니다. 1080p(Full HD, 최고 화질), 720p(HD, 중간 화질), 480p(SD, 기본 화질) 중 선택할 수 있습니다.

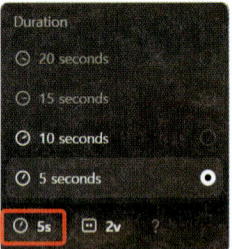

❺ **Duration:** 영상의 길이를 설정합니다. 20초, 15초, 10초, 5초 중 선택할 수 있습니다.

❻ **Variations:** 생성하는 영상의 개수를 설정합니다. 4개, 2개, 1개 중에 선택할 수 있습니다.

❼ **Storyboard:** 영상 제작 과정에서 장면 구성과 흐름을 시각적으로 계획하는 도구입니다. 각 장면에 텍스트 설명을 추가하거나 이미지와 영상을 삽입해 내용을 구체화할 수 있습니다. 타임라인에서 장면의 순서와 길이를 조정하며, 프로젝트의 전체 흐름을 체계적으로 관리가 가능합니다.

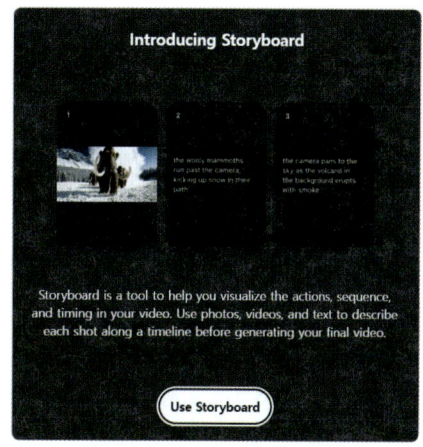

Day 4. Canvas

GPT-4는 최신 업그레이드로 캔버스(canvas) 기능을 도입했습니다. 이 기능은 사용자가 텍스트 기반 글쓰기 작업과 코딩을 보다 직관적이고 효율적으로 수행할 수 있도록 돕습니다.

글쓰기 기능을 통해 사용자는 에세이, 보고서, 이메일 작성 등 다양한 작업을 손쉽게 수행할 수 있으며, 문서 구조를 정리하고 실시간 피드백을 제공하여 글의 완성도를 높이는 데 도움을 줍니다.

코딩 기능은 코드의 오류를 실시간으로 검토하고, 필요한 수정 사항을 쉽게 반영할 수 있도록 합니다. 이로써 개발자와 비개발자 모두 코딩 작업을 간편하게 수행할 수 있습니다. 예시를 통해 이 두 가지 기능을 자세히 살펴보겠습니다.

글쓰기

글쓰기 기능은 단순히 문서를 작성하는 것이 아니라 문서의 구조를 처음부터 끝까지 체계적으로 설계할 수 있도록 도와줍니다. 사용자는 초안을 작성한 후, 캔버스의 도움을 받아 문서를 수정하거나 발전시킬 수 있습니다. 주제를 전환할 때도 기존 문서의 주요 내용을 자연스럽게 연결할 수 있도록 도와줍니다.

 고객에게 발송할 제품 배송 지연에 대한 사과 이메일을 작성해 줘.

 GPT-3.5: 사용자가 이메일 초안 작성을 요청하면 작성은 해주지만 다시 이어서 수정할 수 있는 기능은 제공하지 않음 같은 내용을 캔버스 기능을 가진 ChatGPT-4o with Canvas 모델에게 요청해 보겠습니다. 필요한 순간에 다른 주제를 다루거나 추가 정보를 확인하고 나서 다시 원래의 작업으로 빠르게 돌아올 수 있는 것은 캔버스 기능의 장점 중 하나입니다. 이러한 기능은 복잡한 프로젝트나 고객 커뮤니케이션 시 유용하게 활용할 수 있습니다.

 고객에게 발송할 제품 배송 지연에 대한 사과 이메일을 작성해 줘.

 안녕하세요 [고객님 이름]님,

먼저, 저희 제품 배송이 지연되고 있어 불편을 드린 점 진심으로 사과드립니다. 예상치 못한 물류 문제로 인해 배송 일정이 늦춰지게 되었습니다.

저희는 현재 문제를 해결하고 있으며, 최대한 빠른 시일 내에 제품을 받아보실 수 있도록 최선을 다하겠습니다. 배송 지연으로 인해 불편을 겪으신 점 다시 한번 죄송하다는 말씀을 드리며, 관련 진행 상황에 대해 지속적으로 안내해 드리겠습니다.

혹시 더 궁금하신 사항이 있으시면 언제든지 연락해 주세요.

감사합니다.

[발신자 이름]

> 다른 주제로 전환

 그리고 이번 제품과 관련된 최신 업데이트 내용을 간단히 요약해 줄 수 있어?

 이번 제품의 최신 업데이트는 다음과 같습니다:

1. UI 개선: 사용자 인터페이스가 더욱 직관적이고 사용하기 쉽게 변경되었습니다.
2. 성능 향상: 앱의 반응 속도가 개선되어 사용자 경험이 향상되었습니다.

새로운 기능 추가: 고객 맞춤형 알림 설정 기능이 새롭게 추가되었습니다.

> 이메일 초안으로 돌아오기

 다시 이메일로 돌아가서, 지연 보상을 언급하는 내용도 추가해 줄래?

 안녕하세요 [고객님 이름]님,

먼저, 저희 제품 배송이 지연되고 있어 불편을 드린 점 진심으로 사과드립니다. 예상치 못한 물류 문제로 인해 배송 일정이 늦춰지게 되었습니다.

저희는 현재 문제를 해결하고 있으며, 최대한 빠른 시일 내에 제품을 받아보실 수 있도록 최선을 다하겠습니다. 또한, 이번 배송 지연에 대한 보상으로 다음 주문 시 사용하실 수 있는 10% 할인 쿠폰을 제공해 드리려고 합니다. 배송 지연으로 인해 불편을 겪으신 점 다시 한번 죄송하다는 말씀을 드리며, 관련 진행 상황에 대해 지속적으로 안내해 드리겠습니다.

혹시 더 궁금하신 사항이 있으시면 언제든지 연락해 주세요.

감사합니다.

[발신자 이름]

또한 특정 문단에 대한 편집 요청을 할 수도 있습니다. 수정을 원하는 부분을 마우스로 드래그하고 수정사항을 입력하면 됩니다.

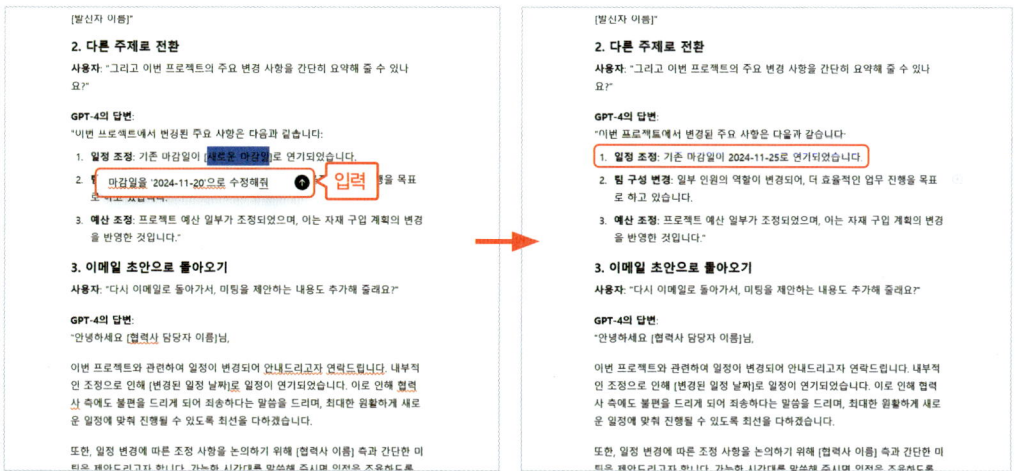

코딩

코딩 기능은 단순히 코드 작성뿐만 아니라, 코드의 구조와 품질을 개선하는 데 중점을 둡니다. 사용자에게 실시간 오류 수정을 제공하고, 최적화된 코드 작성 방법을 추천해 줘 생산성을 높일 수 있습니다. 코딩 학습을 하는 사람들에게도 직관적인 도움을 제공해 코드의 작동 원리를 쉽게 이해할 수 있도록 도와줍니다.

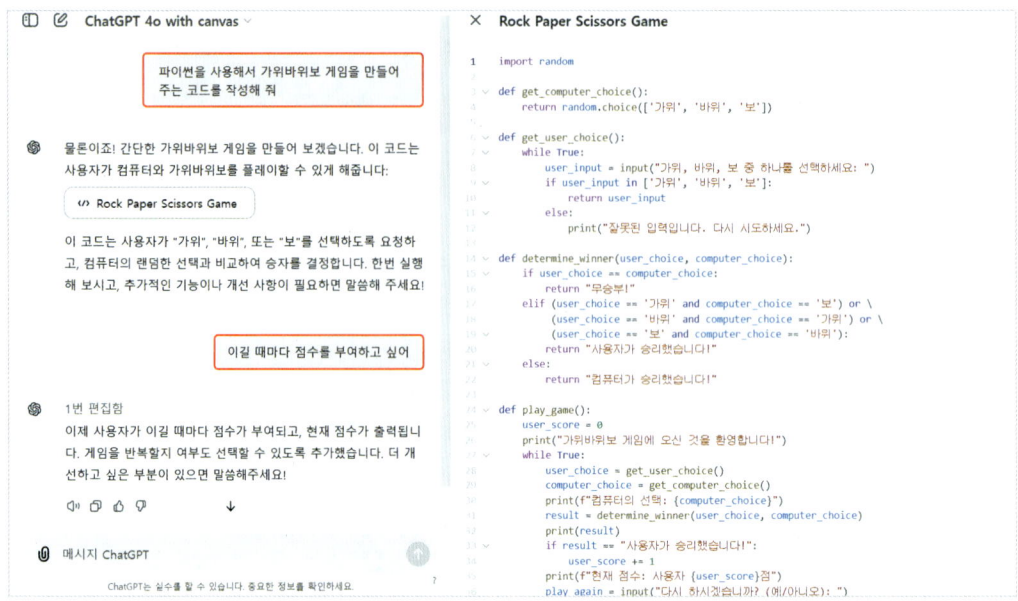

Day 5. ChatGPT in Apple Intelligence

OpenAI와 Apple의 협력으로 iPhone, iPad, Mac에서 챗GPT를 더 쉽게 사용할 수 있게 되었습니다. 이제 계정이 없는 사용자도 챗GPT의 기본 기능을 자유롭게 사용할 수 있고, 계정을 연동하면 추가적인 기능을 이용할 수 있습니다. Siri를 통해 음성으로 챗GPT를 호출하고 작업을 처리할 수 있으며, 실행 전에 제공되는 확인 메시지를 통해 사용자가 실행 여부를 선택할 수 있습니다. Apple Intelligence의 작성 도구를 사용하면 문서를 수정하거나 요약할 수 있으며, 챗GPT를 통해 문서를 처음부터 작성하는 것도 가능합니다. 특히 iPhone 16은 카메라 제어 기능과 연동된 시각적 인텔리전스를 지원합니다. 이를 통해 사용자가 보고 있는 장면이나 물체에 대한 추가 정보를 제공받을 수 있어 교육, 쇼핑, 여행 등 다양한 상황에서 효과적으로 활용할 수 있습니다.

Day 6. Advanced voice with video & Santa mode

챗GPT의 기존 고급 음성 모드는 사용자와의 자연스러운 실시간 대화를 지원하며, 다양한 감정 표현과 다국어 인식 기능을 제공했습니다. 이번 업데이트를 통해 비디오 및 화면 공유 기능이 추가되어, 사용자는 실시간으로 시각적 콘텐츠를 공유하며 챗GPT와 더 풍부한 상호작용을 경험할 수 있습니다.

2024년 12월 한 달은 산타 모드가 도입되어, 사용자가 직접 산타와 대화하며 크리스마스 이야기를 즐기기도 했습니다. 산타 모드를 처음 이용할 경우 음성 대화 사용량 제한이 초기화되어 더 많은 대화를 할 수 있습니다.

이러한 새로운 기능들은 모바일 앱, 데스크톱 앱, 웹 플랫폼에서 모두 사용할 수 있습니다. 비디오 및 화면 공유 기능은 모바일 앱에서 먼저 제공되며, 이후 모든 팀 사용자와 대부분의 Plus 및 Pro 구독 자에게 확장될 예정입니다. 또한, Enterprise 및 EDU 요금제는 2025년 초부터 제공될 예정입니다.

Day 7. Projects in ChatGPT

프로젝트 기능은 사용자가 대화를 체계적으로 관리하고 파일을 효율적으로 정리할 수 있도록 설계 되었습니다. 이를 통해 파일 업로드, 사용자 지정 지침 설정, 대화 검색 도구 활용 등 다양한 방식으 로 더 효과적으로 챗GPT를 사용할 수 있습니다.

프로젝트 기능은 주제별로 대화를 묶어 관리할 수 있는 구조입니다. 기존의 날짜순 대화 리스트에 서 벗어나 특정 프로젝트별로 관련 대화를 정리하고 관리할 수 있습니다. 또한 프로젝트 내에서 문 서(PDF, DOC, TXT)를 업로드하면 챗GPT가 해당 상황과 맥락을 이해하고 맞춤형 답변을 제공합 니다.

사용자는 프로젝트마다 사용자 지정 지침을 설정하여 원하는 형식의 대화를 진행할 수 있으며, 필요 에 따라 대화 일부를 프로젝트에서 제외하거나 다른 프로젝트로 이동시킬 수도 있습니다. 이는 프로 젝트별로 챗GPT 어시스턴트를 커스터마이징하여 특정 목적이나 요구사항에 맞게 활용할 수 있는 기능을 제공합니다.

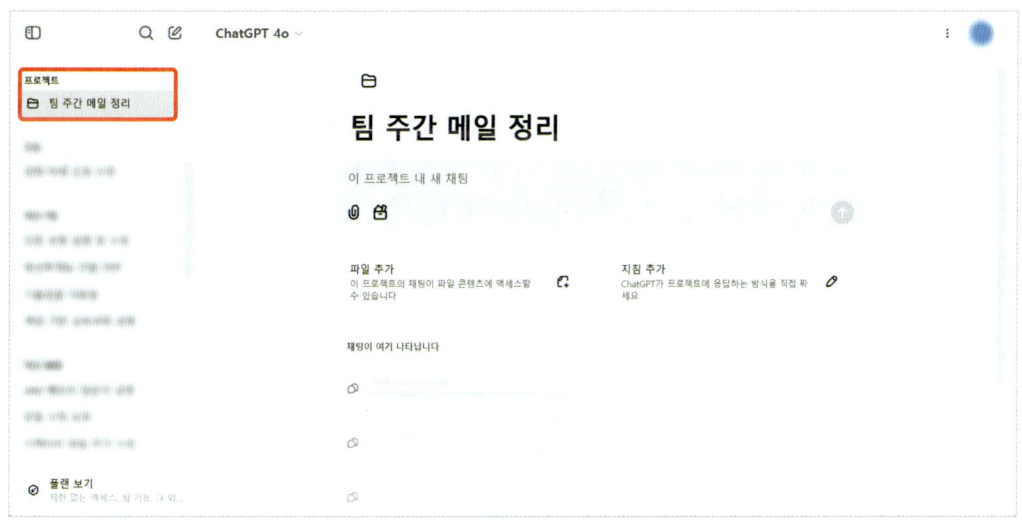

Day 8. Search

서치 기능을 통해 사용자는 챗GPT에서 최신 정보를 더욱 쉽게 얻을 수 있습니다. 최신 뉴스, 스포츠 점수, 주식 시세 등 다양한 정보를 실시간으로 검색할 수 있습니다. 사용자의 질문에 따라 자동으로 웹을 검색하거나, 사용자가 직접 검색 아이콘을 클릭해 원하는 정보를 찾을 수 있습니다. 챗GPT의 답변에는 관련 웹사이트나 기사에 대한 링크가 포함되어 있어 신뢰할 수 있는 정보를 제공합니다. 이 기능을 활용하면 실시간으로 업데이트 되는 정보를 기반으로 사용자에게 유용한 답변을 제공합니다.

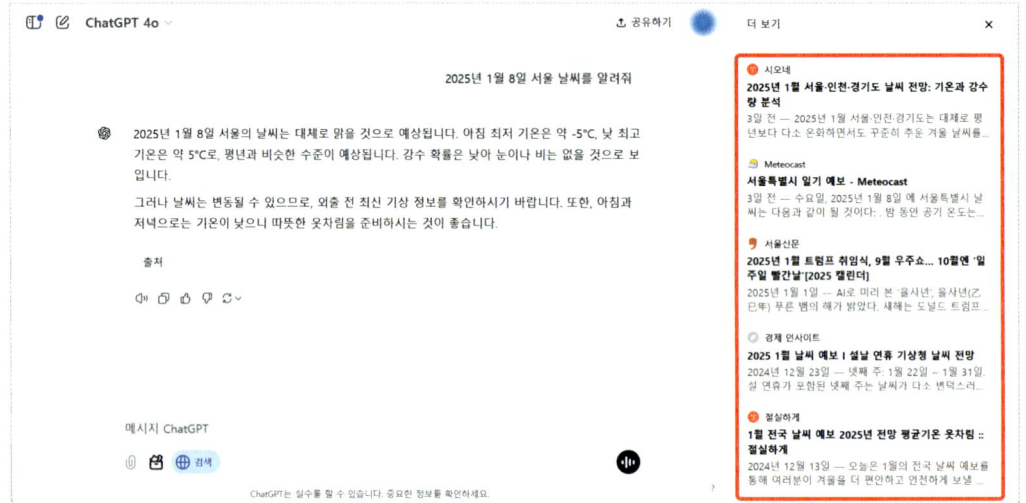

Day 9. Holiday treats for developers

개발자를 위한 다양한 업데이트도 발표되었습니다. o1 모델은 최신 업데이트를 통해 평균적으로 60% 적은 추론 토큰을 사용하여 효율성을 크게 향상시켰습니다. 이를 통해 개발자들은 복잡한 작업에서도 더 신속하고 정확한 결과를 얻을 수 있습니다. 또한, o1-mini 모델은 기존 o1 모델 대비 10분의 1 비용으로 제공되어 간단한 작업에서도 경제적이고 실용적인 대안을 제공합니다.

새로운 WebRTC 통합 기능은 실시간 음성 제품 개발을 간소화하여 API 활용을 더 쉽게 하고, 통신 지연 시간을 줄이는 등 효율성을 높였습니다. 또한, Preference Fine-Tuning 기능은 텍스트 생성, 고객 응대와 같은 작업에서 사용자의 선호도에 맞춘 정교한 맞춤화를 가능하게 합니다. 예를 들어, 특정 응답 스타일이나 세부 정보를 사용자 요구에 맞게 조정할 수 있습니다.

Go와 Java SDK의 베타 버전 출시로 OpenAI API와의 통합이 더욱 간편해졌습니다. 이 모든 업데이트는 AI 모델의 성능과 효율성을 향상시키며, 개발자와 기업이 챗봇, 음성 인식, 데이터 분석과 같은 다양한 애플리케이션을 구축할 수 있는 기회를 제공합니다.

Day 10. 1-800-CHATGPT

챗GPT는 이제 전화와 WhatsApp을 통해 더욱 다양한 방식의 서비스를 제공합니다. 미국 사용자들은 1-800-CHATGPT(1-800-242-8478)를 통해 챗GPT와 음성 통화를 할 수 있으며, 매달 15분의 무료 통화 혜택도 제공됩니다. 이 서비스는 AI와의 대화를 보다 실시간적이고 편리하게 경험할 수 있는 기회를 제공합니다.

또한, 전 세계적으로 WhatsApp을 통해 ChatGPT와 메시지를 주고받을 수 있어 사용자는 언제 어디서나 손쉽게 AI와 상호작용할 수 있습니다.

Day 11. Work with apps

업데이트 이후 챗GPT가 다양한 서비스 앱들과 연동되면서 생산성과 자동화를 향상시킬 수 있습니다. 사용자는 다른 서비스의 글이나 코드를 챗GPT와 공유하여 앱에서 바로 작업을 요청할 수 있으며, 그래프와 시각적 데이터를 즉시 생성할 수 있습니다.

챗GPT는 Visual Studio Code나 Cursor와 같은 IDE와 통합되어 실시간 코드 생성 및 피드백을 제공할 수 있습니다. 또한 Notion, Apple Notes 등 생산성 도구와의 호환성을 통해 문서 작업과 연구 능력을 향상시킵니다.

한편, 고급 음성 모드를 활용하면 음성 명령을 통해 창의적인 프로젝트 작업이 가능합니다. 이 기능을 구현하려면 챗GPT 데스크톱 앱을 PC에 설치해야 합니다.

> **NOTE** 챗GPT 데스크톱 앱은 Microsoft Stroe에서 ChatGPT 검색 후 다운로드 받을 수 있습니다.

노션과 챗GPT를 활용한 간단한 문서 작업을 살펴보겠습니다. 아래와 같이 노션과 챗GPT를 화면에 동시에 띄우고 표시된 아이콘을 클릭 후 노션 앱을 추가합니다.

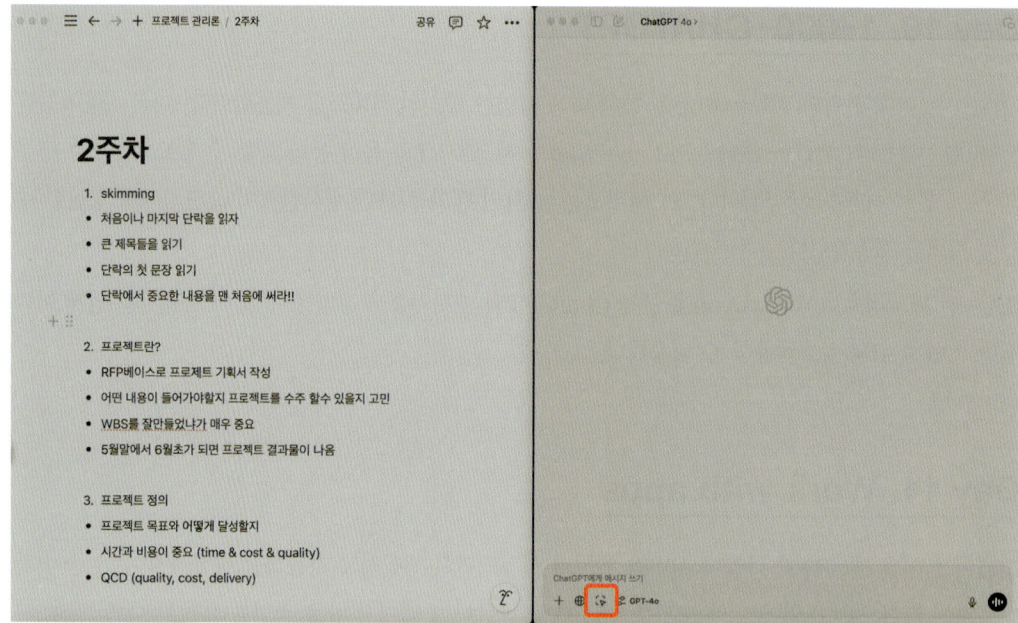

챗GPT에 '페이지의 내용을 요약해줘'라고 요청하면 노션에 있는 내용을 기반으로 작업을 수행합니다. 이 방법을 사용하면 노션의 글을 복사하여 챗GPT에 붙여 넣는 번거로움 없이 바로 작업이 가능합니다. 앞으로는 컴퓨터의 다양한 앱이 챗GPT와 연동되어 더 효율적으로 챗GPT를 활용할 수 있는 환경이 제공될 것입니다.

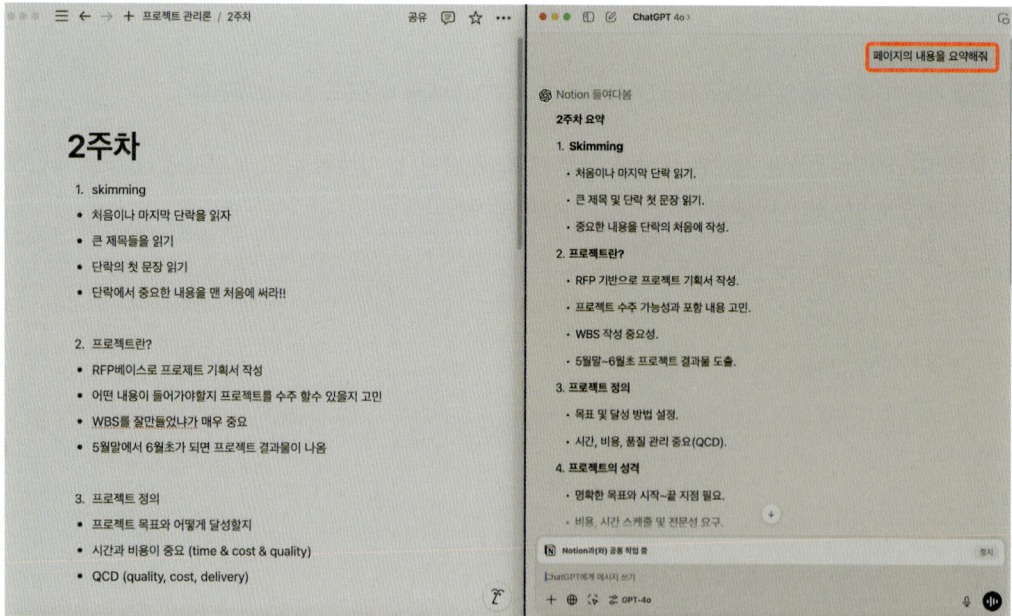

Day 12. o3 preview & call for safety researchers

'12 Days of OpenAI' 마지막 날 OpenAI는 새로운 AI 모델인 o3와 o3-mini를 발표하였습니다. o3는 코딩과 수학 분야에서 기존 모델을 뛰어넘는 성과를 보여주며, 더욱 발전된 AI의 가능성을 제시했습니다. OpenAI는 2025년 1월 10일까지 안전성 테스트를 위한 연구자 참여를 받고, o3-mini는 2025년 1월 말, o3는 그 직후 출시할 예정입니다. 점점 더 발전된 성능의 AI 모델을 보며, AGI 시대가 가까워지고 있음을 알 수 있습니다.

생성형 AI 관련 용어

AI 분야에서 주로 사용되는 기술적 용어들로, AI 시스템의 기능과 특성을 이해하려면 필수적으로 알고 있어야 합니다. 관련 용어를 알고 있으면 생성형 AI의 작동 원리와 응용 범위를 더 깊이 이해할 수 있습니다.

토큰

생성형 AI에서 토큰(token)은 언어를 처리하는 기본 단위입니다. "안녕하세요"라는 문장은 AI의 토큰화 방식에 따라 '안녕하세요'라는 하나의 토큰으로 처리되거나, '안녕', '하세요'와 같은 단위로 나뉘어 2개의 토큰으로 처리될 수도 있습니다. AI는 이처럼 텍스트를 토큰 단위로 분리하여 분석하고, 입력된 데이터를 바탕으로 다음에 올 가능성이 높은 토큰을 예측하여 문장을 생성합니다. 예를 들어, "안녕하세요. 만나서"라는 입력이 주어지면, AI는 뒤에 올 "반갑습니다"와 같은 문장을 생성할 수 있습니다.

토큰의 수는 모델의 처리 능력, 비용, 그리고 텍스트 생성의 품질과 관련이 있습니다. 챗GPT를 사용할 때 답변이 중단되는 경우는 입력된 텍스트와 생성된 답변의 총 토큰 수가 모델의 최대 토큰 한도를 초과했기 때문입니다. 이 문제를 해결하려면 새 채팅을 시작하거나, 중단된 답변 부분을 다시 포함하여 추가적으로 요청하는 방식으로 대화를 이어갈 수 있습니다.

챗GPT 모델별 제공 토큰 수

모델명	토큰
GPT-4o	128,000
GPT-3.5	16,385

GPU

GPU(Graphic Processing Unit)는 병렬 처리를 통해 대규모 데이터를 빠르고 효율적으로 처리하는 특수한 프로세서입니다. 3D 그래픽 렌더링과 게임 그래픽 처리를 위해 개발되었지만, 최근에는 AI와 딥러닝 같은 복잡한 연산 작업에서 핵심적인 역할을 하고 있습니다. GPU는 많은 코어를 활용해 동시에 여러 연산을 처리할 수 있어 대규모 데이터 학습이나 모델의 효율성을 높이는 데 필수적입니다.

AGI

AGI(Artificial General Intelligence)는 인간 수준의 지능을 가진 AI로, 특정 작업에 한정되지 않고 다양한 환경과 상황에서 학습하고 문제를 해결할 수 있습니다. AGI는 학습, 추론, 문제 해결, 창의적 사고 등 인간과 유사한 지능적 행동을 수행하고, 의료, 법률, 과학, 공학 등 여러 분야에서 활용될 수 있습니다. NVIDIA의 CEO 젠슨 황은 향후 5년 안에 AGI의 시대가 도래할 것이라고 언급하기도 했습니다.

파인튜닝

파인튜닝(Fine-tuning)은 사전 학습된 AI 모델을 특정 작업이나 데이터셋에 맞게 추가로 학습시키는 과정입니다. 대규모 데이터로 학습된 기본 모델을 기반으로, 특정 도메인(예: 법률 문서, 의료 기록)의 데이터를 사용해 재학습함으로써 해당 도메인에서 최적화된 성능을 발휘할 수 있습니다. 파인튜닝은 모델의 기존 지식을 활용하면서 새로운 데이터에 적응해 더 높은 정확도와 효율성을 제공합니다. 이를 통해 기업이나 연구기관은 특정 요구에 맞춘 맞춤형 AI 솔루션을 효과적으로 개발할 수 있습니다.

CHAPTER 02

챗GPT 시작하기

Chapter 02에서는 챗GPT와의 여정을 시작하는 첫 단계인 계정 생성 과정을 안내합니다. 이 과정을 통해 챗GPT의 기본 기능과 인터페이스에 익숙해지고, 자신의 필요와 목적에 맞게 서비스를 설정하는 방법을 배워보겠습니다.

SECTION 2.1 챗GPT 이용하기

▶▶ 챗GPT를 이용하기 위해서는 계정 생성 과정이 필요합니다. 챗GPT 플랫폼에 새로운 계정을 등록하고 나만의 맞춤 초기 설정을 완료해 보겠습니다.

챗GPT 계정 만들기

챗GPT를 사용하기 위해서는 서비스 가입을 통해 계정을 만들어야 합니다. 기본적으로는 무료로 사용할 수 있으므로, 우선 계정을 만들어 보겠습니다.

01 회원 가입을 진행하기 위해 챗GPT 홈페이지(http://chat.openai.com)에 접속해서 [회원 가입] 버튼을 클릭합니다.

NOTE 이미 계정이 있으신 분은 [로그인(Log in)] 버튼을 클릭해서 로그인 후 32쪽의 '챗GPT 기본 구성'으로 넘어가세요.

02 화면 중앙의 [이메일 주소]에 계정으로 사용할 이메일 주소를 입력하고, [계속] 버튼을 클릭하면 비밀번호를 입력할 수 있는 상자가 활성화됩니다. 이어서 [비밀번호]에 암호를 입력하고 [계속] 버튼을 클릭하면 입력한 이메일 주소로 확인 메일이 발송됩니다.

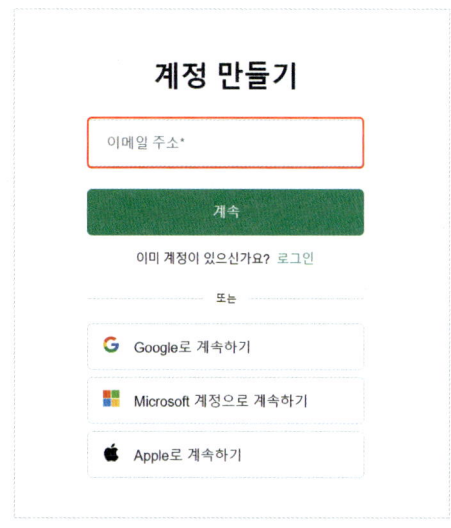

NOTE Google, Microsoft, Apple 계정을 활용하면 더욱 간편하게 가입이 가능합니다.

03 앞서 입력한 이메일 주소로 확인 메일을 받으면 [이메일 주소 인증] 버튼을 클릭하여 이메일 주소를 인증합니다.

04 이메일 인증이 완료되면 성명, 생일을 차례대로 기입한 후 [동의함] 버튼을 클릭합니다.

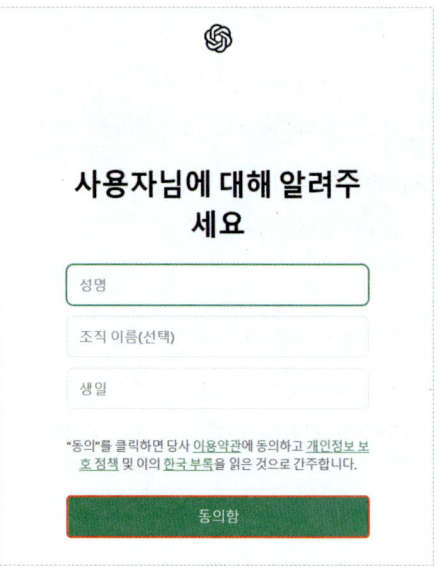

05 자, 이제 챗GPT를 사용할 준비가 완료되었습니다. 첫 화면까지 무사히 오신 것을 환영합니다!

챗GPT 기본 구성

챗GPT의 초기 화면 기본 구성에 대해 알아보겠습니다.

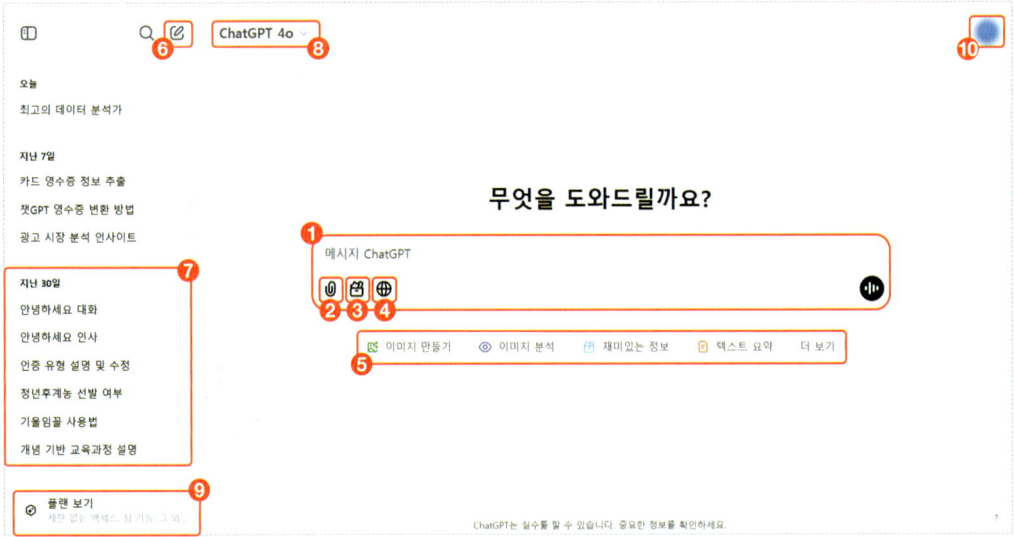

❶ **프롬프트 입력창:** 프롬프트를 작성하는 텍스트 입력 상자입니다. 이 곳에 텍스트를 입력하고 ◎ 아이콘을 클릭하면 챗GPT와 대화를 시작할 수 있습니다.

❷ **파일 업로드:** 파일을 업로드해서 프롬프트를 작성할 수 있습니다. 파일은 직접 업로드하거나 'Microsoft OneDrive' 또는 'GoogleDrive'에서 바로 업로드 할 수 있습니다.

❸ **도구 보기:** 데이터를 분석하거나 웹 검색, 코딩 실행, 이미지 생성 등의 작업을 수행할 수 있는 추가 기능을 제공합니다.

❹ **브라우징(Browsing):** 챗GPT가 실시간으로 인터넷에 접근하여 프롬프트에 대한 최신 정보를 제공하는 기능입니다. 이를 통해 사용자들에게 최신 데이터를 기반으로 한 응답을 할 수 있으며, 명확한 출처를 링크로 제공합니다.

❺ **빠른 시작(Quick Starter):** 각 버튼을 클릭하면 미리 설정된 대화를 시작할 수 있습니다. 미리 설정되어 있는 예시라고 생각하면 됩니다.

❻ **새 채팅(New Chat):** 새 채팅(✎) 아이콘을 클릭하면 언제든 새로운 대화를 시작할 수 있습니다.

> **NOTE** 한 대화창에서 여러 주제를 이야기하는 것보다 주제별로 대화창을 분리하는 것이 좋습니다.

❼ **채팅 목록:** 새로운 대화를 시작할 때마다 대화 제목이 목록으로 추가됩니다. 챗GPT에서는 각각의 대화를 '대화 스레드'라고 부르며, 이미지의 '파이썬 코드 요청', '센터 원생 수 분석' 등이 이에 해당됩니다. 스레드 오른쪽에 있는 '옵션(⋯)' 아이콘을 클릭하면 공유하기, 이름 바꾸기, 아카이브에 보관, 삭제 작업을 할 수 있습니다.

- **공유하기:** 스레드를 다른 사람과 공유하는 기능입니다.
- **이름 바꾸기:** 새로운 채팅을 시작하면 임의의 제목으로 대화창이 생성됩니다. 생성된 제목이 마음에 들지 않는다면, '이름 바꾸기'를 클릭하여 변경할 수 있습니다.
- **아카이브에 보관:** 해당 채팅 스레드를 아카이브에 보관하여 목록에서 숨길 수 있습니다.
- **삭제:** 생성된 스레드가 삭제됩니다.

> **NOTE** 삭제된 스레드는 복구가 어려울 수 있으니 신중해야 합니다.

❽ **버전 선택:** 챗GPT 버전 선택을 위한 메뉴입니다. 기본값으로 GPT-3.5 버전이 선택되어 있으며, 이외의 버전을 사용하려면 플랜 업그레이드가 필요합니다.

❾ **플랜 업그레이드:** 챗GPT 계정을 업그레이드할 수 있는 메뉴입니다.

❿ **계정 설정:** 계정과 관련된 일반 설정을 할 수 있습니다.

> **여기서 잠깐 ▶** 보관된 채팅 찾아보기
>
> 화면 우측 상단의 [계정 설정] - [설정]을 클릭하고, [설정] 창의 [일반] - [아카이브에 보관된 채팅]에서 [관리] 버튼을 클릭하면 보관된 스레드를 확인할 수 있습니다.
>
> 보관된 스레드를 다시 복구하고 싶다면 해당 항목의 우측에 위치한 대화 아카이브 보관 취소(🗂) 아이콘을, 영구 삭제를 원한다면 대화 삭제(🗑) 아이콘을 클릭합니다.

챗GPT 설정

이번에는 챗GPT의 설정에 대해서 알아보겠습니다. 챗GPT에는 설정과 관련된 메뉴가 여러 개 존재하며, 이 설정 메뉴들을 파악하고 있다면 챗GPT를 더 효과적으로 사용할 수 있습니다.

맞춤 설정

우측 상단의 [계정 설정]을 클릭하면 나타나는 메뉴에서 [ChatGPT 맞춤 설정]을 클릭합니다. 해당 메뉴를 통해 채팅마다 기본으로 설정할 수 있는 맞춤 지침을 지정할 수 있습니다. 다만, [ChatGPT 맞춤 설정]은 유료 계정에서만 나타납니다.

❶ **맞춤형 지침:** 사용자의 배경, 개인 정보 등을 입력할 수 있고, 이를 고려한 응답을 받을 수 있습니다. 또한 챗GPT의 답변 길이, 어조, 호칭 등을 지정할 수 있는 메뉴도 제공합니다.

❷ **ChatGPT 기능:** 챗GPT가 답변할 때 사용할 기능들을 체크합니다. 체크하지 않은 기능은 작동하지 않습니다.

- **찾아보기:** 사용자의 질문에 따라 필요한 경우 인터넷에 있는 데이터를 검색하여 답변하는 기능입니다.
- **DALL·E:** OpenAI의 이미지 생성 모델인 DALL·E를 사용하여, 이미지를 생성하여 답변하는 기능입니다.
- **코드:** 사용자의 질문에 답변하기 위해 GPT-4의 코드 인터프리터 기능을 활용하여 코드를 작성하고 실행하는 기능입니다.
- **캔버스:** 글쓰기, 코드 작성 및 실행 기능을 가지고 있어 문서 작업과 데이터 분석에 활용할 수 있는 기능입니다.

설정

챗GPT에는 'ChatGPT 맞춤 설정' 외에도 별도 '설정' 메뉴가 있습니다. 설정 메뉴에서는 언어, 프로필, 채팅 기록 관리 등을 설정할 수 있습니다. 여기서는 챗GPT의 성능, 언어 모드, 인터페이스 스타일 등을 빠르게 설정할 수 있는 '일반' 설정에 대해서 소개하겠습니다. [계정 설정] – [설정]을 클릭하세요.

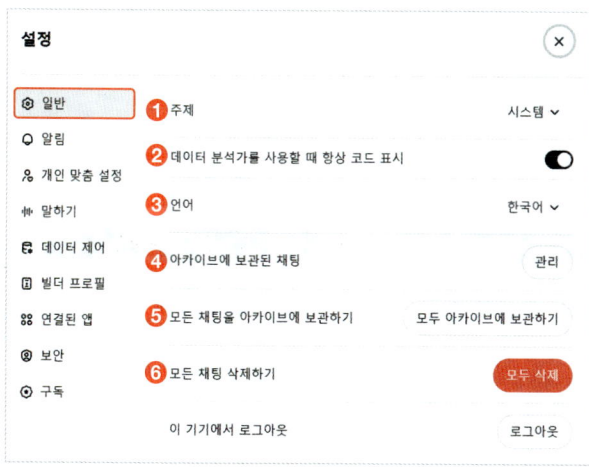

❶ **주제:** 주제는 테마(thema)를 뜻합니다. 사용자는 챗GPT의 외관을 개인의 취향에 맞게 조정할 수 있습니다. 테마에서는 시스템 설정에 맞춰 자동으로 적용되는 기능을 비롯하여, 어두운 테마와 밝은

테마 중에서 선택할 수 있는 옵션이 제공됩니다.

❷ **데이터 분석가를 사용할 때 항상 코드 표시:** 데이터 분석 관련 대화를 할 때, 코드가 기본적으로 접힌 상태로 보이게 됩니다. 하지만 이 설정을 활성화하면, 데이터 분석 시 사용된 코드를 자동으로 펼쳐 보여줌으로써 사용자가 코드를 더욱 상세히 확인할 수 있게 됩니다.

❸ **언어:** 챗GPT에서 기본적으로 사용되는 언어를 설정하는 기능입니다. '자동 탐지'는 사용자의 브라우저 언어에 따라 챗GPT가 언어를 자동으로 설정합니다. 이 외에도 사용자는 자신이 선호하는 언어를 선택함으로써, 더욱 쾌적한 사용 경험을 누릴 수 있습니다.

❹ **아카이브에 보관된 채팅:** 사용자는 이전에 진행했던 대화를 아카이브에 보관함으로써, 필요할 때 쉽게 찾아볼 수 있습니다. 이 메뉴를 통해 보관된 대화 목록을 확인할 수 있습니다.

❺ **모든 채팅을 아카이브에 보관하기:** 왼쪽 사이드바에 표시된 모든 채팅 스레드를 한 번에 보관 처리하는 기능입니다. 중요한 대화를 보관하여 필요 시 쉽게 접근할 수 있게 해줍니다.

❻ **모든 채팅 삭제하기:** 사이드바에 표시된 모든 채팅 스레드를 영구적으로 삭제하는 기능입니다.

플랜 업그레이드

챗GPT는 Free, Plus, Team, Enterprise 총 4가지 유형의 플랜을 제공합니다. 여기서는 기본 제공되는 무료 플랜과 본책에서 사용할 플러스 플랜에 대해 알아보겠습니다.

NOTE Enterprise 플랜은 OpenAI 공식 웹사이트에서 확인할 수 있습니다.

무료 플랜

기본으로 제공되는 플랜으로, GPT-4o mini 모델에 제한적 접근을 제공합니다. 이 버전에서는 파일 첨부, 이미지 생성, 데이터 분석, 사용자 맞춤 챗GPT 생성 같은 기능이 제한됩니다. 제공된 사용량을 전부 소진하면 가장 기본 모델인 GPT-3.5로 자동 전환됩니다. 참고로, 최근 플러스 플랜에만 제공되었던 GPTs를 무료 플랜에서도 이용할 수 있게 되었습니다.

플러스 플랜

무료 플랜과 비교하여 여러 고급 기능을 제공합니다. 구독료는 월 20달러이며, 부가세를 포함하면 총 월 22달러가 청구됩니다.

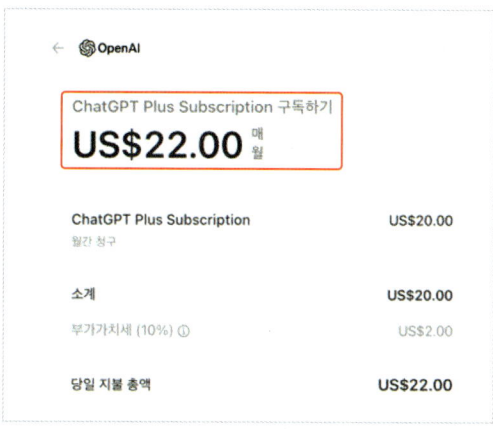

이 요금제를 이용하면 다음과 같은 혜택을 누릴 수 있습니다.

- **GPT-4 모델:** 더 높은 품질의 텍스트 생성이 가능합니다.
- **DALL·E 3 모델:** 창의적이고 고품질의 이미지를 생성할 수 있으며, 사용자가 원하는 다양한 시각적 콘텐츠를 만드는 데 활용 가능합니다.
- **인터넷 브라우징**: 인터넷을 검색하여 정보를 수집하고, 사용자의 질문에 더 정확하고 실시간으로 답변할 수 있는 능력을 제공합니다.
- **데이터 분석:** 복잡한 데이터 처리 및 파이썬 코드 실행이 가능합니다.
- **GPT 플러그인 및 커스텀 GPT 생성**: 그래프 그리기, PDF 파일과 대화하기, 여행 상품 추천하기 등 다양한 작업을 지원하고, 나만의 챗GPT를 제작할 수 있습니다.

챗GPT와 친해지기

챗GPT는 하나의 스레드 안에서 이전에 주고받았던 질문과 답변을 기억하고, 그에 이어서 다음 질문과 답변을 제공한다는 사실을 기억하세요. 이와 더불어 챗GPT의 이미지 입력 기능을 활용하는 방법도 알아보겠습니다. 이 기능을 통해 챗GPT가 이미지 기반 데이터를 분석하거나, 이미지에서 얻은 정보를 바탕으로 설명을 제공할 수 있습니다.

기본 대화 시작하기

챗GPT와의 기본 대화는 간단한 요청이나 질문으로 시작해 볼 수 있습니다. 프롬프트 입력 상자에 질문이나 요청을 입력하면 챗GPT는 이를 이해하고 답변을 생성합니다.

01 프롬프트 입력 상자에 '챗GPT 사용 방법에 대해서 친절하게 설명해 줘'라고 입력해 보겠습니다. 요청을 받은 챗GPT가 사용 방법에 대한 답변을 제공합니다.

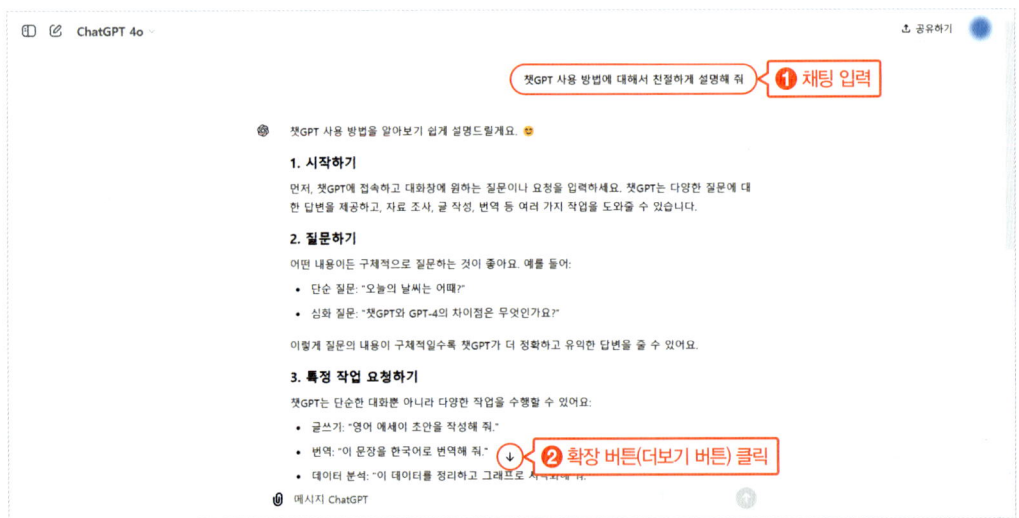

> **NOTE** 답변의 내용이 긴 경우에는 '확장 버튼'을 클릭해서 추가 내용을 확인할 수 있습니다.

02 이어서 '번한 내용을 친구에게 설명할 수 있도록 친근감 있는 어조로 작성해 줘. 이모티콘도 적절하게 활용해 줘!'라고 작성해 보겠습니다. 대화 내용을 기억하고 있는 챗GPT는 01의 답변을 요청한대로 수정하여 답변해 줍니다. 이렇게 기본 대화를 통해 챗GPT와의 상호작용 방식을 익히면, 다양한 요청을 자유롭게 할 수 있고, 필요에 따라 답변 스타일도 조정할 수 있습니다.

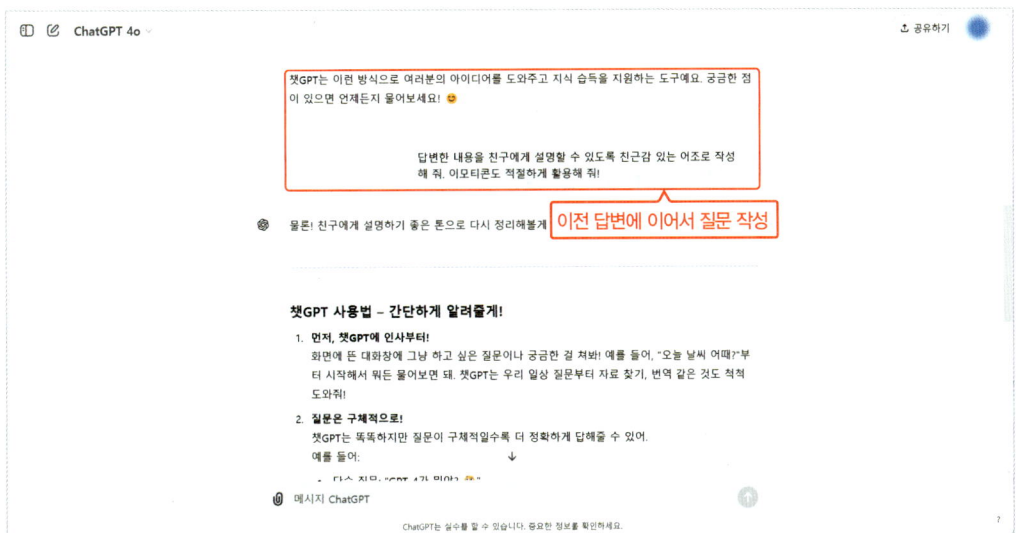

이미지 입력 기능 활용하기

예제 | chapter02\표지 이미지.png

GPT-4에 새로 업그레이드된 이미지 입력 기능을 활용해 보기 위해 한빛미디어에서 출간된 책의 표지 이미지를 사용해 보겠습니다. 원하는 이미지가 있다면 그 이미지를 사용해도 좋습니다. 이 기능은 특히 시각적 정보를 분석하거나, 이미지의 세부 사항을 추출하고 해석할 때 유용합니다.

01 프롬프트 입력창에서 첨부파일(📎) 아이콘을 클릭하여 책의 표지 이미지를 업로드합니다.

NOTE 현재 지원되는 이미지 파일 유형은 PNG, JPEG, 애니메이션이 없는 GIF 파일입니다. 업로드 가능한 이미지의 개수는 이미지 크기와 동반되는 텍스트 양에 따라 달라질 수 있습니다. 각 이미지의 크기 제한은 20MB입니다.

02 챗GPT가 이미지를 잘 이해하는지 확인하기 위해 '첨부한 이미지는 책의 표지 이미지야. 이미지에 있는 텍스트를 인식하여 책의 내용을 유추해 줘'라고 작성해 보겠습니다.

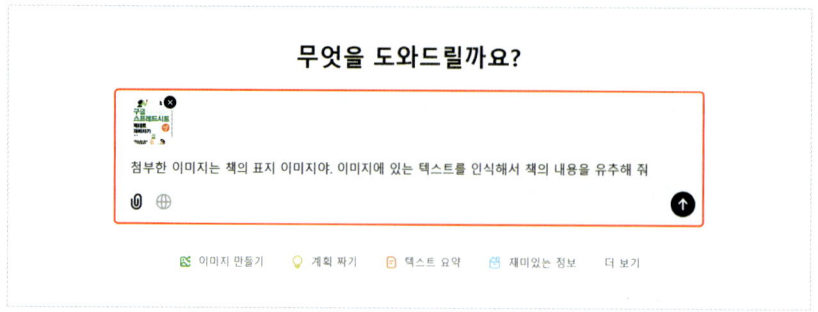

03 챗GPT는 이미지의 텍스트를 추출하여 책의 내용을 유추하고, 책에 어떤 내용이 담겨 있을지에 대해 답변해 줍니다. 이를 위해 OCR 기술을 활용하며, 이미지, PDF 파일, 스캔한 문서 등에서 텍스트를 인식하고 추출할 수 있습니다.

 이미지의 텍스트를 추출하였습니다. 표지에 적힌 내용은 다음과 같습니다:

개정판

일잘러의 비밀, 구글 스프레드시트 제대로 파헤치기

실습 예제 113개 제공

구글 스프레드시트로 엑셀 밟고 갈아타자!!

이 표지에서 유추할 수 있는 책의 내용은 다음과 같습니다:

1. **목적**
   - 구글 스프레드시트의 활용법을 중심으로 설명하며, 이를 통해 엑셀과의 비교 및 장점을 강조합니다.

2. **대상 독자**
   - 직장에서 구글 스프레드시트를 효율적으로 활용하고자 하는 실무자(특히, "일잘러"를 목표로 하는 사람들)입니다.

3. **내용 구성**
   - 실습 중심으로 구성되어 있어 113개의 예제를 통해 실질적인 활용법을 익히도록 돕는 책입니다.
   - 초급부터 중급, 나아가 고급 사용법까지 다룰 가능성이 있습니다.

4. 특징

- 구글 스프레드시트의 기능을 세세히 분석하여 엑셀 사용자가 스프레드시트로 전환하는 데 도움을 줄 것으로 보입니다.
- 실무에 곧바로 적용 가능한 팁과 기술들이 다수 포함될 것으로 예상됩니다.

이 책은 "실습 예제"를 강조하는 만큼 실질적이고 체계적인 학습을 제공할 것으로 보이며, 기존 엑셀 사용자들이 자연스럽게 구글 스프레드시트로 넘어가도록 가이드를 제시하는 것이 주요 목표로 보입니다.

 **여기서 잠깐 ▶**　　　　　　　　　　　　　　　　　　　　　　　　　　　　　　　**OCR**

OCR(Optical Character Recognition)은 이미지에 포함된 텍스트를 읽고, 이를 디지털 텍스트로 변환하는 기술입니다. 예를 들면, 책의 페이지를 스캔하거나 사진으로 찍은 이미지 속 글자를 OCR 기술을 활용하면 컴퓨터가 인식할 수 있는 텍스트로 바꿀 수 있습니다.

간단히 말해 OCR은 이미지에서 글자를 읽어내는 기술로, 텍스트 데이터로 변환해 편리하게 활용할 수 있게 도와줍니다.

SECTION 2.2 프롬프트

▶▶ 프롬프트는 챗GPT의 능력을 최대한 활용하기 위한 열쇠입니다. 프롬프트를 명확히 작성할수록 원하는 답변을 쉽고 빠르게 얻을 수 있습니다. 이번 절에서는 효과적인 프롬프트 작성 방법인 '프롬프트 엔지니어링'과 이를 한 단계 더 발전시킨 고급 기법들을 소개합니다. 또한 프롬프트를 어떻게 작성해야 질문이나 요청사항이 챗GPT에 정확하게 전달되는지 알아보겠습니다.

프롬프트 엔지니어링

챗GPT와 같은 생성형 AI는 사용자가 '입력(질문)'하면 모델이 학습한 내용을 바탕으로 '출력(답변)'하는 구조입니다. 답변의 형태는 텍스트, 이미지, 영상, 소리 등으로 다양하게 제공됩니다. 이때 챗GPT에 제공하는 입력을 프롬프트라고 합니다.

프롬프트 엔지니어링은 생성형 AI의 잠재력을 극대화하는 핵심 기술입니다. 사용자의 의도와 필요를 정확하게 반영한 프롬프트일수록 챗GPT가 보다 정확하고 유용한 답변이나 결과물을 제공합니다.

프롬프트 엔지니어링의 중요성

프롬프트 엔지니어링의 중요성은 생성형 AI를 사용하여 원하는 결과를 도출하는 과정에서 극명하게 드러납니다. 즉, 결과가 정확하고, 맥락에 부합하며, 관련성이 높은지를 보장하는 데 핵심적인 역할을 합니다. 이를 이해하기 위해 미흡한 프롬프트와 적절한 프롬프트 예시를 살펴보겠습니다.

미흡한 프롬프트 예시

 유럽 여행지 추천해 줘.

 유럽에는 매력적인 여행지가 정말 많아요! 몇 가지 추천을 드리자면:

이탈리아 – 로마: 역사적인 유적지와 예술적 감동이 넘치는 도시입니다. 콜로세움, 바티칸 시국, 트레비 분수 등 유명한 명소들이 많아 풍부한 문화를 느낄 수 있어요.

프랑스 – 파리: 에펠탑, 루브르 박물관, 노트르담 대성당 등 문화와 로맨스를 즐기기에 좋은 도시입니다. 다양한 카페와 레스토랑에서 파리의 분위기를 만끽할 수 있습니다.

스위스 – 인터라켄: 알프스의 멋진 자연경관을 즐길 수 있는 곳으로, 하이킹과 익스트림 스포츠를 좋아하는 분들께 적합해요. 아름다운 호수와 산들이 있는 평화로운 마을입니다.

스페인 – 바르셀로나: 가우디의 건축물들로 유명한 바르셀로나는 예술과 축제가 가득한 도시입니다. 사그라다 파밀리아 성당과 구엘 공원은 놓치면 안 되는 명소예요.

체코 – 프라하: 중세 분위기를 물씬 풍기는 도시로, 프라하 성과 카를교 같은 역사적인 명소들이 많습니다. 낭만적인 골목길과 아름다운 야경이 인상적입니다.

아이슬란드 – 레이캬비크: 독특한 자연 경관을 좋아한다면 아이슬란드가 제격입니다. 온천, 폭포, 빙하, 그리고 오로라까지 다양한 자연의 아름다움을 경험할 수 있어요.

포르투갈 – 리스본: 구불구불한 언덕과 아름다운 타일 장식의 거리, 그리고 맛있는 음식으로 유명한 도시입니다. 테주 강변의 풍경과 알파마 지구의 골목길을 산책해보세요.

관심 있는 여행지나 특별한 테마(예: 자연, 역사, 음식)에 대해 좀 더 말씀해 주시면 더 구체적으로 추천드릴 수 있어요!

요청이 너무 일반적이어서 챗GPT가 사용자의 구체적인 선호나 조건을 알기 어렵습니다. 챗GPT는 답변으로 다양한 국가와 도시를 제시했지만, 사용자의 관심사나 목적에 맞는 구체적인 추천을 하지 못했습니다.

적절한 프롬프트 예시

 유럽 내에서 가족과 함께 방문하기 좋은 여행지 5곳과 각각의 특성을 상세하게 설명해 줘.

 가족과 함께 유럽을 여행할 때, 다양한 문화적 경험과 자연 경관, 아이들과 어른 모두 즐길 수 있는 다양한 활동을 제공하는 여행지를 선택하는 것이 중요합니다. 아래는 가족과 함께 방문하기 좋은 유럽 내 5곳과 그 특성들을 소개합니다.

1. 코펜하겐, 덴마크

특성:

어린이 친화적인 도시: 코펜하겐은 아이들을 위한 친절한 시설과 환경을 자랑합니다. 특히 자전거 인프라가 잘 갖춰져 있어 가족이 함께 자전거를 타고 도시를 탐험하기 좋습니다.

티볼리 가든: 세계에서 가장 오래된 놀이공원 중 하나인 티볼리 가든은 가족 모두가 즐길 수 있는 다양한 놀이기구와 아름다운 정원, 야간 조명으로 유명합니다.

덴마크 국립 박물관: 역사와 문화를 배울 수 있는 곳으로, 특히 어린이 박물관은 어린이들이 직접 체험하며 배울 수 있는 공간을 제공합니다.

2. 뮌헨, 독일

특성:

영국 정원 (Englischer Garten): 유럽에서 가장 큰 공원 중 하나로, 넓은 잔디밭과 호수가 있어 가족 피크닉과 휴식을 즐기기에 완벽합니다. 여름철에는 보트 타기도 가능합니다.

BMW 박물관: 자동차를 좋아하는 가족 구성원에게는 환상적인 장소입니다. 미래지향적인 자동차와 혁신적인 기술을 직접 체험할 수 있는 기회를 제공합니다.

님펜부르크 궁전: 넓은 정원과 아름다운 건축물을 자랑하는 이 궁전은 역사적이면서도 가족과 함께 산책하기에 좋습니다. 특히 아이들은 정원에서 뛰어놀 수 있는 넓은 공간을 즐길 수 있습니다.

3. 아말피 해안, 이탈리아

특성:

자연 경관: 아말피 해안은 아름다운 절벽과 바다 풍경으로 유명합니다. 가족과 함께 하는 드라이브는 잊지 못할 추억을 만들어 줍니다.

보트 투어: 아이들과 함께 보트를 타고 아말피 해안을 따라 탐험하며 여러 작은 마을과 해변을 둘러볼 수 있습니다.

레몬 농장 방문: 아말피 지역 특산물인 레몬을 재배하는 농장을 방문하여 신선한 레몬 주스와 다양한 레몬 제품을 체험할 수 있습니다. 아이들도 이 과정을 재미있게 즐길 수 있습니다.

4. 에든버러, 스코틀랜드

특성:

에든버러 성: 중세 시대의 분위기를 간직한 에든버러 성은 성곽, 대포, 왕관 보물 등을 볼 수 있어 아이들과 함께 역사 탐방을 즐기기에 좋습니다.

해리 포터 투어: 에든버러는 해리 포터의 배경이 된 도시로, 관련 투어를 통해 아이들이 좋아하는 해리 포터의 이야기와 촬영지를 직접 볼 수 있습니다.

다이내믹 어스: 이 가족 친화적인 과학 센터는 지구의 역사와 자연 현상을 재미있고 교육적인 방식으로 설명하여 아이들이 과학에 흥미를 가질 수 있도록 도와줍니다.

5. 바르셀로나, 스페인

특성:

파르크 구엘: 가우디의 독특한 건축과 조각 작품으로 꾸며진 이 공원은 아이들이 자유롭게 뛰어놀며 다양한 색감과 형태를 즐길 수 있는 공간입니다.

바르셀로나 아쿠아리움: 지중해에서 볼 수 있는 다양한 해양 생물을 만날 수 있는 바르셀로나 아쿠아리움은 가족 여행객들에게 인기 있는 명소입니다. 특히 터널형 수족관은 아이들에게 신나는 경험을 제공합니다.

마법의 분수(Font Màgica): 음악과 빛, 물이 어우러진 마법의 분수 쇼는 저녁 시간에 가족이 함께 즐기기에 좋은 볼거리입니다. 아이들에게도 큰 감동을 줄 수 있는 화려한 쇼입니다.

이 5곳은 가족과 함께 즐길 수 있는 다양한 활동과 아름다운 경관을 제공하여 가족 여행객들에게 매력적인 경험을 선사합니다. 각 도시와 지역은 아이들뿐만 아니라 어른들에게도 흥미로운 명소들이 많아 모든 가족 구성원이 만족할 수 있는 여행이 될 것입니다.

프롬프트를 통해 요구사항을 명확하게 제시하고 있어 챗GPT가 사용자의 요구사항을 명확하게 이해하고 구체적인 답변을 제공합니다. 이러한 프롬프트는 불필요한 추측을 줄이고, 사용자가 원하는 정보에 더 가깝고 유용한 답변을 받을 수 있습니다.

다음과 같이 답변에 대한 추가 요청이나 피드백을 담은 프롬프트를 작성해서 답변의 형태와 내용을 더욱 세밀하게 조정할 수도 있습니다.

 읽기 쉽고 친근한 어조로 설명해 줘. ◁ 피드백

기존 답변

가족과 함께 유럽을 여행할 때, 다양한 문화적 경험과 자연 경관, 아이들과 어른 모두 즐길 수 있는 다양한 활동을 제공하는 여행지를 선택하는 것이 중요합니다. 아래는 가족과 함께 방문하기 좋은 유럽 내 5곳과 그 특성들을 소개합니다.

1. 코펜하겐, 덴마크

특성:

어린이 친화적인 도시: 코펜하겐은 아이들을 위한 친절한 시설과 환경을 자랑합니다. 특히 자전거 인프라가 잘 갖춰져 있어 가족이 함께 자전거를 타고 도시를 탐험하기 좋습니다.

티볼리 가든: 세계에서 가장 오래된 놀이공원 중 하나인 티볼리 가든은 가족 모두가 즐길 수 있는 다양한 놀이기구와 아름다운 정원, 야간 조명으로 유명합니다.

피드백 요청 후 답변

가족과 함께 유럽을 여행할 계획이신가요? 다양한 문화, 아름다운 자연, 그리고 모두가 함께 즐길 수 있는 활동이 가득한 유럽의 멋진 여행지들을 소개해 드릴게요. 가족 모두가 행복한 시간을 보낼 수 있는 5곳을 준비했어요!

1. 코펜하겐, 덴마크

특징:

코펜하겐은 정말 가족 친화적인 도시예요. 도시 전체가 자전거를 타기 좋게 설계되어 있어서, 자전거를 타고 가족과 함께 천천히 둘러보기에 완벽해요.

티볼리 가든은 세계에서 가장 오래된 놀이공원 중 하나인데요. 클래식한 놀이기구와 화려한 정원이 있어 아이들도 어른들도 모두 즐거운 시간을 보낼 수 있어요.

... (중략) ...

이 5곳은 가족과 함께 즐길 수 있는 다양한 활동과 아름다운 경관을 제공하여 가족 여행객들에게 매력적인 경험을 선사합니다. 각 도시와 지역은 아이들뿐만 아니라 어른들에게도 흥미로운 명소들이 많아 모든 가족 구성원이 만족할 수 있는 여행이 될 것입니다.

... (중략) ...

이렇게 유럽에는 가족과 함께 특별한 추억을 쌓을 수 있는 여행지가 가득해요. 각 도시와 지역마다 아이들을 위한 재미와 어른들이 즐길 수 있는 멋진 경험이 함께 있으니, 모두가 행복한 여행을 즐길 수 있을 거예요!

첫 번째 답변은 여행 장소에 대한 특성을 잘 설명해주고 있지만, 조금 딱딱하고 정보 중심적인 느낌이 강합니다. 그에 비해 피드백을 반영한 두 번째 답변은 더 친근한 어조로 가족 모두가 함께 여행을 떠나는 듯한 분위기를 잘 살려줍니다.

중요한 정보만 간략하게 보고싶다면 다음과 같이 요약을 요청할 수도 있습니다. 이렇게 피드백을 통해 답변을 개선하면, 우리가 원하는 정보를 더욱 효과적으로 얻을 수 있습니다.

 각 여행지의 핵심 정보를 50단어로 요약해 줘.

 코펜하겐, 덴마크: 자전거 친화적인 도시로 가족과 탐험하기 좋음. 티볼리 가든 놀이공원과 덴마크 국립 박물관의 어린이 체험 공간 등 가족 모두 즐길 수 있는 활동이 가득.

뮌헨, 독일: 영국 정원에서의 피크닉과 보트 타기, BMW 박물관의 자동차 전시, 님펜부르크 궁전의 아름다운 정원 산책 등 다양한 가족 활동 가능.

아말피 해안, 이탈리아: 아름다운 절벽과 바다 풍경, 보트 투어로 작은 마을 탐험, 레몬 농장 방문 등 가족과 함께 자연과 지역 문화를 즐기기 좋은 장소.

에든버러, 스코틀랜드: 중세 에든버러 성 탐방, 해리 포터 투어, 다이내믹 어스 과학 센터 등 역사와 마법의 이야기를 체험하며 즐길 수 있는 여행지.

바르셀로나, 스페인: 파르크 구엘의 가우디 건축물, 바르셀로나 아쿠아리움의 해양 생물, 마법의 분수 쇼 등 독특한 문화와 즐길 거리가 많은 가족 여행지.

이 방법은 텍스트를 이미지로 변환하는 DALL·E와 같은 이미지 생성 모델에도 적용할 수 있습니다. 예를 들어, 기업 연수 프로그램을 홍보하는 포스터를 만들 때 미흡한 프롬프트와 적절한 프롬프트의 차이를 비교해 보면, 어떻게 프롬프트를 작성해야 더 명확하고 효과적인 이미지를 생성할 수 있는지 알 수 있습니다.

미흡한 프롬프트 예시

 기업 연수 프로그램 포스터 디자인해 줘.

적절한 프롬프트 예시

 기업 연수 프로그램을 홍보하는 포스터 이미지를 만들어 줘. 다양한 사람들이 함께 모여 웃으며 협력하는 장면을 배경으로 하고, 밝고 따뜻한 분위기를 표현해 줘.

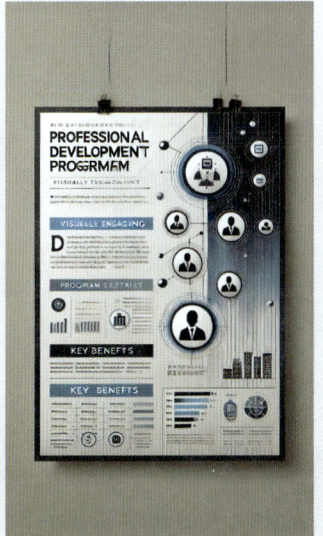

 요청하신 기업 연수 프로그램 포스터 디자인입니다! 수정하거나 추가하고 싶은 사항이 있으시면 알려주세요.

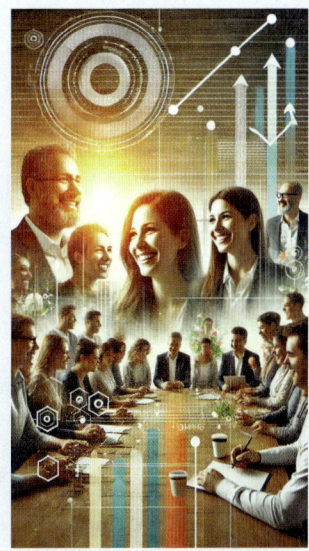

 여기 다양한 사람들이 함께 협력하며 따뜻한 분위기를 연출한 기업 연수 프로그램 홍보 포스터 이미지가 있습니다. 수정할 부분이 있으시면 말씀해 주세요!

미흡한 프롬프트는 구체적인 요소나 분위기가 없어 원하는 결과를 얻기 어렵지만, 적절한 프롬프트는 상세한 설명으로 챗GPT가 이미지를 더 정확하게 만들 수 있도록 돕습니다.

이렇게 두 프롬프트를 비교해보면, 구체적인 디테일을 추가함으로써 원하는 이미지를 더 정확하게 생성할 수 있다는 것을 알 수 있습니다.

프롬프트 작성의 기본 요소

프롬프트를 잘 작성하기 위해서는 목적, 문맥, 예시, 페르소나, 포맷, 톤의 6가지 기본 요소를 잘 기억하고, 이를 적절히 조합하여 원하는 답변을 얻을 수 있도록 요청해야 합니다.

- **목적:** 프롬프트를 통해 얻고자 하는 목표를 명확히 설정

미흡한 프롬프트 예시

> 효율적인 팀워크에 대해 설명해 줘.

이 프롬프트는 명확한 목적이 부족하여 답변의 범위가 지나치게 넓어질 수 있습니다. 이로 인해 챗GPT는 답변의 방향성을 결정하기 어렵고, 결과적으로 사용자의 기대와 요구를 만족시키지 못하는 일반적인 답변을 생성할 가능성이 높습니다.

적절한 프롬프트 예시

> 프로젝트 성공을 위한 효율적인 팀워크 전략 3가지를 설명해 줘.

구체적인 목적(프로젝트 성공을 위한 전략)을 명시하고, 답변의 개수(3가지)까지 제시하고 있습니다. 따라서 챗GPT가 요구하는 바를 정확하게 이해하고 이에 맞는 답변을 생성할 수 있습니다.

- **문맥:** 답변을 도출하기 위해 필요한 프롬프트의 배경, 관련된 상황과 같은 정보 제공

미흡한 프롬프트 예시

> 최근의 경영 트렌드에 대해 설명해 줘.

'경영 트렌드'라는 표현이 너무 광범위하기 때문에 챗GPT가 어떤 분야의 경영 트렌드를 다뤄야 할지 혼란스러울 수 있습니다.

적합한 프롬프트 예시

> 최근 IT 업계에서 나타나는 경영 트렌드에 대해 설명해 줘. 특히 원격 근무와 관련된 내용을 중심으로, 조직 효율성 및 성과 관리 측면에서 경영진이 고려해야 할 전략을 포함해 줘.

'IT 업계'와 '원격 근무'라는 구체적인 문맥을 제공함으로써 답변의 범위를 좁혀 원하는 내용을 정확하게 얻을 수 있습니다. 또한 타깃 오디언스(target audience)를 명확하게 지정함으로써, 챗GPT가 더

타겟팅된 조언이나 내용을 제안할 수 있게 해줍니다.

> **NOTE** 타깃 오디언스란 특정 제품이나 서비스에 관심을 가질 가능성이 높은 사람들의 그룹을 의미합니다.

- **예시:** 원하는 답변의 형태나 방향을 보여주는 예시를 포함하여 제공

미흡한 프롬프트 예시

> 직장에서 동기부여 방법을 설명해 줘.

이 프롬프트는 구체적인 예시가 없기 때문에 챗GPT가 어떤 종류의 동기부여 방법을 다뤄야 하는지 알기 어렵습니다. 답변이 모호하거나 사용자에게 도움이 되지 않는 정보가 포함될 수 있습니다.

적절한 프롬프트 예시

> 직장에서 팀원들의 동기부여를 높일 수 있는 방법을 설명해 줘. 예를 들면, 성과금 지급 방식이나 승진 조건 등을 포함해 줘.

이 프롬프트는 명확하고 구체적인 예시를 제시함으로써 답변이 더 구체적이고 실용적으로 제공될 수 있게 합니다.

- **페르소나:** 챗GPT가 특정 인물이나 전문가처럼 답하도록 지시

미흡한 프롬프트 예시

> 프로젝트 관리 팁을 알려 줘.

이 프롬프트는 페르소나가 설정되지 않았습니다. 결과적으로 답변이 특정 스타일이나 전문성을 반영하지 않은 일반적이고, 무색무취한 내용으로 제한될 가능성이 높습니다.

적절한 프롬프트 예시

> 경험 많은 프로젝트 매니저의 관점에서 프로젝트 관리 팁을 알려 줘. 특히 일정 관리와 팀원 조율에 초점을 맞춰 줘.

이 프롬프트에서 페르소나는 '경험 많은 프로젝트 매니저'로 설정되어 있습니다. 이로 인해 전문적이고 신뢰할 수 있는 답변이 제공됩니다. 또한 일정 관리와 팀원 조율이라는 구체적인 초점을 주어 더 유용한 정보를 얻을 수도 있습니다.

- **포맷:** 원하는 답변의 형식을 구체적으로 지정

미흡한 프롬프트 예시

> 고객 만족도를 높일 수 있는 여러 가지 접근법을 제시해 줘.

'여러 가지 접근법'이라는 문맥 요소를 제공했지만, 포맷을 명확히 하지 않아 답변이 체계적으로 정리되지 않을 수 있습니다.

적절한 프롬프트 예시

> 고객 만족도를 높이는 여러 가지 접근법을 3가지로 나눠 목록 형태로 제시해 줘.

포맷(3가지로 나눠 목록 형태)을 명확히 지정하여 챗GPT가 답변을 체계적으로 정리할 수 있게 합니다. 이를 통해 사용자는 정보를 더욱 쉽게 이해하고 활용할 수 있습니다.

- **톤:** 답변의 분위기나 스타일을 설정

미흡한 프롬프트 예시

> 고객 불만을 해결하는 방법을 알려 줘. 그리고 고객의 입장에서 문제를 이해하고, 해결책을 제시해 줘.

고객의 입장에서 문제를 이해하고 해결책을 제시하라는 문맥과 페르소나 요소를 포함하고 있지만, 톤에 대한 지시가 없어 원치 않는 분위기의 답변을 받을 수 있습니다.

적절한 프롬프트 예시

> 고객 불만을 해결하는 방법을 알려 줘. 고객의 입장에서 문제를 이해하고 친절하고 공감하는 톤으로 해결책을 제시해 줘.

이 프롬프트는 문맥과 페르소나 요소뿐만 아니라, 친절하고 공감하는 톤을 추가로 명시하여 챗GPT가 적절한 분위기로 답변을 작성할 수 있도록 합니다. 이를 통해 고객 응대에서 필요한 감정적인 요소를 반영한 답변을 얻을 수 있습니다.

고급 프롬프트 엔지니어링 전략

고급 프롬프트 엔지니어링은 챗GPT를 더욱 효과적으로 활용하기 위해 필수적입니다. 이는 챗GPT에게 정확한 답변을 유도하기 위해 설계된 프롬프트를 만드는 방법으로, 신뢰성 있는 답변을 제공하고 복잡한 문제를 단계적으로 해결하도록 돕습니다. 여기서는 고급 프롬프트 엔지니어링 기법인 샷 프롬프트, 생각의 사슬 프롬프트, 그리고 반복과 개선 프롬프트에 대해 배워보겠습니다. 이 세 가지 기법은 고급 프롬프트 엔지니어링의 핵심 기법으로, 챗GPT의 성능을 극대화하고 복잡한 문제 해결 및 답변의 품질을 향상시키는 데 중요한 역할을 합니다.

샷 프롬프트

샷 프롬프트(Shot Prompting)는 챗GPT에 제공하는 예시의 수에 따라 제로샷, 원샷, 퓨샷 프롬프트로 나눌 수 있습니다. 각 방법은 상황과 요구에 맞춘 다양한 응답을 이끌어 냅니다. 이해하기 쉽도록 예시를 통해 살펴보겠습니다.

- **제로샷**: 예시 없이 챗GPT가 스스로 답변을 생성하도록 할 때 사용합니다. 일반적인 질문이나 새로운 주제에 대해 챗GPT의 창의적인 접근을 유도할 때 유용합니다.

> 효율적인 시간 관리 방법을 설명해 줘.

> 시간 관리를 위해 우선순위를 정하고 중요한 일부터 처리하세요. 또한, 작업을 계획하고 휴식을 적절히 배치하는 것이 도움이 됩니다.

- **원샷**: 하나의 예시를 제공하여 챗GPT가 이를 바탕으로 유사한 답변을 생성하도록 할 때 사용합니다. 특정 스타일이나 형식의 답변을 원할 때 유용합니다.

> 효율적인 시간 관리 방법을 설명해 줘.
> 예: 매일 아침 하루 계획을 세우고 우선순위를 정하는 것이 중요합니다.

> 매일 아침 하루 계획을 세우고 우선순위를 정하는 것이 중요합니다. 또한, Pomodoro 기법을 활용해 집중 시간을 정하고, 일정한 간격으로 휴식을 취하는 것도 효과적입니다.

- **퓨샷**: 여러 개의 예시를 예시를 제공해 챗GPT가 특정 패턴을 학습하고 이를 기반으로 응답하도록 할 때 사용합니다. 복잡한 요청이나 일관된 스타일의 응답이 필요한 경우 효과적입니다.

 효율적인 시간 관리 방법을 설명해 줘.
예: 1) 매일 아침 하루 계획을 세우기, 2) 우선순위에 따라 작업하기, 3) Pomodoro 기법 사용하기

 효율적인 시간 관리 방법으로는 다음과 같은 것들이 있습니다:

1. **매일 아침 하루 계획 세우기**: 하루 목표와 해야 할 일을 미리 정리하여 계획적인 시작.
2. **우선순위에 따라 작업하기**: 중요한 일부터 먼저 처리하며 효율을 높이기.
3. **Pomodoro 기법 사용하기**: 25분 집중, 5분 휴식 반복으로 집중력 유지.
4. **일정과 목표 기록하기**: 구글 캘린더나 Notion에 목표를 기록하고 진척 상황을 확인.
5. **작업 시간대 맞추기**: 자신에게 가장 집중이 잘 되는 시간대에 중요한 업무 배치.
6. **디지털 미니멀리즘 실천하기**: 불필요한 알림과 방해 요소 최소화.
7. **정기적인 시간 관리 평가**: 주기적으로 계획과 목표를 점검하고 개선할 점 찾기.

생각의 사슬 프롬프트

생각의 사슬 프롬프트(Chain of Thought Prompting)는 챗GPT가 추론 과정을 단계별로 설명하도록 요구하는 방법입니다. 이 방식은 특히 업무 문제를 해결하거나 프로젝트 관리, 의사결정 과정에서 정확도를 높이는 데 효과적입니다. '단계별로 설명해 주세요'라는 문구를 질문의 마지막에 추가하면, 챗GPT가 단계별 추론 과정을 통해 더 명확하고 정확한 답변을 제공합니다.

- **문제 해결**

 업무 과제의 우선순위를 어떻게 정해야 할지 단계별로 설명해 줘.

1) 모든 과제를 목록으로 작성합니다.
2) 각 과제의 중요성과 긴급성을 평가합니다.
3) 중요도와 긴급도에 따라 우선순위를 정합니다.
4) 우선순위가 높은 과제부터 처리합니다.

- **프로젝트 관리**

 신규 모바일 앱 개발 프로젝트에서 발생할 수 있는 다양한 리스크를 식별하고, 각 리스크에 대한 대응 방안을 단계별로 설명해 줘.

 리스크 식별: 프로젝트 초기 단계에서 모든 가능한 리스크(예: 기술적 문제, 인력 부족, 요구사항 변경 등)를 식별합니다.

리스크 평가: 각 리스크의 발생 가능성과 영향도를 평가합니다. 예를 들어, 요구사항 변경은 빈번하게 발생할 수 있으며 프로젝트 일정에 큰 영향을 미칠 수 있습니다.

우선순위 설정: 평가한 리스크를 기반으로 우선순위를 설정합니다. 가장 영향이 크고 발생 가능성이 높은 리스크를 최우선으로 관리합니다.

대응 전략 수립: 각 리스크에 대해 회피, 완화, 전가, 수용 전략 중 적절한 대응 방안을 결정합니다.

리스크 관리 계획 실행 및 모니터링: 대응 방안을 실행하고, 정기적으로 리스크를 모니터링하여 새로운 리스크가 발생하지 않는지 확인합니다.

- **의사결정 과정**

 D 프로젝트의 원래 예산이 2억 원이었고, 중간에 예산의 25%가 삭감되었어. 그 후 일부 추가 비용이 발생하여 총 예산의 10%가 더 필요하게 됐어. 최종 예산은 얼마야? 단계별로 계산해 줘.

 1) 원래 예산이 2억 원입니다.

2) 예산이 25% 삭감되었습니다: 2억 원 × 25% = 5,000만 원.

3) 따라서 삭감 후 예산은 2억 원 − 5,000만 원 = 1억 5,000만 원입니다.

4) 이후 추가 비용으로 예산의 10%가 더 필요해 졌습니다: 1억 5,000만 원 × 10% = 1,500만 원.

5) 최종 예산은 1억 5,000만 원 + 1,500만 원 = 1억 6,500만 원입니다.

반복과 개선 프롬프트

반복과 개선 프롬프트(Repetition and Refinement Prompting)는 챗GPT가 처음부터 완벽한 응답을 제공하지 않을 수 있음을 전제로, 다양한 시도와 피드백을 통해 프롬프트를 점진적으로 개선하는 방법입니다. 이 과정은 챗GPT와 상호작용을 통해 더 나은 응답을 이끌어내는 데 도움을 줍니다.

👤 효율적인 마케팅 전략을 세우는 방법을 알려 줘 ◁ 초기 프롬프트 설정

🤖 효율적인 마케팅 전략을 세우기 위해서는 목표 고객을 명확히 정의하고, 다양한 채널을 통해 브랜드 메시지를 전달하는 것이 중요합니다.

👤 구체적인 마케팅 전략의 단계별 프로세스를 설명해 줘 ◁ 개선 요청

🤖 효율적인 마케팅 전략 수립은 다음과 같은 단계로 진행됩니다.

1) 목표 설정: 구체적인 마케팅 목표를 설정합니다.

2) 고객 분석: 타겟 고객을 명확히 정의하고, 그들의 행동 패턴을 분석합니다.

3) 경쟁 분석: 경쟁사의 전략을 분석해 차별점을 찾습니다.

4) 채널 선정: 가장 효과적인 마케팅 채널을 선택합니다.

5) 실행 계획: 구체적인 마케팅 활동을 계획하고 실행합니다.

👤 각 단계에서 사용할 수 있는 도구나 기법을 추가해 줘 ◁ 추가 세부 사항 요청

🤖 1) 목표 설정 단계에서는 SMART 목표 설정 기법을 사용해 명확하고 측정 가능한 목표를 설정합니다.

2) 고객 분석 단계에서는 Google Analytics를 활용해 고객 행동 데이터를 수집합니다.

3) 경쟁 분석 단계에서는 SWOT 분석을 통해 경쟁사의 강점과 약점을 파악합니다.

4) 채널 선정 단계에서는 페이스북, 인스타그램, 이메일 마케팅 등 각 채널의 특성을 비교하여 타겟 고객이 주로 사용하는 채널을 선택합니다.

5) 실행 계획 단계에서는 Trello나 Asana를 사용해 각 마케팅 활동의 일정과 담당자를 관리합니다.

👤 마케팅 전략이 성공했을 때의 구체적인 성과 측정 방법과 기대할 수 있는 효과에 대해서도 추가해 줘 ◁ 마지막 수정 요청

🤖 마케팅 전략의 성공을 측정하기 위해서는 KPI(Key Performance Indicator)를 설정해야 합니다. 예를 들어, 웹사이트 방문 수, 전환율, 고객 획득 비용(CAC), 그리고 ROI(Return on Investment) 등을 측정할 수 있습니다. 성공적인 마케팅 전략을 통해 기대할 수 있는 효과로는 브랜드 인지도 상승, 고객 충성도 강화, 매출 증가 등이 있습니다. 특히, 웹사이트 방문 수가 증가하면 잠재 고객 풀이 넓어지고, 전환율이 높아지면 마케팅 활동의 효율성이 입증됩니다. 또한, CAC가 감소하면 더 적은 비용으로 고객을 획득할 수 있어 전체적인 마케팅 비용을 절감할 수 있습니다.

초기 프롬프트에 대한 답변은 마케팅 전략의 중요성만 언급했지만, 마지막 수정 요청의 답변은 각 단계별 구체적인 도구와 성과 측정 방법을 포함해 실질적인 가이드를 제공합니다. 반복과 개선 프롬프트를 통해 답변의 구체성과 실용성을 점진적으로 높였으며, 이는 답변의 질을 개선하는 데 중요한 역할을 합니다.

마크다운으로 프롬프트 잘 쓰기

챗GPT는 블로그, 뉴스, 기사, 위키피디아 같은 인터넷상의 다양한 정보를 학습했습니다. 이러한 정보들은 주로 HTML, 마크다운, JSON과 같은 텍스트 형식으로 작성되어 있습니다. 따라서 프롬프트를 챗GPT가 학습한 텍스트 형식과 유사하게 작성하면, 챗GPT가 더 잘 이해하고 좋은 답변을 할 가능성이 높아집니다. 이번에는 초보자도 쉽게 사용할 수 있는 마크다운 형식을 간단히 살펴보고, 이를 어떻게 프롬프트 엔지니어링에 활용할 수 있는지 알아보겠습니다.

마크다운 활용하기

마크다운은 텍스트를 쉽게 작성할 수 있도록 도와주는 문법입니다. 블로그, 노션 등 다양한 텍스트 기반 서비스에서 사용되고 있으며, HTML 같은 코드를 몰라도 간단한 기호와 문자를 이용해서 문서를 가독성 있게 작성할 수 있습니다. 마크다운 방식에 대해 함께 알아보겠습니다.

주요 문법

마크다운은 HTML보다 가볍고 직관적이기 때문에 누구나 빠르게 배울 수 있습니다. 기본적으로 제목, 목록, 강조, 링크, 코드 블록 등을 쉽게 작성할 수 있습니다. 마크다운의 주요 문법을 간단히 살펴보겠습니다.

- **제목**: #, ##, ### 등을 사용해 제목의 계층을 구분합니다.

```markdown
# 이것은 가장 큰 제목입니다
## 이것은 두 번째 큰 제목입니다
### 이것은 세 번째 큰 제목입니다
```

> #의 개수에 따라 제목의 레벨이 정해짐

- **리스트**: -, *, +를 사용해 순서 없는 목록을 생성하고, 1., 2., 3. 등을 사용해 순서 있는 목록을 생성합니다.

- **굵은 글씨**: **텍스트** 또는 __텍스트__를 사용해 특정 텍스트를 굵게 강조합니다.

- **기울임 글씨**: *텍스트* 또는 _텍스트_를 사용해 특정 텍스트를 기울입니다.

- **코드 블록**: '코드'를 사용해 문장 중간에 코드를 삽입합니다.

> **NOTE** 프롬프트에서 꼭 코드 부분이 아니더라도 강조하고 싶은 텍스트가 있다면 '(백틱) 기호를 사용해 보세요. 챗GPT가 강조의 의미로 이해합니다.

주요 문법 활용하기

마크다운의 주요 문법을 배웠으니, 이제 실제로 적용해볼 차례입니다. 주요 문법을 활용해 간단한 문서를 작성해 보겠습니다. 마크다운을 사용하면 업무 보고서나 자기소개서 같은 다양한 문서를 가볍고 깔끔하게 만들 수 있습니다. 예제의 내용을 반영하여 마크다운 형식으로 작성해 보세요.

예제 1 자기소개서 작성하기

1. **제목**: "자기소개서"로 작성하고, 이름을 부제목으로 추가하세요.
2. **리스트**: 관심사와 취미를 순서 없는 목록으로 작성하세요.
3. **굵은 글씨**: 본인의 이름을 굵게 강조하세요.
4. **기울임 글씨**: 현재 직업이나 직무를 기울임으로 표시하세요.
5. **링크**: 본인의 LinkedIn이나 블로그 링크를 추가하세요.
6. **코드 블록**: 간단한 코드(예: print("Hello, World!"))를 코드 블록으로 추가하세요.

마크다운 작성 예시

자기소개서 <!-- 큰 제목, 문서의 주제인 자기소개서를 나타냅니다. -->

홍길동 <!-- 부제목, 이름을 나타내어 한눈에 자기소개서 주인공을 알 수 있도록 합니다. -->

안녕하세요, **홍길동**입니다. 저는 *데이터 분석가*로 일하고 있습니다. <!-- 자기소개 문장. 이름은 굵게, 직업은 기울임체로 강조합니다. -->

관심사 <!-- 부제목, 관심사를 소개하는 섹션입니다. -->

- 데이터 분석 <!-- 순서 없는 리스트, 각 관심사를 나열합니다. -->

- 머신러닝

- 인공지능 연구

취미 <!-- 부제목, 취미를 소개하는 섹션입니다. -->

1 독서 <!-- 순서 있는 리스트, 취미를 순서대로 나열합니다. -->

2 등산

3 요리

LinkedIn <!-- 부제목, 링크를 추가해 외부 프로필로 연결합니다. -->

[홍길동의 LinkedIn 프로필](https://www.linkedin.com/in/홍길동) <!-- 링크, 클릭하면 LinkedIn으로 이동합니다. -->

코드 예제 <!-- 부제목, 코드 블록을 추가하는 예제입니다. -->

`print("Hello, World!")` <!-- 코드 블록, 문장 중간에 코드 형식으로 추가합니다. -->

> **NOTE** <!-- --> 는 HTML 주석을 나타내는 문법입니다. 주석은 코드나 문법에 설명을 추가할 때 사용되며, 실제로 웹 페이지에 표시되지 않습니다.

> 예제 2   일일 업무 보고서 작성하기
>
> 1. **제목**: "일일 업무 보고서"로 시작하여 날짜를 추가하세요.
> 2. **목록**: 주요 업무와 진행 상황을 순서 있는 목록으로 작성하세요.
> 3. **굵은 글씨**: 중요한 내용을 굵게 강조하세요.
> 4. **링크**: 참조할 만한 자료나 웹사이트 링크를 추가하세요.

마크다운 작성 예시

일일 업무 보고서 (2023-11-08) <!-- 큰 제목, 보고서 제목과 날짜를 표시합니다. -->

주요 업무 <!-- 부제목, 주요 업무를 정리하는 섹션입니다. -->

1 데이터 수집 및 정리 **완료** <!-- 순서 있는 목록, 각 업무의 상태를 표시합니다. 중요한 상태는 굵게 강조합니다. -->

2 모델링 작업 **진행 중**

3 보고서 초안 작성 **예정**

참고 자료 <!-- 부제목, 추가 자료나 참조 링크를 추가하는 섹션입니다. -->

[데이터 분석 참고 링크](https://example.com) <!-- 링크, 관련 자료로 연결됩니다. -->

마크다운을 활용한 프롬프트 작성

이번에는 실제 프롬프트 작성에 마크다운을 어떻게 활용할 수 있는지 알아보겠습니다. 마크다운을 적용한 프롬프트와 그렇지 않은 프롬프트의 답변 결과를 비교해 보면, 마크다운이 챗GPT의 응답을 어떻게 더 구조적이고 명확하게 만드는지 확인할 수 있습니다. 하지만 문법 내용을 모두 고려하며 프롬프트를 작성하는 것은 매우 귀찮은 일입니다. 이때 챗GPT에게 마크다운 형식의 프롬프트를 요청하면 수고를 덜 수 있습니다. 블로그 글 작성을 요청하는 예시를 통해 살펴보겠습니다.

마크다운을 사용하지 않은 경우

 여행 준비 팁에 대한 블로그 글을 작성해 줘.

여행 준비 팁으로는 목적지 조사, 여행 경비 계획, 필수 아이템 준비, 비상 연락망 확보, 여행 보험 가입 등이 있습니다. 첫째, 목적지 조사는 현지의 문화와 기후를 파악하기 위함입니다. 둘째, 여행 경비 계획은 예상 비용을 미리 정해 예산을 관리하는 것입니다. 셋째, 필수 아이템 준비는 여권, 옷, 개인 위생 용품 등 필요한 물품을 챙기는 것입니다. 넷째, 비상 연락망 확보는 긴급 상황에 대비해 가족이나 친구에게 연락처를 공유하는 것입니다. 다섯째, 여행 보험 가입은 여행 중 예기치 않은 상황에 대비하기 위함입니다.

마크다운을 사용한 경우

 여행 준비 팁에 대한 블로그 글을 마크다운 형식으로 작성해 줘.

```markdown
# 여행 준비 팁
여행을 떠나기 전에 준비해야 할 것들이 많습니다. 잘 준비된 여행은 더 즐겁고 편안하게 만들 수 있습니다. 이번 글에서는 여행 준비에 필요한 주요 팁들을 소개합니다.

## 1. 여행지 정보 조사
여행지에 대한 기본 정보를 미리 조사하는 것이 중요합니다. 다음과 같은 사항들을 확인하세요:
- **기후**: 여행지의 날씨를 미리 확인하고 적절한 옷을 준비합니다.
- **언어**: 현지 언어를 몇 마디 배우면 소통이 훨씬 수월해집니다.
- **문화**: 여행지의 문화적 특징과 에티켓을 미리 알아두면 현지인들과 더 원활하게 지낼 수 있습니다.

## 2. 필요한 물품 체크리스트 작성
여행에 필요한 물품을 미리 체크리스트로 작성하여 빠뜨리지 않도록 합니다. 필수 아이템은 다음과 같습니다:
- 여권, 비자, 항공권
- 여행자 보험
- 현금과 카드
- 의류, 신발, 세면도구
- 카메라, 충전기, 보조 배터리

## 3. 예약 사항 미리 확인하기
여행지에 도착하기 전에 숙박, 교통, 활동 예약 등을 미리 확인합니다. 주요 예약 사항은 다음과 같습니다:
```

- **숙박**: 호텔, 에어비앤비, 호스텔 등의 예약 상태를 다시 한번 점검합니다.
- **교통**: 공항에서 숙소까지의 교통편을 예약하거나 대중교통 정보를 확인합니다.
- **액티비티**: 인기 있는 관광지나 액티비티는 미리 예약해야 긴 대기 시간을 피할 수 있습니다.

4. 건강 관리
여행지에 따라 필요한 예방접종이나 건강 관리 사항을 확인합니다. 또한, 여행 중에 겪을 수 있는 소소한 건강 문제를 대비해 개인 약품을 준비해두는 것이 좋습니다.

5. 여행 경비 계획
여행 경비를 미리 계획하고 예산을 세워보세요. 현지에서 쓸 현금을 준비하고, 카드 사용 가능한지 여부를 확인합니다.
- **예산 계획**: 여행 기간 동안의 예상 비용을 대략적으로 계산합니다.
- **환전**: 현지 통화를 미리 준비하거나, 현지에서 ATM을 이용할 방법을 알아봅니다.

6. 안전에 유의하기
여행 중 안전을 항상 최우선으로 생각하세요. 여행지의 범죄율, 비상 연락처, 여행 보험 등 안전한 여행을 위한 정보를 미리 파악합니다.

7. 여행 후 할 일
여행이 끝난 후에는 여행지에서 얻은 사진이나 기념품을 정리하고, 여행 중의 경험을 기록하는 것도 좋은 방법입니다. 여행을 돌아보며 소중한 추억을 되새겨보세요.

여행을 떠나기 전에 준비물과 계획을 잘 세우는 것이 중요합니다. 위의 팁들을 참고해서 즐거운 여행이 되시길 바랍니다!

마크다운을 사용하지 않은 프롬프트의 경우, 긴 문장으로 나열된 답변을 받았습니다. 이런 글은 정보를 파악하기 어려울 수 있습니다. 반면, 마크다운을 사용한 경우 제목과 리스트, 굵은 글씨로 중요한 정보를 명확하게 구분하고 있어 가독성이 높아집니다.

노션에서 마크다운 활용하기

마크다운 코드는 앞서 말했듯 다양한 텍스트 기반 서비스에서 활용할 수 있습니다. 요즘 많이 사용하는 노션에서 마크다운 코드를 사용해 보겠습니다. 먼저 마크다운 형식으로 작성된 위 코드를 복사 후, 노션 페이지의 빈 공간에 붙여 넣습니다. 노션은 자동으로 마크다운 형식을 해석하고, 다음 이미지와 같이 변환하여 보여줍니다. 필요하다면 서식을 직접 편집하거나 내용 수정도 가능합니다.

PART 02

챗GPT 다양하게 활용하기 I

CHAPTER 03. **다양한 콘텐츠 제작하기**
CHAPTER 04. **이미지 처리하기**

챗GPT는 다양한 분야에서 콘텐츠 제작 도구로 유용하게 활용되고 있습니다. 챗GPT를 활용하면 브레인스토밍에 소요되는 시간을 절약하고, 제작 과정을 자동화하여 업무 효율을 높일 수 있습니다. 이를 통해 대량의 고품질 콘텐츠를 보다 빠르게 제작할 수 있는 기반을 마련할 수 있습니다.

CHAPTER 03

다양한 콘텐츠 제작하기

▶▶▶

챗GPT를 활용하면 블로그 포스팅, 보도자료 작성, 광고 카피 생성, 유튜브 영상 스크립트, SNS 게시물 등 다양한 종류의 콘텐츠를 쉽고 다양하게 제작할 수 있습니다. 콘텐츠 제작자가 챗GPT를 활용하여 아이디어를 구상하고 글을 작성하며, 다양한 콘텐츠를 제작할 수 있는 시대가 열린 것입니다.

SECTION 3.1 콘텐츠 제작하기

▶▶ 챗GPT는 사용자가 입력한 프롬프트나 특정 매개변수에 기반해 맞춤형 콘텐츠를 생성할 수 있는 능력을 가지고 있습니다. 이번 절에서는 챗GPT를 활용하여 콘텐츠를 제작하는 몇 가지 방법에 대해 알아보겠습니다.

아이디어 생성과 브레인스토밍하기

콘텐츠 제작을 위해서는 창의적인 아이디어가 필요합니다. 이때 챗GPT를 활용해 브레인스토밍을 해 볼 수 있습니다. 특정 주제를 입력하면 챗GPT는 다양한 관점에서 새로운 의견을 제시해 줍니다.

예를 들어, 블로그에 업로드할 글의 주제가 마땅히 떠오르지 않을 때 '아이디어가 전혀 떠오르지 않아. 어떤 주제로 글을 써야 흥미를 돋굴 수 있을까?'라고 질문하면 혼자서는 생각하지 못한 여러 가지 아이디어를 얻을 수 있습니다. 챗GPT는 단순히 아이디어를 나열하는 것에서 그치는 것이 아니라 토론 주제나 새로운 아이디어에 대한 다양한 관점도 제시해 줍니다.

 블로그에 새로운 글을 올려야 하는데 아이디어가 전혀 떠오르지 않아. ㅠㅠ
어떤 주제로 글을 써야 흥미를 돋굴 수 있을까?

 블로그 글 아이디어가 필요할 때는 최근 트렌드나 사람들이 많이 관심 가질 만한 주제를 떠올리면 좋죠. 아래는 여러 방향에서 생각해볼 수 있는 흥미로운 주제입니다!

1. 생성형 AI와 업무 자동화의 미래

- 챗GPT나 다른 생성형 AI가 어떤 식으로 사무실에서의 업무 자동화를 돕고 있는지, 그리고 앞으로 어떤 영향을 미칠지 소개하는 글을 작성할 수 있습니다.
- 특정 툴이나 기능(예: 문서 요약, 고객 응대, 데이터 분석 자동화 등)을 중심으로 실무 적용 사례와 팁을 공유하면 독자들에게 도움이 될 거예요.

2. 데이터 분석을 몰라도 할 수 있는 실무 인사이트 발굴 방법
- 데이터 분석이 전문가의 영역이라는 인식을 깨고, 기초적인 접근법으로도 충분히 인사이트를 얻을 수 있다는 내용을 전달해보세요.
- "데이터 분석에 대한 두려움을 없애는 쉬운 접근법"처럼 실용적이면서도 간단한 방법을 제시하면 좋습니다.

3. 효율적인 업무 환경 만들기: 퇴근 시간을 줄이는 방법
- 직장인들이 관심이 많은 업무 효율성에 대한 주제는 항상 인기가 많아요. AI 도구를 활용한 업무 시간 단축, 생산성 높이는 팁 등을 다뤄보세요.
- 단순히 툴 소개에 그치지 않고 구체적인 사용 사례나 실질적인 노하우를 넣으면 더 흥미를 끌 수 있어요.

4. AI와 데이터로 살펴보는 2024 트렌드 예측
- 내년의 기술, 비즈니스 트렌드나 시장 변화 등을 예측하는 글도 좋습니다.
- ChatGPT, AI 기반 예측 모델을 활용해 내년 트렌드를 예측하는 방법이나, 이를 활용한 기초적인 데이터 분석을 소개할 수도 있습니다.

5. 업무와 삶의 균형을 맞추는 스마트 기술
- 워라밸은 많은 사람들이 고민하는 주제예요. 스마트 도구를 활용해 업무를 효율적으로 처리하고, 개인 시간을 확보하는 방법을 소개하면 관심을 끌기 좋습니다.
- "ChatGPT를 활용해 워라밸 지키기"와 같은 실질적인 팁을 중심으로 작성해보세요.

6. GPT-4와 ChatGPT: 실무 활용 시리즈
- 챗GPT와 같은 AI 모델을 실무에서 사용할 수 있는 사례를 묶어 시리즈로 기획해보세요.
- 예를 들어, 1편에서는 '아이디어 브레인스토밍', 2편에서는 '문서 작성', 3편에서는 '데이터 분석'과 같은 세부 주제로 다룰 수 있습니다.

이 중에 마음에 드는 주제가 있으신가요?

또한, 업무 관련 아이디어를 묻는 것도 큰 도움이 됩니다. 새로운 프로젝트를 시작하거나 업무 효율을 높이는 방법을 고민 중이라면 '업무 효율을 높일 수 있는 아이디어가 있을까?' 또는 '현재 진행 중인 프로젝트를 더 효과적으로 진행할 방법이 있을까?'라고 질문할 수 있습니다. 챗GPT는 업무 상황에 맞는 창의적인 해결 방안을 제시하거나, 프로젝트 각 단계에서 유용하게 활용할 수 있는 팁을 알려줍니다.

현재 진행 중인 프로젝트를 더 효과적으로 진행할 방법이 있을까?

 현재 진행 중인 프로젝트의 효과를 극대화하려면 아래의 몇 가지 접근 방법을 고려해볼 수 있습니다.

1. 데이터 탐색과 이해의 깊이 강화하기

- 이미 설정한 데이터 분석 단계에 따라 첫 단계에서 데이터를 더 깊게 탐색하고 인사이트를 발굴하는 것이 중요합니다. 다양한 시각화 기법을 사용하여 부서별, 연도별 데이터의 패턴을 파악하고, 예상치 못한 변수들 간의 관계를 찾는 데 집중해 보세요.
- 예를 들어, 전체 재직자와 퇴사자 비율을 단순히 분석하는 데 그치지 않고, 특정 부서에서 특히 퇴사율이 높다면 해당 부서의 특성(예: 업무 강도, 직무 만족도 등)을 추가적으로 조사해보는 방법이 효과적입니다.

2. 자동화된 분석 파이프라인 구축

- 반복적으로 발생하는 분석 작업은 자동화할 수 있는 파이프라인을 설정하면 좋습니다. 코드 내에서 주석을 통해 구조를 명확히 하고, 특정 단계에서 데이터를 다시 확인해야 하는 상황이라면 관련 함수를 만들어 반복 작업을 줄일 수 있습니다.
- 예를 들어, 퇴사 예측 모델 구축과 관련된 단계별 분석을 함수화하여 필요 시마다 호출할 수 있는 구조를 만들면 분석 속도를 높이고 일관성을 유지할 수 있습니다.

3. 피드백 루프 설정

- 프로젝트를 진행하면서 얻은 결과에 대해 동료들이나 관련 부서로부터 피드백을 받는 루프를 설정해 보세요. 새로운 분석 결과나 인사이트가 나올 때마다 이를 검토하고 실제 현장에 적용할 수 있는지 여부를 확인하는 과정이 중요합니다.
- 이를 통해 데이터 분석 결과가 단순히 수치적 결과에 머물지 않고, 실질적인 솔루션으로 이어질 수 있습니다.

4. 실험적 접근 도입 (Clustering 활용)

- 퇴사자와 재직자 데이터를 클러스터링 기법으로 분류해 보세요. 이 기법을 사용하면 특정 그룹이 가진 공통 특성을 발견하고, 이를 통해 더 세밀한 퇴사 예측이나 영향 요인 분석이 가능해질 수 있습니다.
- 사용자가 아직 클러스터링에 익숙하지 않다고 하셨으니, 먼저 기본적인 K-means 클러스터링을 통해 데이터를 분류하고 그 결과를 해석하는 데 중점을 두면 좋을 것 같습니다.

5. 커뮤니케이션 강화

- 분석 결과와 인사이트를 직관적이고 쉽게 이해할 수 있도록 시각화 도구와 보고서에 신경 써 보세요. 복잡한 데이터 분석 결과를 누구나 이해하기 쉬운 그래프나 다이어그램으로 표현하면, 프로젝트의 이해도와 참여도가 높아집니다.

이런 접근 방법들은 프로젝트의 전반적인 분석 속도와 결과 활용도를 높이는 데 도움이 될 수 있습니다. 더 자세히 필요하신 부분이나 특정 기술 지원이 필요하시면 말씀해 주세요.

다음 예시들을 참고하여 업무에서도 다양하게 활용해 보세요! 업무 관련 아이디어를 얻거나 새로운 관점으로 접근하는 데 도움이 될 수 있습니다.

- 프로젝트 발표에서 청중의 관심을 끌 만한 오프닝 아이디어를 추천해 줘.
- 팀원들의 사기를 높일 수 있는 효과적인 팀 빌딩 활동 아이디어를 제시해 줘.
- 신규 고객을 유치하기 위한 이메일 마케팅 캠페인 주제와 내용 아이디어를 브레인스토밍해 줘.
- 경쟁사 분석을 위한 프레젠테이션을 준비 중이야. 중요한 요소들을 어떻게 구성하면 좋을지 알려 줘.
- 고객 불만 대응 방안에 대한 매뉴얼을 작성 중인데, 주요 항목으로 무엇을 넣어야 할지 아이디어를 줘.
- 우리 제품의 신규 기능을 알릴 소셜 미디어 게시물 아이디어가 필요해. 재미있고 흥미로운 방식으로 표현할 수 있는 방법을 제시해 줘.
- 내부적으로 커뮤니케이션 문제를 해결하기 위한 직원 교육 콘텐츠 주제를 몇 가지 추천해 줘.

스토리텔링으로 스크립트 제작하기

스토리텔링은 청중의 관심을 사로잡고 감정을 움직이는 데 있어 최고의 도구입니다. 챗GPT를 활용하면 특정 주제나 아이디어에 대해 쉽고 흥미로운 스토리라인을 빠르게 만들어낼 수 있습니다.

제품 광고 영상을 위한 스토리텔링이 필요할 때, '잠재 고객들에게 새로 출시한 향수가 감동적으로 다가갈 수 있는 스토리텔링을 해 줘'라고 요청하면, 감성적인 이야기로 제품의 가치를 전할 수 있는 스토리라인을 얻을 수 있습니다. 이 스토리라인을 바탕으로 챗GPT에 광고용 스크립트를 요청하면, 구체적인 장면과 대사가 포함된 스크립트도 제작할 수 있습니다.

 새로 출시한 향수의 광고 스토리텔링을 해 줘. 잠재 고객들에게 감성적으로 다가갈 수 있는 이야기로, 이 향수가 일상 속 특별한 기억을 떠올리게 하고 따뜻한 감정을 불러일으키는 내용을 담고 싶어.

 당신의 일상 속, 특별한 순간들이 쌓여갑니다.

하루하루 반복되는 일상 속에서, 그날의 기억이 문득 떠오르는 순간들이 있습니다. 아침 햇살이 부드럽게 커튼을 넘나드는 어느 날, 첫사랑과 함께 걸었던 숲길에서 맡았던 따뜻한 나무 향기, 혹은 소중한 사람과 함께 마신 차 한 잔의 그윽한 향이 당신을 미소 짓게 만듭니다.

새로 출시된 이 향수는 당신의 그러한 특별한 순간들을 다시 불러오는 열쇠가 되어 줄 것입니다. 은은한 꽃내음이 스쳐가며, 사랑스러웠던 지난날의 봄날을 떠올리게 하고, 따뜻한 머스크 향은 소중한 사람의 포근한 품에 안긴 듯한 감정을 불러일으킵니다. 이 향수는 단지 향기가 아니라, 당신의 가슴 속에 잠들어 있던 따뜻한 기억을 일깨우는 순간입니다.

바쁜 일상 속에서도 이 향수를 뿌리는 순간, 당신은 어느새 그 특별한 기억 속으로 떠나는 여행을 떠날 수 있습니다. 익숙한 공간에서 새로운 감정을 느끼고, 과거의 아름다웠던 순간들과 교감할 수 있는 작은 여유를 가져보세요. 이 향수는 당신에게 일상 속에서 특별함을 찾아내는 마법 같은 힘을 선사합니다.

향기로 기억을, 기억으로 감정을. 당신의 일상에 따뜻한 감정을 불어넣어 줄 이 향수를 만나보세요.

 이 내용을 광고 스크립트로 전환해 줘.

[장면 1: 아침 햇살이 커튼 사이로 부드럽게 비치는 침실]

(나레이션) "당신의 일상 속, 특별한 순간들이 쌓여갑니다."

[장면 2: 여성이 침대에서 일어나 커튼을 열며 미소 짓는 모습]

(나레이션) "하루하루 반복되는 일상 속에서, 그날의 기억이 문득 떠오르는 순간들이 있습니다."

[장면 3: 첫사랑과 함께 숲길을 걷던 따뜻한 나무 향기, 커피잔을 들고 있는 소중한 사람의 모습]

(나레이션) "첫사랑과 함께 걸었던 숲길의 나무 향기, 소중한 사람과 함께 마신 차 한 잔의 그윽한 향이 당신을 미소 짓게 만듭니다."

[장면 4: 여성의 손이 향수 병을 집어 들고 뿌리는 모습]

(나레이션) "이 향수는 당신의 그러한 특별한 순간들을 다시 불러오는 열쇠가 되어 줄 것입니다."

[장면 5: 꽃밭을 거니는 여성, 따뜻한 머스크 향과 함께 포근함을 느끼는 모습]

(나레이션) "은은한 꽃내음이 스쳐가며, 사랑스러웠던 지난날의 봄을 떠올리게 하고, 따뜻한 머스크 향은 소중한 사람의 품에 안긴 듯한 감정을 불러일으킵니다."

[장면 6: 일상 속에서 향수를 뿌리고 미소 짓는 여성]

(나레이션) "이 향수는 단지 향기가 아니라, 당신의 가슴 속에 잠들어 있던 따뜻한 기억을 일깨우는 순간입니다."

[장면 7: 여성의 얼굴에 부드러운 미소가 번지고, 공간이 따뜻한 느낌으로 바뀌는 모습]

(나레이션) "바쁜 일상 속에서도 이 향수를 뿌리는 순간, 당신은 어느새 그 특별한 기억 속으로 떠나는 여행을 떠날 수 있습니다."

[장면 8: 익숙한 공간에서 새로운 감정을 느끼며 여유롭게 향을 즐기는 모습]

(나레이션) "익숙한 공간에서 새로운 감정을 느끼고, 과거의 아름다웠던 순간들과 교감할 수 있는 작은 여유를 가져보세요."

[장면 9: 향수 병의 클로즈업, 따뜻한 빛이 향수 병을 비추는 모습]

(나레이션) "이 향수는 당신에게 일상 속에서 특별함을 찾아내는 마법 같은 힘을 선사합니다."

[장면 10: 화면에 향수 이름과 슬로건이 나타남]

(나레이션) "향기로 기억을, 기억으로 감정을. 당신의 일상에 따뜻한 감정을 불어넣어 줄 이 향수를 만나보세요."

소셜 미디어 콘텐츠 기획하기

소셜 미디어는 현대 마케팅의 중요한 요소로 자리 잡았습니다. 특정 타깃층에 맞춘 창의적인 콘텐츠 아이디어가 필요할 때, 챗GPT에 '2030을 겨냥한 겨울 프로모션 아이디어를 제공해 줘'라고 요청하면 트렌드를 반영한 흥미로운 아이디어를 빠르게 얻을 수 있습니다.

여러분이 핫초코를 생산하는 부서의 마케터라고 가정하고, '우리 브랜드 핫초코 판매 증진을 위한 소셜 미디어 콘텐츠 아이디어를 제안해 줘'라고 요청해 보겠습니다.

 우리 브랜드 핫초코 판매 증진을 위한 소셜 미디어 콘텐츠 아이디어를 제안해 줘.

1. **#핫초코모먼트 캠페인**: 고객들이 핫초코를 즐기는 순간을 사진이나 동영상으로 공유하도록 유도하고, 브랜드 해시태그를 사용하게 하세요. 따뜻한 담요, 독서, 겨울 풍경 등과 함께 찍은 사진을 공유하도록 독려하여 감성적인 분위기를 만들어 보세요. 우수한 콘텐츠에는 상품권이나 무료 핫초코를 제공해 참여를 유도할 수 있습니다.

2. **DIY 핫초코 레시피 영상**: 다양한 핫초코 레시피를 소개하는 짧은 영상 콘텐츠를 만들어 보세요. 예를 들어, 마시멜로 핫초코, 페퍼민트 핫초코, 또는 스파이시 핫초코 같은 창의적인 버전을 소개하여 다양한 취향을 가진 고객들의 관심을 끌어 보세요.

3. **핫초코 ASMR 콘텐츠**: 핫초코를 만드는 소리나 따뜻한 음료를 마시는 소리를 활용한 ASMR 영상을 만들어 보세요. 부드러운 소리와 따뜻한 분위기로 시청자들에게 감성적인 힐링 경험을 선사할 수 있습니다.

4. **'핫초코의 하루' 스토리텔링**: 소셜 미디어 스토리 기능을 활용해 하루 동안 핫초코와 함께 하는 일상을 보여주는 콘텐츠를 만드세요. 아침부터 저녁까지 핫초코가 어떻게 행복을 더해주는지 간단한

이야기로 풀어보면, 고객들이 일상에서 핫초코를 자연스럽게 떠올리게 할 수 있어요.

5. **핫초코와 완벽한 페어링:** 핫초코와 잘 어울리는 간식이나 상황을 소개하는 콘텐츠를 제작하세요. 예를 들어, 쿠키, 크루아상, 혹은 겨울철 영화와 핫초코를 매칭해 소개하면서 고객들이 특정한 순간에 핫초코를 즐기도록 유도할 수 있습니다.

6. **핫초코 챌린지:** 팔로워들에게 가장 창의적인 핫초코 꾸미기 챌린지를 제안해 보세요. 예쁜 컵, 토핑, 또는 색다른 장식을 사용해 자신만의 핫초코를 만들도록 유도하고, 우승자에게 소정의 상품을 제공합니다.

7. **셀럽과 콜라보:** 인기 있는 인플루언서나 셀럽과 협업해 그들이 브랜드의 핫초코를 마시며 편안한 시간을 보내는 모습을 공유하도록 하세요. 이를 통해 팬들이 자연스럽게 브랜드에 호감을 느낄 수 있습니다.

 각 아이디어에 맞는 해시태그를 추천해 줘.

1. #핫초코모먼트 캠페인 (#핫초코모먼트 #ChocoMoment #따뜻한순간 #핫초코타임)
2. DIY 핫초코 레시피 영상 (#핫초코레시피 #DIY핫초코 #홈카페 #따뜻한한잔)
3. 핫초코 ASMR 콘텐츠 (#핫초코ASMR #편안한소리 #힐링음료 #ASMR핫초코)
4. '핫초코의 하루' 스토리텔링 (#핫초코와함께 #따뜻한일상 #핫초코데이 #소소한행복)
5. 핫초코 챌린지 (#핫초코챌린지 #창의적인핫초코 #핫초코꾸미기 #핫초코아트)
6. 셀럽과 콜라보 (#핫초코콜라보 #셀럽추천 #핫초코타임 #따뜻한순간)

 각각 어느 플랫폼에서 진행하는게 좋을지 추천해 줘.

1. **#핫초코모먼트 캠페인:** 이 캠페인은 인스타그램과 페이스북에서 진행하는 것이 좋습니다. 사진과 영상 공유가 중심이 되는 플랫폼이기 때문에 참여를 유도하기에 적합합니다.
2. **DIY 핫초코 레시피 영상:** DIY 레시피 영상은 유튜브와 인스타그램 릴스에서 진행하는 것이 좋습니다. 유튜브는 긴 영상, 인스타그램 릴스는 짧은 영상을 통해 다양한 사용자층을 공략할 수 있습니다.
3. **핫초코 ASMR 콘텐츠:** ASMR 콘텐츠는 유튜브와 틱톡에서 진행하는 것이 좋습니다. 유튜브는 긴 ASMR 영상에 적합하고, 틱톡은 짧고 강렬한 감성 콘텐츠를 전달하기에 좋습니다.
4. **'핫초코의 하루' 스토리텔링:** 스토리텔링 콘텐츠는 인스타그램과 페이스북 스토리 기능을 활용해 진행하는 것이 좋습니다. 사용자가 쉽게 팔로우하고 공감할 수 있도록 할 수 있습니다.
5. **핫초코와 완벽한 페어링:** 페어링 콘텐츠는 핀터레스트와 인스타그램에서 진행하는 것이 좋습니다. 시각적인 매력이 강한 콘텐츠이므로 이미지 기반의 플랫폼에서 효과적입니다.

6. **핫초코 챌린지**: 핫초코 챌린지는 틱톡과 인스타그램에서 진행하는 것이 좋습니다. 두 플랫폼 모두 챌린지 형식의 콘텐츠가 인기가 많아 참여율을 높일 수 있습니다.

7. **셀럽과 콜라보:** 셀럽과의 콜라보는 인스타그램과 유튜브에서 진행하는 것이 좋습니다. 인스타그램은 셀럽의 일상을 공유하기에 좋고, 유튜브는 깊이 있는 콘텐츠를 전달하는 데 유리합니다.

이처럼 챗GPT를 활용하면 아이디어를 제공받는 데서 그치지 않고, 맞춤 플랫폼도 제공받을 수 있습니다. 이 같은 예시를 통해 챗GPT가 소셜 미디어 콘텐츠 기획을 더욱 창의적이고 효과적으로 만드는 도구가 될 수 있음을 알 수 있습니다.

SECTION 3.2 다양한 문서 작성과 업무 효율화

▶▶ GPT-4의 향상된 언어 이해와 생성 능력을 활용하면 문서 작성, 프로젝트 관리, 고객 응대, 데이터 분석 등 다양한 업무를 더 쉽게 수행할 수 있으며, 반복 작업을 줄여 시간을 절약하고 창의적인 아이디어를 얻는 기회를 확대할 수 있습니다. 이번 절에서는 GPT-4를 통해 업무의 품질과 효율성을 높이고, 실질적인 도움이 되는 여러 문서를 작성하는 방법을 살펴보겠습니다.

블로그 콘텐츠 작성하기

블로그 콘텐츠를 작성할 때는 주제, 키워드, 글의 목적, 어조 설정과 같은 사전 준비가 필요합니다. 앞에서 학습한 프롬프트 작성의 기본 요소 6가지에 기반하여 블로그 콘텐츠를 작성해 보겠습니다.

01 먼저, 챗GPT에게 '겨울철 건강 관리법'에 대한 게시물 작성을 요청해서 대화를 시작합니다.

겨울철 건강을 유지하고 활기차게 보낼 수 있는 실천 가능한 건강 관리 꿀팁에 대해 다룬 블로그 글을 작성해 줘. 대상은 20대 대학생부터 40대의 바쁜 직장인이고, 친근하고 신뢰감 있는 톤이면 좋겠어. 게시글은 제목과 섹션별 소제목을 포함한 형식으로 구성하고, 수분 섭취, 규칙적인 운동, 균형 잡힌 식사, 실내 습도 관리 등의 구체적인 팁을 다뤄 줘.

겨울철 건강 관리 꿀팁: 활기찬 겨울을 위한 실천 방법

겨울이 다가오면 기온이 낮아지고, 우리의 면역력도 약해지기 쉽습니다. 특히 20대에서 40대의 바쁜 대학생과 직장인이라면 건강을 유지하기 위해 실천 가능한 작은 변화가 필요할 수 있습니다. 오늘은 겨울철 건강을 유지하고 활기차게 보낼 수 있는 몇 가지 실천 가능한 건강 관리 꿀팁을 소개하겠습니다.

1. 충분한 수분 섭취로 건강 지키기

추운 겨울에는 갈증을 덜 느끼지만, 몸은 여전히 수분을 필요로 합니다. 하루에 최소 8잔의 물을 마셔서 충분한 수분을 섭취하는 것이 중요합니다. 따뜻한 허브티나 레몬을 넣은 물을 마시면 몸을 따뜻하게 유지하면서도 수분을 보충할 수 있습니다. 수분 섭취는 신체의 순환을 원활하게 하고, 면역력을 유지하는 데 큰 도움이 됩니다.

2. 규칙적인 운동으로 면역력 강화

겨울철에는 추운 날씨 때문에 운동을 소홀히 하기 쉽지만, 규칙적인 운동은 체온 유지와 면역력 강화를 위해 매우 중요합니다. 매일 20~30분 정도의 가벼운 운동을 통해 몸을 활기차게 유지할 수 있습니다. 실내에서 할 수 있는 스트레칭이나 홈트레이닝을 통해 운동 습관을 유지해 보세요. 꾸준한 운동은 에너지를 높이고, 추운 겨울에도 건강을 지키는 중요한 방법입니다.

3. 균형 잡힌 식사로 영양 보충하기

겨울철에는 따뜻한 음식이 당기지만, 균형 잡힌 식사를 통해 필요한 영양소를 충분히 섭취하는 것이 중요합니다. 비타민 C가 풍부한 귤, 키위, 브로콜리 등은 면역력을 높이는 데 도움이 되며, 따뜻한 국물 요리는 몸을 따뜻하게 하면서 영양도 함께 보충해 줍니다. 영양소를 골고루 섭취하여 겨울철 면역력을 강화하세요.

4. 실내 습도 유지로 호흡기 건강 챙기기

난방을 많이 사용하는 겨울철에는 실내가 건조해지기 쉽습니다. 건조한 공기는 호흡기를 자극해 감기에 걸리기 쉽게 만듭니다. 가습기를 사용하거나 실내에 물을 두어 습도를 40~60%로 유지하면 호흡기 건강을 지키는 데 도움이 됩니다. 또한, 실내에 작은 화분을 두면 습도 유지와 공기 정화에도 효과적입니다.

5. 충분한 휴식으로 피로 회복하기

겨울철 건강을 유지하기 위해 충분한 휴식과 수면은 필수적입니다. 하루에 최소 7~8시간의 수면을 취하고, 자기 전 따뜻한 물로 목욕하거나 가벼운 스트레칭을 통해 몸의 긴장을 풀어주면 숙면에 도움이 됩니다. 충분한 휴식은 면역력을 높이고, 스트레스를 줄이는 데 중요한 역할을 합니다.

이 꿀팁들을 통해 이번 겨울도 건강하고 활기차게 보내세요. 작은 습관의 변화만으로도 큰 차이를 만들 수 있습니다. 여러분의 겨울철 건강 관리에 이 글이 도움이 되기를 바랍니다!

02 게시물 유입을 늘리기 위해 끝부분에 해시태그를 작성해 달라는 추가 요청사항을 전달합니다. 이전에 작성해 준 게시물을 토대로 20개의 해시태그를 추천해준 것을 확인할 수 있습니다.

 글의 끝부분에 게시물에 알맞은 해시태그를 추천해 줘. 해시태그는 검색량이 높은 키워드를 바탕으로 작성하고, 최소 10개 이상을 작성해 줘. 한글과 영어를 적절히 섞고, 한 줄로 작성해 줘.

#해시태그: #겨울건강 #건강관리 #겨울철꿀팁 #면역력 #수분섭취 #규칙적인운동 #겨울운동 #균형잡힌식사 #실내습도 #면역력강화 #건강한생활 #HealthyWinter #WinterHealthTips #StayHealthy #Fitness #WinterTips #HealthyEating #HomeTraining #Wellbeing #겨울철건강관리

---

03 마지막으로 누구나 편하게 게시물을 읽을 수 있도록 내용을 수정해 보겠습니다. 친근감 있는 어조와 적절한 이모티콘 활용을 요청했습니다. 게시물 수정을 통해 독자의 관심을 끌기 쉬워졌고, 이로 인해 더 많은 독자와 공감을 형성할 수 있게 될 것입니다. 또한 구체적인 예시 제공으로 독자들이 내용을 더 쉽게 이해하고 기억하기 쉬워졌습니다.

누구나 편하게 읽을 수 있도록 친근감 있는 어조로 수정하고, 이모티콘도 적절하게 활용해 줘.

겨울철 건강 관리 꿀팁 ❄️✨

겨울이 되면 기온이 낮아지면서 면역력이 약해지기 쉬워요. 추운 날씨 속에서도 건강을 잘 유지하려면 특별한 주의가 필요하죠. 그래서 오늘은 여러분을 위해 겨울철 건강을 지키고 활기차게 보낼 수 있는 몇 가지 꿀팁을 준비해 봤어요!😊

1. 충분한 수분 섭취로 건강 지키기💧

추운 날씨에는 갈증을 덜 느끼지만, 몸은 여전히 수분을 필요로 해요. 하루에 최소 8잔의 물을 마셔서 충분한 수분을 섭취하는 게 중요해요. 따뜻한 허브티나 레몬을 넣은 물을 마시면 몸을 따뜻하게 유지하면서도 수분을 보충할 수 있어요. 수분 섭취는 신체의 순환을 원활하게 하고 면역력을 유지하는 데 큰 도움이 된답니다!

2. 규칙적인 운동으로 면역력 강화하기 🏃

겨울철에는 추운 날씨 때문에 운동을 소홀히 하기 쉬워요. 하지만 규칙적인 운동은 체온 유지와 면역력 강화에 정말 중요해요. 매일 20~30분 정도 가볍게 몸을 움직여 보세요! 실내에서 스트레칭이나 홈트레이닝을 통해 운동 습관을 유지하는 것도 좋아요. 꾸준한 운동은 에너지를 높이고 기분까지 좋게 만들어줘요! ⚡💪

3. 균형 잡힌 식사로 영양 보충하기

겨울철에는 따뜻한 음식이 자꾸 당기지만, 필요한 영양소를 골고루 섭취하는 것도 잊지 마세요. 비타민 C가 풍부한 귤, 키위, 브로콜리 등은 면역력을 높이는 데 도움을 주고, 따뜻한 국물 요리는 몸을 따뜻하게 해주면서 영양도 듬뿍 채워줄 수 있어요. 영양소를 충분히 섭취해서 겨울철 면역력을 키워 봅시다! 🥦🍊

4. 실내 습도 유지로 호흡기 건강 챙기기 🌿

난방을 많이 사용하는 겨울철에는 실내가 건조해지기 쉬워요. 건조한 공기는 호흡기를 자극해 감기에 걸리기 쉽게 만드니까, 가습기를 사용하거나 실내에 물을 두어 습도를 40~60%로 유지해 보세요. 실내에 작은 화분을 두면 습도 유지와 공기 정화에도 도움이 돼요! 🌱

5. 충분한 휴식으로 피로 회복하기 💤

겨울철 건강을 유지하려면 충분한 휴식과 수면이 필수예요. 하루에 최소 7~8시간의 수면을 취하고, 자기 전 따뜻한 물로 목욕하거나 가벼운 스트레칭을 하면 숙면에 도움이 돼요. 충분한 휴식은 면역력을 높이고 스트레스를 줄이는 데도 좋아요. 🛌😌

이 꿀팁들을 통해 이번 겨울도 건강하고 활기차게 보내세요! 작은 습관의 변화만으로도 큰 차이를 만들 수 있답니다. 여러분의 겨울철 건강 관리에 이 글이 도움이 되길 바랄게요! 🌟❄️

#해시태그: #겨울건강 #건강관리 #겨울철꿀팁 #면역력 #수분섭취 #규칙적인운동 #겨울운동 #균형잡힌식사 #실내습도 #면역력강화 #건강한생활 #HealthyWinter #WinterHealthTips #StayHealthy #Fitness #WinterTips #HealthyEating #HomeTraining #Wellbeing #겨울철건강관리

---

04 이 콘텐츠를 블로그에 게시하기 위해 마크다운 형식으로 변경해 달라고 요청할 수도 있습니다. 마크다운 형식은 간단하고 직관적으로 읽기 좋기 때문에 블로그나 웹페이지에 게시하기에 적합합니다. 답변을 받으면 작성해 준 마크다운 코드를 복사합니다.

 이 게시물을 마크다운 형식으로 변경해 줘.

 아래는 겨울철 건강 관리 꿀팁을 마크다운 형식으로 작성한 코드입니다. 간결하고 깔끔하게 포맷을 맞춰 작성했습니다.

```yaml
# 겨울철 건강 관리 꿀팁 ❄️✨

겨울이 되면 기온이 낮아지고 면역력이 약해지기 쉬워요. 추운 날씨에도 건강을 잘 유지하려면 특별한 주의가 필요합니다. 오늘은 겨울철 건강을 지키기 위한 몇 가지 간단한 꿀팁을 소개해 드릴게요! 😊

## 1. 충분한 수분 섭취하기 💧

추운 날씨에는 갈증을 덜 느낄 수 있지만, 몸은 여전히 수분을 필요로 합니다. 하루에 최소 8잔의 물을 마셔 충분한 수분을 섭취하세요. 따뜻한 허브티나 레몬을 넣은 물을 마시면 몸을 따뜻하게 유지하면서도 수분을 보충할 수 있어요.
```

2. 규칙적인 운동으로 면역력 강화하기 🏃

겨울철에는 추운 날씨 때문에 운동을 피하기 쉽지만, 규칙적인 운동은 체온 유지와 면역력 강화에 필수적입니다. 매일 20~30분 정도 가볍게 스트레칭하거나 실내에서 홈트레이닝을 통해 몸을 꾸준히 움직여 보세요. 꾸준한 운동은 에너지를 높이고 기분도 좋게 해줍니다.

3. 균형 잡힌 식사로 영양 보충하기 🍽

겨울철에는 따뜻한 음식이 당기지만, 비타민과 미네랄을 충분히 섭취하는 것이 중요합니다. 비타민 C가 풍부한 귤, 키위, 브로콜리 같은 음식을 자주 먹어 면역력을 높여보세요. 따뜻한 국물 요리도 몸을 따뜻하게 하면서 영양도 듬뿍 보충할 수 있는 좋은 방법입니다.

4. 실내 습도 유지하기 🌿

난방을 많이 사용하는 겨울철에는 실내가 건조해지기 쉽습니다. 건조한 공기는 호흡기를 자극해 감기에 걸리기 쉽게 만듭니다. 가습기를 사용하거나 실내에 물을 두어 습도를 40~60%로 유지하세요. 실내에 작은 화분을 두면 습도 유지와 공기 정화에도 도움이 됩니다.

5. 충분한 휴식으로 피로 회복하기 🛌

스트레스를 줄이고 면역력을 강화하려면 충분한 휴식과 수면이 필요합니다. 하루 7~8시간의 수면을 취하고, 자기 전 따뜻한 물로 목욕하거나 가벼운 스트레칭을 하면 숙면에 도움이 됩니다. 충분한 휴식은 면역력을 높이고 스트레스를 줄이는 데 중요한 역할을 합니다.

이 꿀팁들을 통해 이번 겨울도 건강하고 활기차게 보내세요! 작은 습관의 변화만으로도 큰 차이를 만들 수 있습니다. 여러분의 건강 관리에 이 글이 도움이 되기를 바랍니다! 🌟❄

05 복사한 마크다운 코드를 노션에 붙여 넣으면 다음과 같은 페이지가 생성됩니다. 챗GPT를 활용하면 이렇게 간단하게 블로그 콘텐츠를 만들 수 있습니다. 글쓰기가 부담스럽거나 어디서부터 시작해야 할지 막막할 때, 챗GPT의 도움을 받아보세요! 콘텐츠 제작이 훨씬 쉽고 재미있어질 것입니다.

> ## 시작하기
>
> ### 겨울철 건강 관리 꿀팁 ❄️ ✨
>
> 겨울이 되면 기온이 낮아지고 면역력이 약해지기 쉬워요. 추운 날씨에도 건강을 잘 유지하려면 특별한 주의가 필요합니다. 오늘은 겨울철 건강을 지키기 위한 몇 가지 간단한 꿀팁을 소개해 드릴게요! 😊
>
> ### 1. 충분한 수분 섭취하기 💧
>
> 추운 날씨에는 갈증을 덜 느낄 수 있지만, 몸은 여전히 수분을 필요로 합니다. 하루에 최소 8잔의 물을 마셔 충분한 수분을 섭취하세요. 따뜻한 허브티나 레몬을 넣은 물을 마시면 몸을 따뜻하게 유지하면서도 수분을 보충할 수 있어요.
>
> ### 2. 규칙적인 운동으로 면역력 강화하기 🏃
>
> 겨울철에는 추운 날씨 때문에 운동을 피하기 쉽지만, 규칙적인 운동은 체온 유지와 면역력 강화에 필수적입니다. 매일 20~30분 정도 가볍게 스트레칭하거나 실내에서 홈트레이닝을 통해 몸을 꾸준히 움직여 보세요. 꾸준한 운동은 에너지를 높이고 기분도 좋게 해줍니다.
>
> ### 3. 균형 잡힌 식사로 영양 보충하기 🍽️
>
> 겨울철에는 따뜻한 음식이 당기지만, 비타민과 미네랄을 충분히 섭취하는 것이 중요합니다. 비타민 C가 풍부한 귤, 키위, 브로콜리 같은 음식을 자주 먹어 면역력을 높여보세요. 따뜻한 국물 요리도 몸을 따뜻하게 하면서 영양도 듬뿍 보충할 수 있는 좋은 방법입니다.
>
> ### 4. 실내 습도 유지하기 🌿
>
> 난방을 많이 사용하는 겨울철에는 실내가 건조해지기 쉽습니다. 건조한 공기는 호흡기를 자극해 감기에 걸리기 쉽게 만듭니다. 가습기를 사용하거나 실내에 물을 두어 습도를 40~60%로 유지하세요. 실내에 작은 화분을 두면 습도 유지와 공기 정화에도 도움이 됩니다.
>
> ### 5. 충분한 휴식으로 피로 회복하기 🛌
>
> 스트레스를 줄이고 면역력을 강화하려면 충분한 휴식과 수면이 필요합니다. 하루 7~8시간의 수면을 취하고, 자기 전 따뜻한 물로 목욕하거나 가벼운 스트레칭을 하면 숙면에 도움이 됩니다. 충분한 휴식은 면역력을 높이고 스트레스를 줄이는 데 중요한 역할을 합니다.
>
> 이 꿀팁들을 통해 이번 겨울도 건강하고 활기차게 보내세요! 작은 습관의 변화만으로도 큰 차이를 만들 수 있습니다. 여러분의 건강 관리에 이 글이 도움이 되기를 바랍니다! ❄️✨

비즈니스 제안 이메일 작성하기

이메일은 업무에서 활용되는 중요한 커뮤니케이션 도구입니다. 단순한 대화 수단이 아니라 비즈니스 제안, 협상, 업무 지시 등 핵심 업무를 수행하는 데 필수적입니다. 비즈니스 이메일을 작성할 때는 너무 캐주얼하거나 지나치게 공식적인 톤은 피해야 합니다. 이는 상대방이 불편함을 느낄 수 있기 때문입니다. 상황에 적합한 어조를 선택하고, 의도를 분명히 전달하는 것이 중요합니다. 해당 내용을 고려하여 챗GPT의 도움을 받아 비즈니스 제안서를 작성하는 이메일을 작성해 보겠습니다.

01 초기 프롬프트를 작성할 때 블로그 콘텐츠 작성과 같이 직접 프롬프트 작성 원칙에 맞춰 작성할 수도 있지만, 프롬프트 작성 6요소가 기억이 나지 않을 수도 있습니다. 그럴 때는 필요한 내용을 먼저 작성하고 챗GPT에 프롬프트 작성 원칙에 맞게 수정해 달라고 요청하면 됩니다.

영업 마케팅 전문가처럼 이번에 출시한 스마트 공기 청정기를 이커머스에 입점 제안하는 이메일을 작성하고 싶어.

제품명: 스마트 공기 청정기

회사명: 한빛코퍼레이션

발송인: 김하나 대리

제품의 주요 특징:

1. 모바일 앱 연동

2. 고급 필터링 시스템

3. 경쟁사 대비 저렴한 가격

이 이메일은 제품의 특징과 가치, 이커머스 플랫폼과의 협력을 통해 양측 모두에게 이익이 될 것이라는 점을 강조하고, 이 내용을 프롬프트 작성 원칙에 맞춰서 수정해 줘.

이 프롬프트는 다음의 6요소를 모두 반영하여 수정되었습니다:

목적: 이커머스에 신제품을 입점 제안하기 위한 이메일 작성.

문맥: 한빛코퍼레이션의 스마트 공기 청정기를 새로 출시하였고, 이를 이커머스 플랫폼에 입점 제안하는 상황.

예시: 제품의 주요 특징 (모바일 앱 연동, 고급 필터링 시스템, 저렴한 가격)을 명시.

페르소나: 영업 마케팅 전문가인 김하나 대리의 관점에서 작성.

포맷: 이메일 형식으로, 제목, 인사말, 제품 소개, 협력 제안, 마무리 인사를 포함.

톤: 설득력 있고 전문적이면서도 친근한 어조로 작성.

이렇게 6가지 요소를 포함하여 수정된 프롬프트는 챗GPT가 명확하고 원하는 방향으로 이메일을 작성하는 데 도움을 줄 것입니다.

---

02 수정된 프롬프트를 다시 챗GPT에 입력해 작성된 이메일을 확인합니다. 문단 마지막에 연락처 및 이메일 주소를 기입할 수 있는 공간까지 표기해 답변해준 것을 확인할 수 있습니다. 답변 중 수정이 필요한 부분이 있다면, 원하는 결과를 얻을 때까지 수정 과정을 반복할 수 있습니다.

목적: 이커머스에 신제품을 입점 제안하기 위한 이메일 작성.

문맥: 한빛코퍼레이션의 스마트 공기 청정기를 새로 출시하였고, 이를 이커머스 플랫폼에 입점 제안하는 상황.

예시: 제품의 주요 특징 (모바일 앱 연동, 고급 필터링 시스템, 저렴한 가격)을 명시.

페르소나: 영업 마케팅 전문가인 김하나 대리의 관점에서 작성.

포맷: 이메일 형식으로, 제목, 인사말, 제품 소개, 협력 제안, 마무리 인사를 포함.

톤: 설득력 있고 전문적이면서도 친근한 어조로 작성

 제목: 스마트 공기 청정기, 한빛코퍼레이션과 함께 새로운 가치를 만들어 보세요!

안녕하세요, [이커머스 플랫폼 담당자님 성함]님.

한빛코퍼레이션의 김하나 대리입니다. 귀사의 플랫폼이 최신 혁신 제품들을 고객에게 제공하는 데 있어 중요한 역할을 하고 있다는 점을 잘 알고 있습니다. 이에 따라 저희 한빛코퍼레이션의 신제품을 소개드리고자 합니다.

저희가 새롭게 출시한 스마트 공기 청정기는 다음과 같은 특징을 자랑합니다:

- **모바일 앱 연동**: 사용자가 언제 어디서나 쉽게 공기 질을 모니터링하고 제어할 수 있습니다.
- **고급 필터링 시스템**: 초미세먼지까지 효과적으로 제거하며, 알러지 유발 물질을 줄여 건강한 실내 환경을 만듭니다.
- **경쟁력 있는 가격**: 프리미엄 기능을 합리적인 가격에 제공하여, 고객의 가성비 만족도를 극대화합니다.

이 제품이 귀사의 고객들에게도 큰 가치를 제공할 수 있다고 생각합니다. 한빛코퍼레이션은 귀사와의 협력을 통해 플랫폼에 이 제품을 입점시킴으로써, 양사가 함께 성장할 수 있는 기회를 만들고 싶습니다.

자세한 자료나 협의 일정을 위해 언제든지 연락 주시면 감사하겠습니다. 긍정적인 답변을 기대하며 기다리겠습니다.

감사합니다.

김하나 드림 한빛코퍼레이션 영업 마케팅팀 [연락처 및 이메일 주소]

03 이때 캔버스 버전을 이용하면, 댓글 추가 기능을 사용할 수 있습니다. 현재 작성된 문서에 대해 챗GPT가 피드백이나 수정 제안을 추가할 수 있는 형태로, 직접 편집을 하지 않고도 개선점을 표시할 수 있습니다. 추가된 댓글을 확인하고 [적용]을 클릭하면 자동으로 수정이 적용됩니다.

이 이메일에서 수정할 부분이 없는지 검토해 줘.

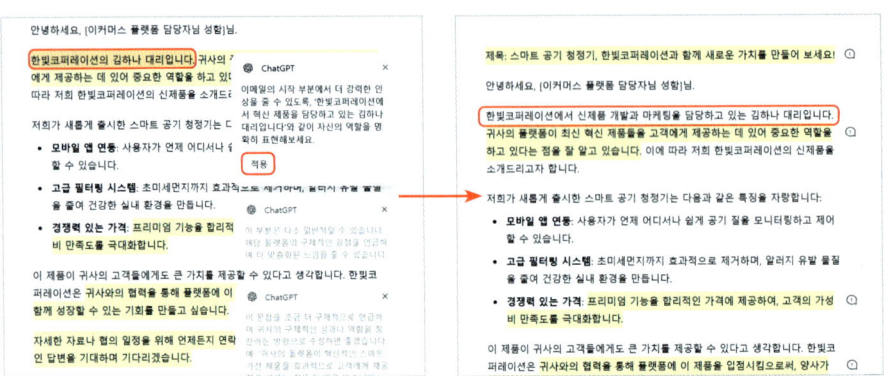

보도 자료 작성하기

보도 자료는 주로 기업이 자사에서 진행하는 이벤트, 제품 출시, 업적 발표 등 대중에게 소식을 알리기 위해 사용합니다. 이 문서는 기업의 이미지와 브랜드 인식을 구축하는 데 중요한 역할을 할 수 있습니다. 보도 자료 작성에 부담을 느꼈던 분들도 이제 챗GPT를 활용하면 전문적이고 효과적인 보도 자료를 손쉽게 작성할 수 있습니다. 신제품을 출시한 부서의 직원이 되었다고 가정하고, 보도 자료를 작성해 보겠습니다.

01 챗GPT에게 신제품에 대한 보도 자료를 작성해 달라고 요청합니다. 꼭 들어가야 하는 내용을 포함해서 작성합니다.

 우리 회사에서 새로 출시하는 겨울 패딩에 대한 보도 자료를 A4 반 페이지 분량으로 작성해 줘. 색상은 블랙, 화이트 2가지이고 10대부터 30대를 타깃으로 하고 있어.

 제목: "새롭게 출시된 [브랜드명]의 겨울 패딩, 12월 12일부터 스타일리시한 방한 준비 완료!"

내용:

이번 겨울, [브랜드명]이 10대부터 30대까지의 젊은 세대를 겨냥한 새로운 겨울 패딩을 12월 12일에 출시합니다. 이번 패딩은 세련된 디자인과 최첨단 보온 기술이 결합된 제품으로, 추운 겨울철에도 편안하면서도 트렌디한 스타일을 유지하고 싶은 소비자들에게 최적의 선택이 될 것입니다.

이번 패딩은 심플하면서도 모던한 디자인으로 블랙과 화이트 두 가지 색상으로 출시됩니다. 이 두 가지 색상은 어떤 코디에도 잘 어울리며, 일상 속에서도 활용도가 높아 겨울 패션의 기본 아이템으로 손색이 없습니다. 패딩의 소재는 고품질의 경량 다운을 사용하여, 착용감이 가볍지만 보온성이 뛰어나고, 활동적인 라이프스타일을 가진 젊은 층에게 특히 적합합니다.

[브랜드명]의 마케팅 담당자는 "이번 겨울 패딩은 패션과 기능성을 모두 갖춘 제품으로, 젊은 소비자들이 추운 겨울에도 스타일을 포기하지 않도록 돕고자 했습니다. 트렌드하면서도 보온성이 우수한 패딩을 통해 젊은 층의 다양한 취향을 만족시킬 수 있을 것입니다."라고 밝혔습니다.

이번 겨울 패딩은 12월 12일부터 전국 [브랜드명] 매장과 온라인 스토어에서 만나볼 수 있습니다. 다가오는 겨울, [브랜드명]의 새로운 패딩과 함께 따뜻하면서도 스타일리시한 겨울 패션을 완성해보세요.

02 보도 자료를 보는 사람들의 이목을 끌기 위해서는 흥미로운 제목은 필수입니다. 챗GPT에게 여러 개의 제목을 생성하도록 요청하고, 가장 흥미로운 것으로 선택할 수 있습니다.

 사람들이 흥미를 느낄 수 있도록 새로운 제목 5개 추천해 줘.

 아래는 사람들의 관심을 끌 수 있는 겨울 패딩 보도 자료의 제목 5개입니다:

"[브랜드명], 겨울을 따뜻하게! 새롭게 선보이는 스타일리시 패딩 컬렉션"

"10대부터 30대까지 겨울 필수템! [브랜드명]의 트렌디 패딩 출시"

"12월 12일, 스타일과 따뜻함을 동시에 갖춘 [브랜드명]의 겨울 패딩 공개"

"올 겨울, 블랙과 화이트의 매력에 빠져보세요 – [브랜드명] 겨울 패딩 출시"

"젊은 세대를 위한 겨울 필수 아이템, [브랜드명]의 새로운 패딩 출시 임박!"

이 제목들은 겨울 패딩의 스타일과 기능성을 강조하며 타깃층의 흥미를 끌 수 있도록 구성했습니다.

 3번째 제목으로 수정해 줘.

 제목을 포함한 보도자료 내용을 새롭게 수정하여 생성했습니다.

내용:

이번 겨울, [브랜드명]이 10대부터 30대까지의 젊은 세대를 겨냥한 새로운 겨울 패딩을 12월 12일에 출시합니다. 이번 패딩은 세련된 디자인과 최첨단 보온 기술이 결합된 제품으로, 추운 겨울철에도 편안하면서도 트렌디한 스타일을 유지하고 싶은 소비자들에게 최적의 선택이 될 것입니다.

...(생략)...

03 제목을 수정했으니 내용도 수정해 보겠습니다. 보도 자료는 전문적이고 일관된 어조로 작성되고, 핵심 메시지가 정확하게 전달되어야 합니다. 챗GPT에 전문적인 어조로 내용을 다듬고, 메시지를 간결하게 정리해서 최종 보도 자료를 요청했습니다.

 전문적인 어조로 전체 내용을 다듬고, 메시지를 좀 더 간결하게 만들어서 최종 보도 자료를 작성해 줘.

 제목: "12월 12일, 스타일과 보온성을 겸비한 [브랜드명]의 겨울 패딩 출시"

내용:

[브랜드명]은 오는 12월 12일, 10대부터 30대까지의 젊은 세대를 겨냥한 새로운 겨울 패딩을 출시합니다. 이번 제품은 세련된 디자인과 최첨단 보온 기술을 결합하여, 추운 겨울철에도 스타일과 편안함을 동시에 제공하는 것을 목표로 하고 있습니다.

이번 겨울 패딩은 블랙과 화이트 두 가지 색상으로 제공되며, 심플하고 모던한 디자인으로 어떤 스타일에도 쉽게 매치할 수 있습니다. 고품질의 경량 다운 소재를 사용하여 가벼운 착용감과 뛰어난 보온성을 자랑하며, 활동적인 라이프스타일을 선호하는 젊은 층에게 특히 적합합니다.

[브랜드명]의 마케팅 담당자는 "이번 겨울 패딩은 패션과 기능성을 모두 갖춘 제품으로, 젊은 소비자들이 추운 날씨 속에서도 스타일을 유지할 수 있도록 설계되었습니다. 트렌디하면서도 보온성이 뛰어난 패딩으로 다양한 소비자의 요구를 충족시킬 것입니다."라고 전했습니다.

이번 겨울 패딩은 12월 12일부터 전국 [브랜드명] 매장과 공식 온라인 스토어에서 만나볼 수 있습니다. 올겨울, [브랜드명]의 겨울 패딩과 함께 따뜻하면서도 세련된 겨울 패션을 완성해 보세요.

04 초기 보도 자료와 최종 보도 자료의 차이점은 다음과 같습니다.

- **제목 수정**: '따뜻함' 대신 '보온성'이라는 더 기술적인 용어를 사용하고, '공개'를 '출시'로 변경하여 정보의 명확성을 높임
- **문장 간결화**: 전체 내용을 간결하고 직관적으로 다듬어 핵심 메시지를 쉽게 전달
- **전문적인 어조**: 불필요한 형용사를 줄이고 보다 직접적이고 간결한 표현 사용

이러한 수정 과정을 통해 핵심 메시지를 쉽게 전달할 수 있게 되었습니다.

CHAPTER 04

이미지 처리하기

▶▶▶

GPT-4는 이미지를 처리해 주는 인공지능 모델을 탑재하고 있습니다. 사용자는 챗GPT에게 이미지 생성을 요청하거나, 이미지를 업로드해 분석을 요청할 수 있습니다. CHAPTER 04에서는 업무에서 챗GPT를 활용하여 다양한 이미지 처리를 하는 방법에 대해 알아보겠습니다. 다만, 이미지 관련 모델은 유료 플랜에서만 사용 가능합니다.

다양한 이미지 생성하기

▶▶ 챗GPT에서는 달리(DALL·E)라는 이미지 생성 인공지능 모델을 사용할 수 있습니다. DALL·E는 사용자의 텍스트 프롬프트를 기반으로 이미지를 생성하는 데 특화된 모델입니다. 챗GPT에서 프롬프트를 작성해 간단한 이미지를 생성하고 편집하여 이미지의 퀄리티를 향상시키는 방법을 알아보겠습니다.

이미지 생성하기

챗GPT는 DALL·E를 통해 프롬프트 작성과 클릭 등의 간단한 조작만으로 사용자의 요청에 맞는 이미지를 쉽게 생성할 수 있습니다. 여기서는 간단히 귀여운 강아지를 그려 봅시다.

챗GPT에게 귀여운 강아지 그림을 그려 달라고 요청해 보겠습니다. 요청을 받은 챗GPT는 바로 이미지를 생성하기 시작합니다.

 귀여운 강아지 그림을 그려 줘.

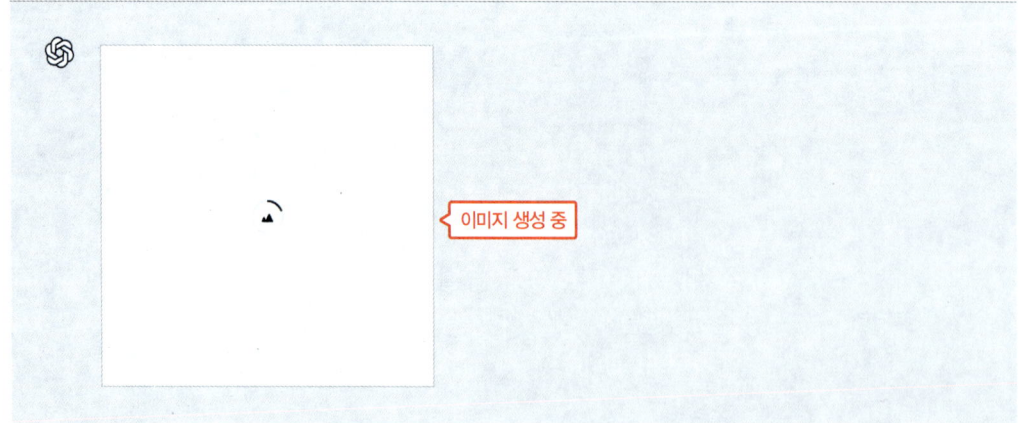

얼마 지나지 않아 챗GPT가 생성한 귀여운 강아지 이미지를 확인할 수 있습니다. 이때 이미지 위로 마우스 커서를 가져가면 오른쪽 상단에 저장(↓) 아이콘이 나타납니다. 해당 아이콘을 클릭하면 이미지를 내 PC에 저장할 수 있습니다.

여기 귀여운 강아지 그림을 그려 봤어요! 마음에 드시길 바랍니다.

이미지 편집하기

챗GPT가 생성해 준 이미지는 필요 시 추가 편집이 가능합니다. 이미지를 클릭해서 나타나는 오른쪽 상단의 편집 툴을 하나씩 살펴보겠습니다.

❶ 선택

왼쪽 상단의 크기 조절 바에서 펜의 크기를 조절한 후, 이미지에서 편집하고자 하는 부분을 드래그해 영역을 선택할 수 있습니다.

 **여기서 잠깐 ▶** 　　　　　　　　　　　　　**특정 부분 선택해서 편집하기**

선택 기능을 어떤 식으로 활용할 수 있는지 살펴 보겠습니다. 땅에 닿아 있는 다리를 띄우는 것도 가능할까요?

마우스로 강아지의 왼쪽 다리를 영역으로 선택하고, 우측 프롬프트 입력창에 '한쪽 다리를 들고 있는 모습으로 수정해 줘.'라고 작성합니다.

선택한 영역의 다리가 들려진 모습으로 자연스럽게 수정된 강아지 이미지를 확인할 수 있습니다. 이렇게 선택 기능을 통해 세부적인 수정 요청이 가능하므로, 원하는 이미지로 손쉽게 커스터마이징할 수 있습니다.

❷ 저장

이미지는 내 PC에 저장해 필요한 곳에 활용할 수 있습니다. 기본적으로 이미지는 구글에서 개발한 이미지 파일 형식인 WEBP로 저장됩니다.

NOTE WEBP 파일은 구글에서 개발한 이미지 파일 형식으로, 이미지 품질을 유지하면서도 **파일 크기를 줄일 수 있는 압축 기술**을 사용합니다. 웹에서 이미지 로딩 속도를 빠르게 하면서도 고화질을 유지하려는 목적으로 많이 사용됩니다.

❸ 프롬프트

이미지를 만들기 위해 챗GPT가 어떻게 프롬프트를 작성했는지 확인할 수 있습니다. 작성된 프롬프트 내용을 확인하면서 어떻게 프롬프트를 작성해야 보다 상세한 이미지를 생성할 수 있는지 파악해 보세요.

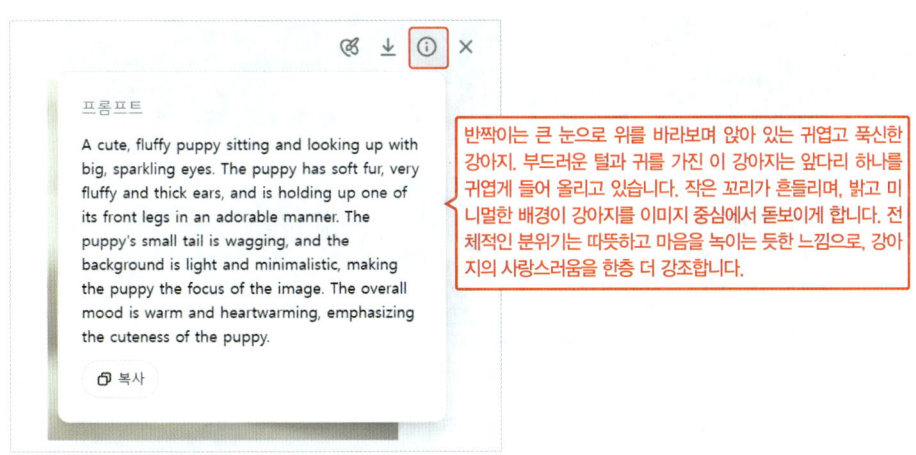

이미지 생성 프롬프트 작성하기

이미지 생성을 위한 프롬프트는 최대한 명확하고 구체적으로 작성해야 합니다. 구체적으로 작성한 프롬프트를 활용하면 단순히 이미지 생성을 요청하는 것이 아니라 원하는 구도, 크기, 피사체의 위치, 감정, 스타일 등 다양한 세부 사항을 효과적으로 반영할 수 있습니다. 모호한 설명은 내가 원치 않은 결과물을 보여줄 수 있으므로, 구체적인 프롬프트 작성을 통해 시간을 절약하고 세밀한 이미지를 생성할 수 있습니다.

구도 및 크기 설정

이미지의 구도는 이미지 속 요소들이 어떻게 배치되는지 결정하며, 크기는 이미지의 해상도와 비율을 정의합니다. 이로 인해 이미지가 시각적으로 더 매력적이게 구현되고, 내 목적에 부합하게 그려집니다.

거래처에 추석 인사 카드를 돌리려고 해. 한옥 배경으로 가운데에 서 있는 남자, 여자 각 1명씩 한복을 입고 웃으면서 인사하고 있는 모습을 1200*800 크기로 그려줘.

여기 남자와 여자가 한복을 입고 한옥 앞에 서서 웃으며 인사하는 추석 인사 카드 디자인이 있습니다. 그들은 중앙에 위치하고 있으며 따뜻한 인사를 건넵니다. 이 이미지를 다운로드하여 인사 카드로 사용할 수 있습니다.

피사체의 위치 지정

이미지 내에서 피사체의 위치를 설정하는 것은 전체적인 시각적 균형을 결정하는 중요한 요소입니다. 피사체가 어디에 위치하는지에 따라 분위기가 달라질 수 있습니다.

 하늘에 보름달이 크게 떠 있고, 한복을 입은 두 남녀는 중앙보다 살짝 오른쪽에 배치해서 보름달을 보고 있는 이미지를 만들어 줘.

요청하신 대로 수정된 이미지를 완성했습니다. 이 일러스트가 마음에 드시길 바랍니다!

텍스트 삽입

이미지에 텍스트를 삽입하면 이미지에 필요한 정보나 메시지를 효과적으로 전달할 수 있습니다. 이때 텍스트의 크기, 폰트, 색상 등을 이미지에 맞게 설정할 수 있습니다.

 이미지 하단에 '즐거운 추석 보내세요! -한빛미디어-'라고 적어 줘.

 한글 텍스트는 삭제하고, 이미지 하단에 'Happy Chuseok! —hanbitmedia—'라고 작성해 줘. 텍스트의 크기는 12, 색상은 이미지에 잘 어울리도록 설정해 줘.

이미지 하단에 'Happy Chuseok! —hanbitmedia—'라는 문구를 추가하여 요청하신 대로 크기와 색상이 잘 어울리도록 조정된 일러스트를 완성했습니다. 이 이미지가 마음에 드시길 바랍니다!

> **NOTE** 한글 텍스트는 폰트나 인코딩 문제로 인해 깨지거나 제대로 표시되지 않는 경우가 발생할 수 있습니다.

세부 요소 추가

이미지는 색상, 질감, 조명 등 다양한 요소가 어떻게 조화를 이루느냐에 따라 완성도가 달라집니다. 각각의 요소를 구체적이고 상세히 설명할수록 생성된 이미지의 정확도를 높일 수 있습니다.

 'Fruit Express'라는 과일 배달 전문점을 오픈할 거야. 가게에서 사용할 로고를 만들어 줘.

여기 과일 배달 전문점 'Fruit Express'를 위한 로고 디자인입니다. 원하시는 수정사항이나 추가 요청이 있으면 알려주세요!

 전체적으로 더 밝은 색상이었으면 좋겠어. 과일의 질감은 단순해 보이도록 평면적으로 만들고, 자연스러운 그림자를 추가해 줘. 텍스트에는 부드러운 음영을 추가하고, '배달 전문'이라는 게 강조되도록 해 줘.

여기 요청하신 대로 수정된 'Fruit Express' 로고입니다. 밝은 색상, 평면적인 과일의 질감, 자연스러운 그림자, 그리고 텍스트에 부드러운 음영 추가와 '배달 전문'이라는 요소를 추가하여 디자인했습니다. 더 수정하고 싶은 부분이 있으면 말씀해 주세요!

감정 및 분위기 표현

단순한 장면의 묘사를 넘어서, 감정과 분위기를 담아 프롬프트를 작성하면 더 깊이 있는 이미지 생성이 가능합니다. 이는 차분함, 현실감과 같은 이미지의 전반적인 느낌을 설정하는 데 도움이 됩니다.

직원들의 업무 효율을 높이기 위해 새롭게 휴게실을 단장했는데, 홍보가 되지 않아 사용자가 없는 상황입니다. 휴게실 홍보용 게시물을 만들기 위한 이미지를 만들어 보겠습니다.

 회사 휴게실을 홍보할 때 사용할 이미지를 만들거야. 회사 휴게실에서 직원들이 쉬고 있는 모습을 일러스트 형식으로 그려줘.

여기 직원들이 휴식을 취하고 있는 아늑한 회사 휴게실의 이미지입니다. 편안하고 친근한 분위기를 느낄 수 있습니다.

지금 이미지는 조금 딱딱해 보여.

휴게실은 밝고 환한 느낌이고, 직원들은 간식과 커피를 즐기면서 대화를 나누고 있어. 큰 창문에서 햇빛이 들어오고 있고, 친근한 분위기가 느껴져. 직원들 모두 활기차게 휴식을 즐기고 있는 장면을 그려줘.

여기 밝고 환한 회사 휴게실에서 직원들이 간식과 커피를 즐기며 활기차게 대화를 나누고 있는 장면을 일러스트 형식으로 표현한 이미지입니다. 직원들 모두 편안하고 친근한 분위기에서 활기를 띠며 휴식을 즐기고 있습니다.

예술 기법 및 스타일 참고

특정 예술 기법이나 스타일을 참고하여 이미지를 생성할 수도 있습니다. 예를 들어 '19세기 인상주의' 혹은 '빈센트 반 고흐의 화풍'과 같이 특정한 예술적 특성을 지정하면, 명확한 목표가 있으므로 챗GPT는 보다 세밀한 이미지를 생성합니다.

이번에는 북유럽풍의 스칸디나비아 디자인을 활용한 사무실 인테리어를 요청해 보겠습니다. 디자인 팀에 요청하기 전 내가 생각한 인테리어를 이미지로 먼저 확인해 볼 수 있습니다.

 사무실 인테리어를 스칸디나비아 디자인으로 새로 바꿔보려고 해. 약 30명이 같이 일하고 있는 공간이야.

여기 30명이 일하는 공간을 위한 스칸디나비아 디자인 사무실 인테리어 그림입니다. 밝고 깨끗한 느낌으로 자연광을 활용하고, 간결한 가구와 식물을 배치하여 편안하고 생산적인 분위기를 연출했습니다. 추가적인 요청 사항이 있으시면 언제든지 말씀해 주세요!

NOTE 챗GPT가 해당 스타일에 대한 이해가 부족할 경우 기대한 결과물을 받지 못할 수도 있습니다.

SECTION 4.2 이미지 분석하기

▶▶ GPT-4 Vision은 챗GPT-4의 시각적 기능을 확장한 모델로, 이미지 인식이 가능합니다. 이 모델은 이미지를 이해하고, 그에 대한 설명을 제공하거나 이미지를 기반으로 한 질문에 답변할 수 있습니다. 이미지를 분석하면 통계적 자료를 도출하거나, 구체적인 정보를 추출해 필요한 데이터를 얻을 수 있고, 또한 이미지와 텍스트를 결합하여 보다 풍부한 정보를 제공하기도 합니다.

이미지 기반 질문하기

이미지는 풍부한 정보를 담고 있지만, 이를 해석하거나 세부 사항을 기억해내는 것이 어려울 때가 있습니다. GPT-4 Vision은 이러한 순간에 도움을 줄 수 있는 강력한 도구입니다. 이미지를 업로드하면, 이 모델은 이미지 속 정보를 분석하고 이를 바탕으로 유용한 답변을 제공합니다. 이를 통해 단순한 사진 한 장에서도 더욱 풍부한 정보를 얻을 수 있습니다.

장소 및 인물 이미지

스마트폰 속 여행 사진을 정리하다 보면 문득 이 장소가 어디였는지 기억나지 않는 경우가 있습니다. 이때 챗GPT에 사진을 업로드하고, "이 장소가 어디인지 알려줘"와 같이 물어보면, 사진 속에 담긴 요소들을 분석하여 가능한 장소를 추측하고 알려줍니다.

이 장소가 어디인지 알려줘.

이 사진은 **칠레의 마블 케이브스(Marble Caves)**로 알려진 장소를 보여줍니다. 이곳은 칠레 파타고니아 지역에 위치한 제네랄 카레라 호수(Lake Ceneral Carrera) 안에 있는 대리석 동굴들로 자연적으로 형성된 아름다운 대리석 지형이 특징입니다. 호수의 맑은 물과 대리석이 만나면서 독특한 색상과 무늬를 만들어내어, 세계적으로 유명한 관광 명소 중 하나입니다.

인물 사진도 마찬가지입니다. 오래 전 사진이나 인터넷에서 발견한 인물 사진을 보면서 '이 사람이 누구더라?'하는 궁금증이 생길 때가 있습니다. 챗GPT에 이 사진을 업로드하고 궁금한 점을 질문하면, 사진 속 인물의 얼굴을 분석하고 데이터베이스와 대조하여 해당 인물이 누구인지 정보를 제공해 줍니다.

이 사람이 누구인지 알려줘.

 이 이미지는 **미켈란젤로 부오나로티(Michelangelo Buonarroti)**의 초상화로 보입니다. 미켈란젤로는 르네상스 시대의 이탈리아의 위대한 예술가로, 조각가, 화가, 건축가로서 유명합니다. 그의 대표적인 작품으로는 '다비드(David)' 조각상과 시스티나 성당 천장화 등이 있습니다. 이 초상화는 미켈란젤로의 나이든 모습을 묘사한 것으로 보입니다.

음식 레시피

이미지 분석 기능을 사용하면 음식 사진 하나만으로도 레시피를 알 수 있는 시대가 되었습니다. 이제 레시피북을 구입하거나 인터넷에서 검색할 필요 없이 챗GPT에게 음식 사진을 보여주기만 하면 필요한 정보를 얻을 수 있습니다.

첨부한 요리의 레시피 알려줘.

이미지 속 요리는 프랑스 요리인 '**라따뚜이(Ratatouille)**'로 보입니다. 라따뚜이는 여러 가지 야채를 얇게 썰어 층층이 쌓아 오븐에 구워내는 전통 프랑스 요리입니다. 다음은 라따뚜이를 만드는 기본적인 레시피입니다.

재료:

- 가지 1개
- 애호박 1개
- 토마토 2개
- 양파 1개
- 빨간 피망 1개
- 마늘 2쪽
- 올리브 오일 2큰술
- 토마토 소스 1컵
- 소금과 후추
- 바질이나 타임 등의 허브(선택 사항)
- 월계수 잎(이미지에 보이는 것처럼)

조리 방법:

1. 야채 준비:
   - 가지, 애호박, 토마토, 양파, 빨간 피망을 얇게 슬라이스합니다.
   - 마늘은 잘게 다집니다.

2. 토마토 소스 준비:
   - 팬에 올리브 오일을 두르고 다진 마늘과 잘게 썬 양파를 넣어 볶습니다.
   - 양파가 투명해지면 토마토 소스를 넣고 약한 불에서 5~10분 정도 졸입니다.
   - 소금과 후추로 간을 합니다.

3. 베이스 준비:

- 오븐용 그릇에 토마토 소스를 얇게 깔아줍니다.

4. 야채 쌓기:

- 준비한 야채들을 한 가지씩 번갈아 가며 겹겹이 둥글게 배열합니다.
- 이미지를 참고하여 가지, 애호박, 토마토를 순서대로 반복적으로 배열하면됩니다.

5. 양념:

- 위에 올리브 오일을 살짝 뿌리고, 소금과 후추로 간을 합니다.
- 허브를 뿌려주고, 월계수 잎을 중앙에 올려줍니다.

6. 굽기:

- 180도(섭씨)로 예열한 오븐에 35~40분 정도 굽습니다. 야채가 부드러워지고 가장자리가 노릇해질 때까지 구워줍니다.

7. 완성:

- 오븐에서 꺼내어 잠시 식힌 후, 따뜻하게 혹은 상온에서 서빙합니다.

이 요리는 채소 본연의 맛을 살릴 수 있는 건강한 요리로, 주로 메인 요리의 사이드로 제공되거나 가벼운 채식 식사로도 훌륭합니다.

냉장고 안에 있는 재료들로 무엇을 만들 수 있을지 궁금한 적이 있지 않았나요? 냉장고 문을 열고 안에 있는 재료들의 사진을 찍어 챗GPT에 업로드하면 그 재료들로 만들 수 있는 다양한 레시피를 추천해 주기도 합니다. 지금 냉장고 문을 열고 직접 시도해 보세요!

오류 메시지 및 의학 자료 판독

또한, 기술적인 문제로 고민할 필요도 없어졌습니다. 컴퓨터를 사용하다 보면 무슨 뜻인지 모르는 메시지가 나타나거나 부팅이 되지 않는 등의 문제가 발생할 수 있습니다. 오류 메시지의 경우 인터넷에 메시지의 내용을 검색하거나 전문가에게 연락해 해결할 수 있었지만, 이제는 챗GPT에게 맡길 수 있습니다. 컴퓨터 화면에 나타난 오류 메시지나 문제가 일어난 화면을 사진을 찍어 업로드하면, 문제의 원인을 분석하고 해결 방법을 안내해 줍니다.

첨부한 이미지처럼 컴퓨터에서 발생한 오류를 해결하려면 어떻게 해야 해?

첨부된 이미지에 나타난 오류는 컴퓨터가 운영체제를 찾지 못했을 때 나타나는 메시지입니다. 이 오류는 일반적으로 부팅 가능한 디스크(예: 하드 드라이브, SSD, USB 드라이브 등)가 없거나, 부팅 순서가 잘못 설정되었을 때 발생합니다.

다음은 이 문제를 해결하기 위한 몇 가지 방법입니다:

1. **BIOS/UEFI 설정 확인:**

    - 컴퓨터를 켜고 F2, F10, Del 등의 키를 눌러 BIOS/UEFI 설정에 들어갑니다. (제조사에 따라 키가 다를 수 있습니다)
    - 부팅 순서(Boot Order) 설정을 확인하고, 하드 드라이브나 SSD가 첫 번째로 설정되어 있는지 확인합니다. 만약 네트워크 부팅이 첫 번째로 설정되어 있다면, 이를 하드 드라이브나 SSD로 변경하십시오.

2. **하드 드라이브 연결 확인:**

    - 하드 드라이브나 SSD가 제대로 연결되어 있는지 확인합니다. 드라이브 케이블이 느슨하거나 제대로 연결되지 않은 경우 이러한 오류가 발생할 수 있습니다.

3. **운영체제 손상 확인:**

    - 운영체제가 손상된 경우 이 메시지가 나타날 수 있습니다. 이 경우, Windows 복구 디스크 또는 설치 USB를 사용하여 시스템을 복구하거나 새로 설치할 수 있습니다.

4. **디스크 상태 확인:**

    - 하드 드라이브나 SSD에 문제가 있을 수 있습니다. 다른 컴퓨터에 연결하여 디스크 상태를 확인하거나, BIOS에서 디스크가 인식되는지 확인하십시오.

5. **복구 도구 사용:**

    - Windows 설치 미디어(USB 또는 DVD)를 사용하여 시스템 복구를 시도할 수 있습니다. 설치 미디어를 이용해 부팅한 후 "시스템 복구" 옵션을 선택해 부팅 문제를 해결할 수 있습니다.

위의 방법으로 문제가 해결되지 않는다면, 더 심각한 하드웨어 문제가 있을 수 있으므로 전문가의 도움을 받는 것이 좋습니다.

컴퓨터의 오류 메시지뿐만 아니라 의학적 자료 판독에도 활용할 수 있습니다. 예를 들어, CT 스캔이나 X-ray 이미지를 업로드하고 "어떤 질환이 있는지 알려줘"라고 질문하면, 이미지를 분석해서 잠재적인 질환이나 의학적 소견을 제시합니다.

두 경우 모두 전문가의 보완이 필요하지만, 더 빠른 문제 해결이나 진단을 내리는 데 도움을 줄 수 있습니다.

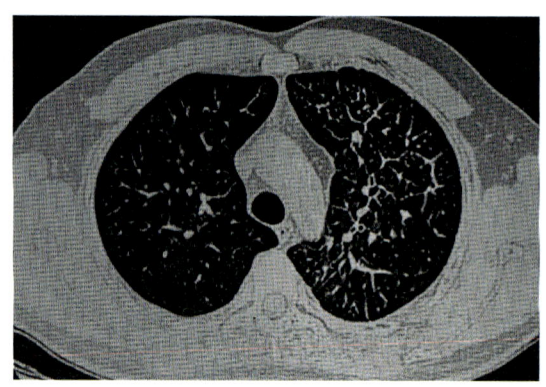

이 이미지를 보고 어떤 질환이 있는지 알려줘.

이 이미지는 폐의 CT 스캔 단면으로 보이며, 폐의 내부 조직 구조를 보여줍니다. 이미지에 나타난 특징적인 소견은 다음과 같습니다:

1. **망상 음영**: 폐 전체에 걸쳐 나타나는 망상 패턴(섬유화의 가능성).
2. **간질 변화**: 정상 폐 조직보다 두꺼운 선형 구조들이 관찰됩니다.
3. **공기 함량 감소**: 일부 영역에서 공기의 흐름이 제한된 듯 보입니다.

이러한 특징들은 주로 다음과 같은 질환들과 연관될 수 있습니다:

- **간질성 폐 질환 (Interstitial Lung Disease, ILD)**: 특히 특발성 폐섬유화증(IPF) 가능성.
- **폐결핵 또는 감염성 병변**: 폐의 구조적 변형이 감염 후 발생했을 가능성.
- **폐기종이나 만성 폐쇄성 폐질환 (COPD)**: 공기 흡입에 문제가 있을 가능성.

보다 정확한 진단을 위해서는 환자의 임상 병력, 추가 CT 영상 및 폐 기능 검사(PFT) 등이 필요합니다. 전문가와 상담을 권장합니다.

통계 자료 분석하기

챗GPT에 통계 자료가 포함되어 있는 이미지를 업로드하고 데이터 분석을 요청해 보겠습니다. 광고 시장 현황과 같은 데이터가 있는 이미지를 업로드하면 챗GPT는 이를 분석해서 광고비 규모, 광고 매체별 비중, 세부 매체 분석과 같은 정보를 도출해 냅니다. 우리는 더 나아가 데이터를 분석하고 인사이트를 제공해 달라고 요청해 보겠습니다.

첨부한 이미지에 대해서 분석하고 인사이트를 제공해 줘. 출처: 2023 방송통신광고비조사, 51페이지

1. 주요 광고 시장 분포

- 총광고비: 16조 5,203억 원
- 비중별 분포:
    - 온라인 광고: 52.7% (8조 7,062억 원)
    - 방송 광고: 24.3% (4조 212억 원)
    - 인쇄 광고: 12.9% (2조 1,277억 원)
    - 옥외 광고: 6.5% (1조 693억 원)
    - 기타 광고: 3.6% (5,958억 원)

2. 각 매체별 상세 분석

온라인 광고 (52.7%)

- 모바일: 6조 8,034억 원 (78.1%)
- PC: 1조 9,026억 원 (21.9%)

- 모바일 광고가 절대적으로 높은 비중을 차지하고 있으며, 이는 스마트폰 보급과 모바일 중심 소비 증가가 원인으로 분석됨.

방송 광고 (24.3%)

- PP (Program Provider): 2조 1,523억 원 (53.5%)
- 지상파 TV: 1조 3,762억 원 (34.2%)
- 라디오, SO, IPTV, 기타: 각각 2~10%의 비중
- PP와 지상파 TV가 주요 비중을 차지하며, IPTV와 같은 신규 매체의 성장은 상대적으로 미미함.

인쇄 광고 (12.9%)

- 신문: 1조 8,013억 원 (84.7%)
- 잡지: 3,263억 원 (15.3%)
- 신문 광고의 높은 비중이 여전하지만, 전체 인쇄 광고는 디지털 전환의 영향으로 지속 감소 추세.

옥외 광고 (6.5%)

- 교통 광고: 4,374억 원 (40.9%)
- 빌보드: 3,973억 원 (37.2%)
- 엔터테인먼트: 1,563억 원 (14.6%)
- 대중교통 및 공공장소 광고의 강세가 두드러짐.

기타 광고 (3.6%)

- 채용 정보, 생활 정보, DM 등으로 구성되며, 상대적으로 낮은 비중.

3. 주요 인사이트

1. 디지털 중심 전환
   - 온라인 광고가 전체 시장의 과반수를 넘으며, 특히 모바일 중심의 광고 시장 확대가 핵심 트렌드.
   - PC 광고 비중은 상대적으로 낮아졌으며, 모바일에 더욱 집중될 것으로 예상됨.
2. 전통 매체의 감소
   - 방송 광고는 여전히 큰 비중을 차지하지만, 인쇄 광고와 함께 비중이 감소하고 있음.
   - 특히, 신문과 잡지 광고의 감소는 디지털 콘텐츠 소비 증가의 영향을 반영.
3. 옥외 광고의 잠재력
   - 교통 광고 및 빌보드의 높은 비중은 물리적 접점에서의 광고 효과를 유지하는 전략이 효과적임을 보여줌.
   - 엔터테인먼트 광고도 눈에 띄는 성장 가능성을 내포.

4. 기타 광고의 새로운 기회
   - 채용 정보, 생활 정보 광고 등은 낮은 비중이지만 특정 산업에서 중요한 역할을 담당.

4. 전략적 제언

1. 모바일 최적화 광고 전략 강화
   - 기업은 모바일 중심의 소비자 행동에 맞춘 맞춤형 광고 캠페인을 설계해야 함.
   - 특히, 짧고 시각적으로 매력적인 콘텐츠 포맷의 중요성이 대두됨.
2. 멀티채널 통합 마케팅
   - 디지털과 전통 매체를 혼합한 통합 마케팅 전략을 통해 시너지 효과를 극대화해야 함.
   - 특히, 방송 및 온라인 광고 간의 협업 가능성 탐색 필요.
3. 데이터 기반 광고 효율화
   - 데이터 분석을 통해 소비자 행동 및 광고 성과를 추적하여 ROI를 극대화하는 방식이 중요.
4. 옥외 광고의 혁신 기회
   - AR/VR 기술 등을 접목한 디지털 옥외 광고로 소비자 경험을 혁신할 기회가 있음.

추가적인 데이터 분석 요청이나 특정 전략 수립에 대한 논의가 필요하면 말씀해 주세요!

강의 스크립트 작성하기

이미지의 내용을 바탕으로 특정 스크립트 작성을 요청할 수 있습니다. 지진파의 경로를 설명하는 이미지를 업로드하고 강의 대상을 설정한 후 스크립트 작성을 요청하면 챗GPT가 이를 바탕으로 대상에 적합한 스크립트를 작성해 줍니다. 이를 활용하면 교육 콘텐츠 제작을 훨씬 간편하고 효과적으로 할 수 있습니다.

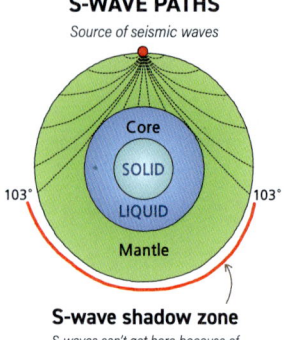
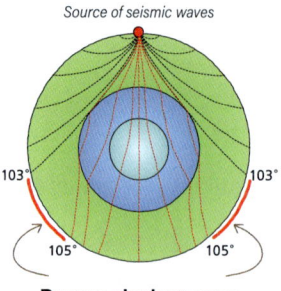

첨부한 이미지의 내용을 바탕으로 중학교 학생들에게 강의할 스크립트를 작성해 줘.

[이미지를 참고한 지진파 강의 스크립트]

여러분, 안녕하세요! 오늘은 지구 내부 구조를 이해하는 데 중요한 지진파에 대해 알아보겠습니다. 지진파는 지진이 발생할 때 방출되는 에너지로, 지구 내부를 통과하며 다양한 정보를 제공해줍니다. 지진파는 크게 두 가지 종류로 나눌 수 있는데요, 바로 **P파**와 **S파**입니다.

원고

1. P파와 S파의 차이점

먼저, **P파**는 종파라고도 불리며, 압축과 팽창을 통해 전달됩니다. P파는 지구의 모든 물질, 즉 고체, 액체, 기체를 통과할 수 있습니다. 반면 **S파**는 횡파라고 불리며, 물질의 입자가 위아래로 흔들리며 전파됩니다. 하지만 S파는 고체만 통과할 수 있고, 액체나 기체는 통과하지 못합니다.

2. 지진파의 경로

이미지에서 볼 수 있듯이, 지진파는 지구 내부를 통과할 때 경로가 변하게 됩니다.

- **P파**는 지구의 중심부를 통과하면서 경로가 휘어집니다. 이 때문에 P파가 닿지 않는 **P파 음영대(P-wave shadow zone)** 가 생기는데, 이는 지구 중심부의 액체 핵이 P파의 진행 방향을 바꾸기 때문입니다.
- **S파**는 고체만 통과할 수 있기 때문에, 지구의 액체 외핵에서는 진행할 수 없습니다. 따라서 S파는 외핵을 통과하지 못해 **S파 음영대(S-wave shadow zone)** 가 생기며, 이 음영대는 S파가 도달하지 못하는 지역을 의미합니다.

3. 지진파와 지구 내부 구조

이러한 P파와 S파의 경로와 음영대는 지구의 내부 구조를 이해하는 데 중요한 단서를 제공합니다. 예를 들어, S파가 외핵을 통과하지 못하고 음영대가 형성된다는 사실은 지구의 외핵이 액체라는 것을 증명합니다. 또한, P파가 통과할 때 경로가 휘어진다는 것은 지구 내부의 밀도가 달라진다는 것을 의미합니다.

4. 결론

지진파의 특성과 그 경로를 통해 우리는 직접 볼 수 없는 지구 내부의 구조를 이해할 수 있습니다. 이런 연구 덕분에 지구가 여러 층으로 이루어져 있고, 그 층들이 고체나 액체로 구성되어 있다는 사실을 알 수 있게 된 것이죠.

여기까지 지진파에 대한 강의를 들어주셔서 감사합니다. 다음 시간에는 지진파를 이용해 지구 내부를 더 깊이 탐구해보겠습니다!

이 스크립트는 중학교 학생들이 이해하기 쉽도록 지진파의 기본 개념과 그 중요성을 설명하는 내용으로 구성되었습니다.

> **NOTE** 챗GPT가 강의 내용을 깔끔하게 구조화하고 가독성을 높이기 위해 마크다운 형식을 사용했음을 알 수 있습니다. 이는 강의 스크립트라는 목적에 맞춰 문단과 섹션을 명확하게 구분하기 위함입니다.

자료 형태 변환하기

많은 사람들이 종이 영수증이나 손글씨 노트와 같은 아날로그 자료를 디지털화하는 과정에서 어려움을 겪습니다. 챗GPT는 이러한 자료를 간편하게 변환할 수 있는 기능을 제공합니다. 예를 들어, 손글씨로 작성된 문서나 영수증 이미지를 업로드하면 이를 텍스트나 표 형식으로 변환해 주어 효율적인 관리와 정리를 도와줍니다. 이를 통해 다양한 자료를 빠르고 정확하게 디지털로 변환할 수 있습니다.

손글씨 텍스트 변환

손글씨로 작성된 내용을 이미지로 업로드하면, 챗GPT가 이를 텍스트 형식으로 변환할 수 있습니다. 손으로 쓴 강의 내용이나 메모 등을 디지털화해서 저장하고 싶을 때 유용하게 활용할 수 있습니다. 손글씨를 텍스트로 변환하는 것뿐만 아니라 변환 후 텍스트 내용을 번역하는 것도 가능합니다.

> The flowers were beautiful. The red rosebuds were studded with dewdrops that shimmered in the sun. Multicolored delicate butterflies flitted from flower to flower. They drank the fragrant flower juice, enjoying its sugary taste. A sea of butterflies, blue, yellow big ones and pink little ones, with transparent wings and blue-black saturated ones. Each one was beatiful in it's own way! The life of a butterfly is easy and full. The garden was inhabitage of the richness and fertility of nature for their own purposes. They enjoyed the beauty of this world and rejoiced every day given to them.

이 이미지의 손글씨를 텍스트로 변환한 뒤 한국어로 번역해 줘.

OCR 결과를 바탕으로 추출된 텍스트를 정리하고 한국어로 번역하겠습니다:

정리된 텍스트

The flowers were beautiful. The red rosebuds were studded with dewdrops that shimmered in the sun. Multicolored delicate butterflies flitted from flower to flower. They drank the fragrant flower juice, enjoying its sugary taste. A sea of butterflies, blue, yellow, big ones and pink little ones, with transparent wings and blue—black saturated ones. Each one was beautiful in its own way! The life of a butterfly is easy and full. The garden was inhabited by the richness and fertility of nature for their own purposes. They enjoyed the beauty of this world and rejoiced every day given to them.

한국어 번역

꽃들은 아름다웠습니다. 빨간 장미 봉오리에는 태양 아래 반짝이는 이슬방울이 맺혀 있었습니다. 다채롭고 섬세한 나비들이 꽃에서 꽃으로 날아다녔습니다. 그들은 향기로운 꽃즙을 마시며 달콤한 맛을 즐겼습니다. 파란색, 노란색, 큰 나비와 분홍색의 작은 나비, 투명한 날개와 짙은 파란색이 섞인 나비들이 있었습니다. 각각의 나비는 자신만의 방식으로 아름다웠습니다! 나비의 삶은 쉽고 풍요로웠습니다. 정원은 자연의 풍요로움과 비옥함으로 가득 차 있었고, 나비들은 자신의 목적을 위해 이를 누렸습니다. 그들은 이 세상의 아름다움을 즐기며 주어진 매일을 기쁨으로 가득 채웠습니다.

영수증 변환

영수증이나 청구서가 여러 장 쌓여 있을 때, 이를 일일이 입력하는 대신 챗GPT에 이미지를 업로드하고 표 형식으로 작성해달라고 요청할 수 있습니다. 챗GPT는 이미지 내의 숫자, 날짜, 항목 등의 데이터를 추출하고, 이를 표 형식으로 변환해 줍니다. 이를 통해 재무 관리나 관련 보고서 작성을 간편하게 할 수 있습니다.

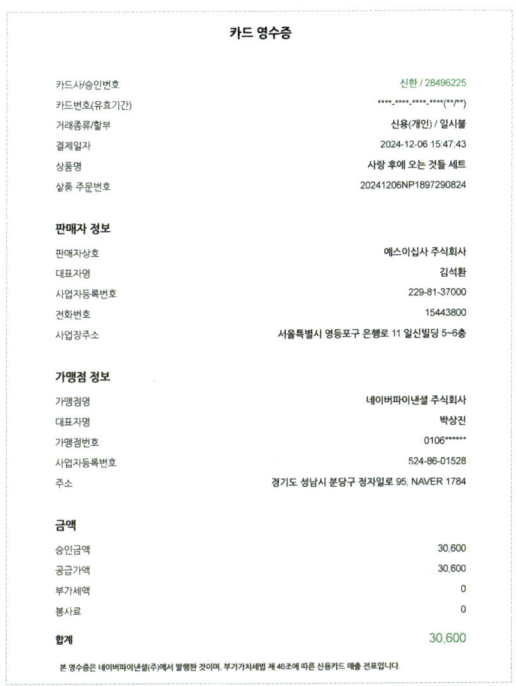

첨부한 이미지에서 정보를 추출해서 엑셀 파일로 만들어 줘.

 첨부한 이미지의 정보를 기반으로 엑셀 파일을 생성했습니다. 아래 링크를 클릭하여 파일을 다운로드 하시면 됩니다:

카드_영수증_정보.xlsx 다운로드

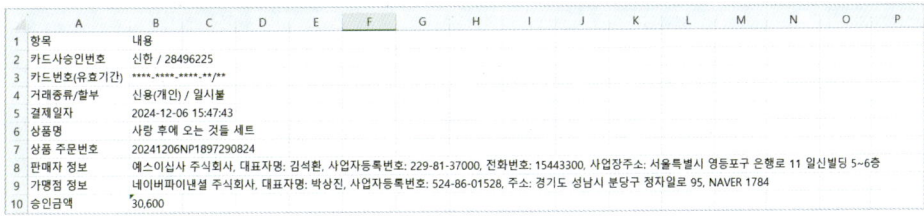

NOTE 이미지의 품질, 해상도, 또는 텍스트의 스타일에 따라 OCR 성능이 달라질 수 있습니다.

재무제표 분석하기

재무제표는 기업의 재무 상태를 파악할 때 매우 중요한 역할을 합니다. 특히, 자산 항목을 분석함으로써 기업의 유동성, 투자 전략, 재무 안정성을 종합적으로 평가할 수 있습니다. 하지만 많은 숫자와 자료 속에서 이 모든 정보를 직접 계산하고 분석하는 것은 쉬운 일이 아닙니다. 이때 챗GPT의 이미지 업로드 기능을 이용해 실제 재무제표 파일을 업로드하면 복잡한 수치를 빠르게 분석할 수 있습니다.

2017년부터 2019년까지의 3개 년도 재무상태표를 바탕으로, 자산 항목을 중심으로 기업의 재무적 변동 사항을 살펴보고, 그 의미를 회계적 관점에서 해석해 보겠습니다.

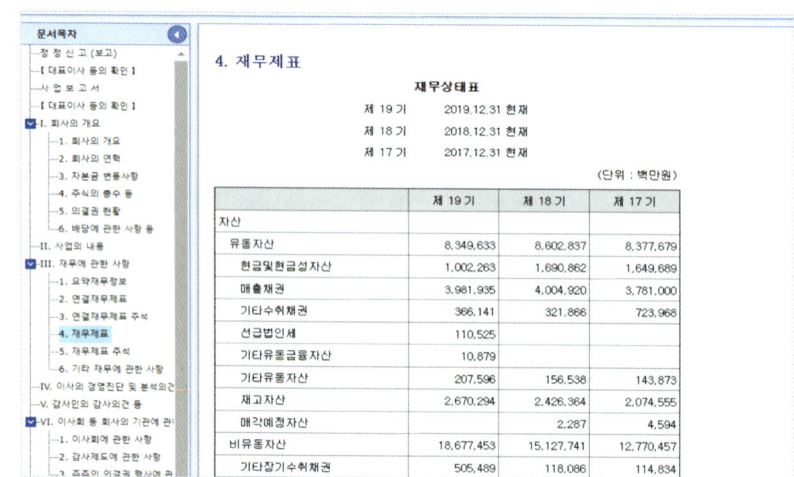

첨부한 재무제표를 회계 관점에서 분석해 줘.

첨부하신 재무제표는 자산의 변동 내역을 보여주는 재무상태표로 보입니다. 재무상태표는 자산, 부채, 자본을 나타내며, 특정 시점에서 기업의 재무 상태를 파악하는 데 중요한 역할을 합니다. 여기서 주요 항목을 회계 관점에서 분석해보겠습니다.

1. 유동자산

- **현금 및 현금성 자산**: 2019년(제19기)에 1,002,263 백만원으로, 2018년(제18기)보다 큰 폭으로 감소했습니다. 이는 현금 흐름이 감소했거나 현금을 다른 자산으로 전환했을 가능성을 시사합니다.
- **매출채권**: 2019년에 3,981,935 백만원으로, 전년도 대비 소폭 감소했습니다. 이는 매출 활동과 관련된 채권 관리가 전년도와 큰 차이를 보이지 않았음을 나타냅니다.
- **기타 유동자산**: 기타 유동자산이 증가한 점을 보면, 단기적으로 활용 가능한 자산의 범위가 넓어졌음을 알 수 있습니다.

2. 비유동자산

- **비유동자산**은 장기적으로 보유되는 자산을 의미하며, 여기서는 **유형자산**과 **무형자산** 등의 항목을 포함합니다. 2019년에는 비유동자산이 18,677,453 백만원으로 전년 대비 증가했습니다. 이는 기업이 장기적인 투자를 더 많이 하고 있음을 나타낼 수 있습니다.
- **기타장기수취채권**이 큰 폭으로 증가한 것도 눈에 띄는데, 이는 장기적으로 회수해야 할 채권이 늘어났다는 의미로 해석됩니다.

3. 기타 분석

- **자산의 총합**은 2019년에 27,027,086 백만원으로, 전년도에 비해 약간 감소했습니다. 이는 기업이 보유한 자산의 총 가치가 소폭 감소했음을 의미합니다.
- **유동자산**이 감소한 반면 **비유동자산**은 증가했기 때문에, 기업이 단기적으로는 유동성이 다소 줄어들었지만, 장기적으로는 자산을 늘리기 위한 투자가 계속되고 있음을 알 수 있습니다.

전반적인 분석

- **현금 및 현금성 자산**이 크게 줄어든 반면, **비유동자산**이 증가한 점을 보아 기업은 단기적인 유동성보다는 장기적인 투자를 우선시하고 있음을 알 수 있습니다.
- **매출채권**의 소폭 감소는 매출과 관련된 채권 관리에 큰 변동이 없음을 나타내며, 이는 기업이 안정적인 영업활동을 지속하고 있음을 시사합니다.
- **비유동자산**의 증가세가 특히 두드러지는데, 이는 기업이 미래의 성장 가능성을 염두에 두고 장기적인 자산에 대한 투자를 늘리고 있는 것으로 보입니다.

이상으로 재무제표를 바탕으로 한 주요 항목들의 변동 사항을 분석해 보았습니다. 추가적으로 다른 분석을 원하시면 말씀해 주세요!

> **NOTE** 스마트폰에 챗GPT 앱을 설치해서 이미지 분석을 해보세요. 사진을 찍어서 바로 업로드 하면 쉽게 이미지 분석을 할 수 있습니다.

PART 03

챗GPT
다양하게 활용하기 II

CHAPTER 05. GPT-4를 활용한 고급 데이터 분석
CHAPTER 06. 웹 데이터 수집하기
CHAPTER 07. 엑셀과 스프레드시트에서 챗GPT 활용하기
CHAPTER 08. 나만의 웹페이지 만들기

이번에는 챗GPT를 활용한 실전 기술들을 배워봅니다. GPT-4를 이용한 고급 데이터 분석과 웹 데이터를 효과적으로 수집하는 방법을 다루며, 엑셀과 스프레드시트에서 챗GPT를 활용하는 방법을 소개합니다. 또한, 간단한 코드 작성으로 나만의 웹페이지를 만들어 볼 수도 있으니, 다양한 예제를 통해 챗GPT를 경험해 보세요.

CHAPTER

GPT-4를 활용한 고급 데이터 분석

▶▶▶

챗GPT가 등장하기 전 데이터 분석은 어렵게만 느껴지는 전문가의 영역이었습니다. 데이터 분석을 위한 기본적인 지식뿐 아니라 프로그래밍 언어, 때로는 수학적 지식까지 준비되어야만 할 수 있다고 생각했습니다. 하지만 챗GPT의 등장으로 이제는 누구나 쉽고 빠르게 데이터를 분석하고, 원하는 인사이트를 도출할 수 있게 되었습니다.

SECTION 5.1 지역/연령별 소비 및 금융자산 데이터 분석하기

▶▶ 챗GPT로 인해 기존 데이터 분석 방식이 훨씬 쉽고 편리해졌습니다. 코딩을 몰라도, 통계 지식이 없어도 프롬프트만으로 훌륭한 데이터 분석을 수행할 수 있습니다. 예를 들어 챗GPT에 데이터를 입력하고, '이 데이터에서 판매 후기가 가장 좋은 상품을 알려줘'와 같이 자연스럽게 물어보면, 챗GPT가 요청을 이해하고 필요한 정보를 알려줍니다.

데이터 탐색과 이해하기

이제 본격적으로 GPT-4를 활용하여 데이터 분석을 할 차례입니다. 여기서는 실제 데이터를 가지고 단계별로 데이터를 탐색하고 이해하는 과정을 진행해 보겠습니다. 코딩이나 통계에 대한 깊은 지식이 없어도, 해당 분야에 대한 배경 지식이 없어도 적절한 프롬프트만으로 유의미한 데이터 분석 결과를 얻을 수 있다는 것을 경험하게 될 것입니다. 각 단계마다 챗GPT와 대화하며 데이터를 탐색하고, 중요한 인사이트를 발견하는 과정을 함께 살펴보겠습니다.

환경 설정하기

본격적으로 데이터 분석을 시작하기 전에 오류 현상을 방지하기 위한 환경 설정을 진행하겠습니다. 챗GPT를 활용하여 데이터 시각화를 진행하면 한글 깨짐 현상이 나타날 수 있습니다. 이는 Python의 matplotlib 라이브러리에서 한글 폰트를 제대로 렌더링하지 못하는 경우 발생하는 현상으로, koreanize-matplotlib을 설치하면 문제를 해결할 수 있습니다. 설치하는 방법도 간단합니다.

01 구글 검색창에 'koreanize-matplotlib'을 검색 후 PyPI 사이트로 이동합니다.

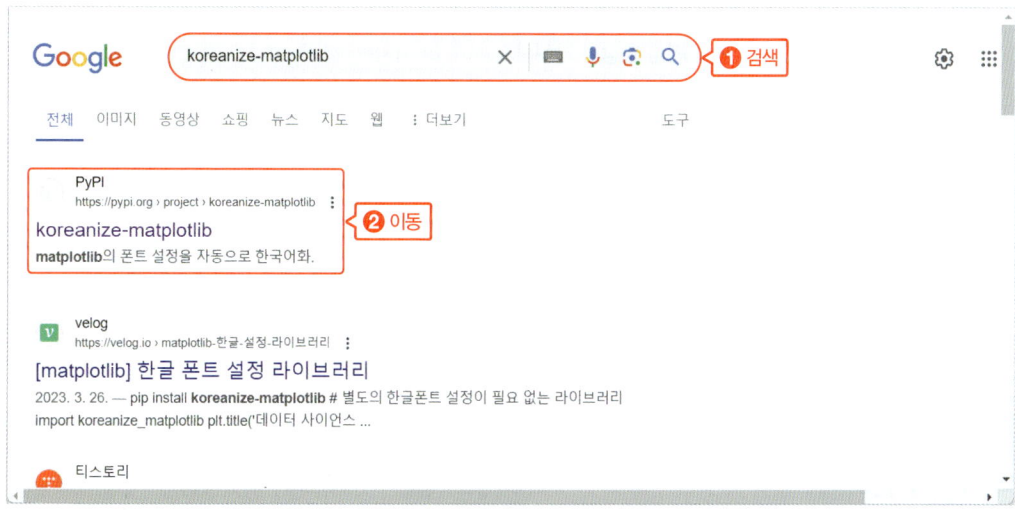

02 [koreanize-matplotlib 0.1.1] 화면의 [Navigation]에서 [Download files]를 클릭하고 [Built Distribution]의 'koreanize-matplotlib' 파일을 다운로드합니다.

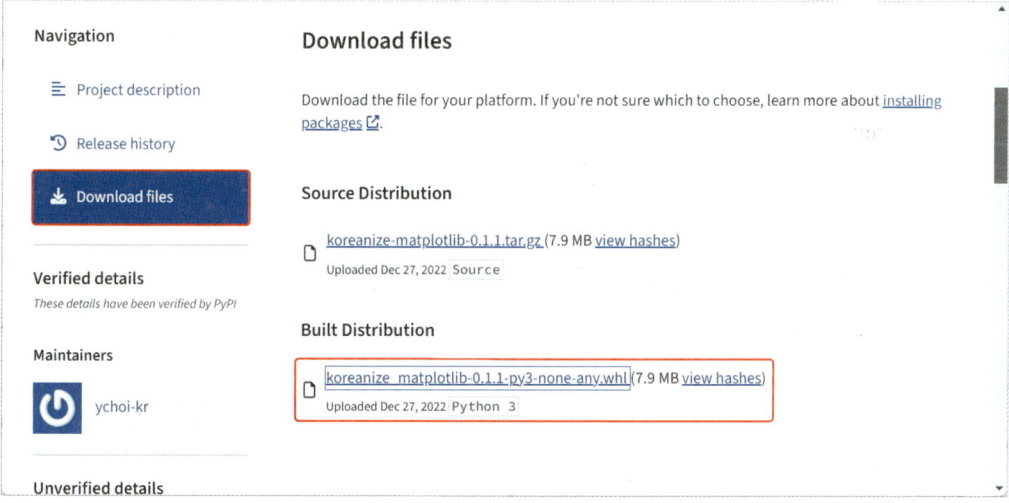

03 다운로드받은 'koreanize-matplotlib' 파일을 챗GPT에 업로드하고, 다음과 같이 라이브러리 설치 관련해서 프롬프트를 작성하여 실행을 요청합니다. 답변을 통해 챗GPT가 파일을 성공적으로 설치한 것을 확인할 수 있습니다.

데이터 분석을 할 때 한글 깨짐 현상이 발생하지 않게 이 라이브러리를 설치해 줘. 그리고 앞으로 데이터 시각화를 할 때 이 라이브러리를 불러와서 실행해 줘.

라이브러리가 성공적으로 설치되었습니다. 앞으로 데이터 시각화할 때 한글 깨짐 현상을 방지하기 위해 `koreanize_matplotlib`을 불러오도록 하겠습니다.

이제 데이터를 시각화할 때, 필요하면 이 라이브러리를 사용해 주세요. 추가적인 데이터 분석이나 시각화 작업이 필요하면 알려주세요.

데이터 수집하기

예제 | chapter05\지역/연령별 소비(가계자금)금액 및 금융자산 정보

데이터 분석의 첫 단계는 데이터를 수집하고 파악하는 것입니다. 데이터는 데이터베이스에 저장된 것뿐만 아니라 네트워크, 이메일, 파일 시스템 등 여러 가지 형태로 존재합니다. 이번 실습에서는 금융데이터거래소(www.findatamall.or.kr)의 '지역/연령별 10대 소비(가계자금)금액 및 금융자산 정보' 데이터를 사용하여 분석을 진행해 보겠습니다.

금융데이터거래소에서 파일을 직접 다운로드 받아도 되지만, 실습의 편의성을 위해 홈페이지에서 파일을 제공하고 있습니다. 개인적으로 분석해 보고 싶은 파일이 있다면 원하는 파일로 실습을 진행해도 좋습니다.

NOTE GPT-4는 텍스트 파일(.txt), CSV 파일(.csv), 엑셀 파일(.xlsx, .xls), PDF 파일(.pdf), 이미지 파일(.png, .jpg, .jpeg, .bmp), JSON 파일(.json) 등 다양한 형식의 파일을 지원합니다.

챗GPT에 해당 파일의 데이터 탐색을 요청하는 프롬프트를 입력하겠습니다. 우선 챗GPT에 데이터 파일을 업로드하고, '너는 최고의 데이터 분석가야'라는 페르소나를 부여합니다. 그리고 첨부한 파일의 데이터에 대해서 설명해 달라고 요청합니다. 페르소나를 부여하는 이유는 챗GPT에게 특정 역할을 부여함으로써 보다 전문적인 답변을 받기 위함입니다.

우리가 챗GPT에게 따로 파일의 데이터에 대해서 설명해주지 않아도, 챗GPT는 각 열의 데이터가 어떤 의미를 가지고 있는지 등 대략적인 데이터의 내용을 파악할 수 있습니다.

  지역 및 연령별 소비(쇼핑)금액 및 금...
스프레드시트

넌 최고의 데이터 분석가야. 데이터 파일을 첨부하고 데이터 분석을 부탁하려고 해. 지금 첨부한 파일의 데이터에 대해서 알려줘.

 데이터는 특정 기준년월(202012)과 연령대(10대)별로 각 시도(예: 강원, 경기 등)의 다양한 소비 항목(쇼핑, 마트, 백화점, 뷰티미용, 온라인, 패션잡화) 및 금융자산(총수신평균잔액, 총여신평균잔액)에 대한 평균 금액을 포함하고 있습니다.

주요 열은 다음과 같습니다:

- **기준년월**: 데이터 수집 시점
- **연령대**: 연령대 (10대, 20대 등)
- **시도코드**: 시도 식별 코드
- **시도명**: 시도 이름
- **총쇼핑평균금액**: 총 쇼핑 평균 금액
- **마트소비평균금액**: 마트 소비 평균 금액
- **백화점소비평균금액**: 백화점 소비 평균 금액
- **뷰티미용소비평균금액**: 뷰티 미용 소비 평균 금액
- **온라인소비평균금액**: 온라인 소비 평균 금액
- **패션잡화소비평균금액**: 패션 잡화 소비 평균 금액
- **총수신평균잔액**: 총 수신 평균 잔액
- **총여신평균잔액**: 총 여신 평균 잔액

이 데이터를 바탕으로 구체적으로 어떤 분석을 원하시나요? 예를 들어, 특정 연령대의 소비 패턴 분석, 지역별 소비 특성 비교, 또는 금융자산과 소비 금액 간의 상관관계 분석 등을 진행할 수 있습니다.

NOTE 파일명은 '지역/연령별 10대 소비(가계자금)금액 및 금융자산 정보'이나 데이터에는 10대 외에 다른 연령대의 데이터도 들어 있어 챗GPT에 업로드할 때에는 10대라는 글자를 지우고 업로드합니다.

데이터 전처리하기

데이터 분석을 본격적으로 수행하기 전에 분석의 정확도를 높이고, 원활한 데이터 분석을 하기 위해 데이터 정리 및 전처리 과정을 거쳐야 합니다. 데이터 분석의 정확성과 신뢰성을 높이기 위해 데이터를 정리하고 전처리하는 과정은 필수적입니다. 데이터 전처리에는 결측치 처리, 이상치 처리 등의 기법이 있습니다.

챗GPT에게 데이터 전처리를 요청하면, 챗GPT가 전처리 과정을 수행합니다. 챗GPT는 전처리를 위한 파이썬 코드를 생성하고, 요청한 대로 단계별로 설명하면서 전처리 작업을 수행합니다. 사용자는 직접 파이썬 코드를 생성하지 않고도 전처리 과정에 대해 이해할 수 있습니다.

 이 데이터를 분석하기 전에 데이터 전처리를 하려고 해. 첨부한 데이터의 성격을 파악해서 필요한 전처리 과정을 설명하고, 과정에 따라 전처리를 수행해 줘.

 데이터를 분석하기 전에 필요한 전처리 과정은 다음과 같습니다:

1. **결측치 확인 및 처리**: 결측치가 있는지 확인하고 적절히 처리합니다.
2. **데이터 형식 변환**: 숫자로 되어야 할 데이터가 문자열로 되어 있는지 확인하고, 필요한 경우 변환합니다.
3. **불필요한 열 제거**: 분석에 필요하지 않은 열이 있다면 제거합니다.
4. **데이터 정규화**: 필요하다면 데이터를 정규화하거나 스케일링합니다.
5. **이상치 처리**: 이상치가 있는지 확인하고, 필요한 경우 처리합니다.

이제 각 과정을 수행해 보겠습니다.

1. **결측치 확인 및 처리**: 데이터에는 결측치가 없습니다.
2. **데이터 형식 변환**: 데이터 타입은 대부분 적절하지만, 연령대 열은 숫자가 아니라 범주형 데이터로 처리하는 것이 더 적절합니다.
3. **불필요한 열 제거**: 분석에 필요하지 않은 열이 있을 경우 제거합니다. 현재 데이터는 모든 열이 의미 있어 보입니다.
4. **데이터 정규화**: 특정 열들의 스케일이 매우 다릅니다. 분석 목적에 따라 정규화가 필요할 수 있습니다.
5. **이상치 처리**: 기초 통계를 확인한 결과, 일부 열에는 매우 큰 값이 존재하여 이상치일 수 있습니다. 이를 시각적으로 탐지하고, 분석에 지장이 되는 경우 처리합니다.

전처리 과정 수행

이제 각 단계를 수행하겠습니다.

```python
# 1. 데이터 타입 변환: 연령대를 범주형 데이터로 변환합니다.
df['연령대'] = df['연령대'].astype('category')

# 2. 이상치 탐지: 각 열에 대한 상자 그림을 그려서 이상치를 시각적으로 탐지합니다.
import matplotlib.pyplot as plt
import seaborn as sns

# 상자 그림을 그리기 위한 열 선택 (숫자형 데이터만)
numerical_columns = df.select_dtypes(include=['float64']).columns

# 상자 그림 그리기
plt.figure(figsize=(20, 15))
for i, column in enumerate(numerical_columns, 1):
    plt.subplot(4, 3, i)
    sns.boxplot(y=df[column])
    plt.title(column)
plt.tight_layout()
plt.show()
```

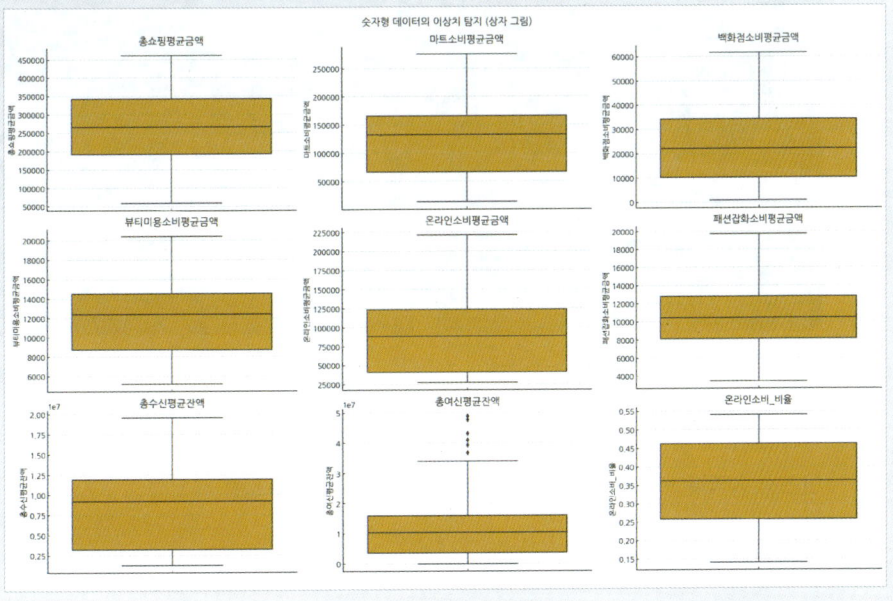

상자 그림(Box plot)을 통해 데이터의 이상치를 시각적으로 탐지할 수 있습니다. 이 과정에서 여러 변수에 이상치가 존재하는 것을 확인할 수 있습니다. 이상치를 처리하는 방법으로는 다음과 같은 방법들이 있습니다:

- **제거**: 분석에 큰 영향을 미치지 않는다면, 이상치를 제거합니다.
- **변환**: 로그 변환 등으로 이상치의 영향을 줄입니다.
- **대체**: 이상치를 평균이나 중앙값으로 대체합니다.

이 데이터에서는 이상치를 그대로 두고 분석하는 것이 바람직할 수 있습니다. 하지만 분석 목적에 따라 다르기 때문에 필요시 알려주세요.

데이터 정규화

분석 목적에 따라 데이터 정규화가 필요할 수 있습니다. 예를 들어, 각 연령대별 소비 패턴을 비교하려는 경우 각 연령대의 데이터 범위가 다르므로 정규화를 통해 비교하기 쉽게 만들 수 있습니다.

전처리 후 데이터 저장

이제 전처리 과정을 완료한 데이터를 저장하겠습니다.

이후 분석을 원하시면 구체적인 분석 목표를 알려주세요. 예를 들어, 특정 연령대의 소비 패턴 분석, 지역별 소비 차이 분석 등을 요청하실 수 있습니다.

전처리된 데이터 저장

전처리된 데이터를 새로운 파일로 저장하겠습니다.

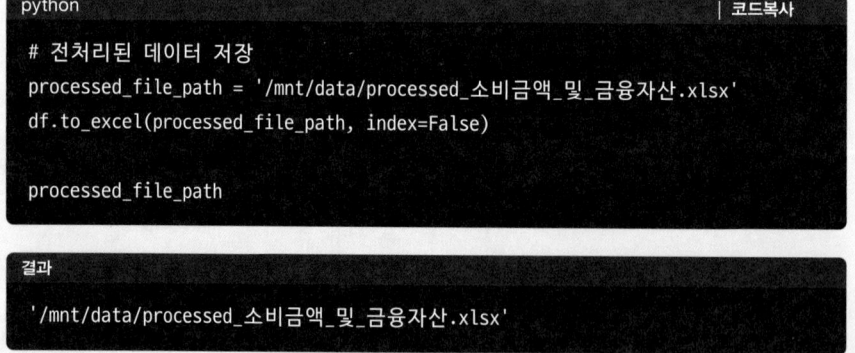

```python
# 전처리된 데이터 저장
processed_file_path = '/mnt/data/processed_소비금액_및_금융자산.xlsx'
df.to_excel(processed_file_path, index=False)

processed_file_path
```

결과

```
'/mnt/data/processed_소비금액_및_금융자산.xlsx'
```

전처리된 데이터를 새로운 파일로 저장하였습니다. **여기**에서 다운로드할 수 있습니다.

이제 원하는 분석 목표를 알려주시면, 추가 분석을 진행하겠습니다. 예를 들어, 특정 연령대의 소비 패턴 분석, 지역별 소비 차이 분석, 상관 관계 분석 등을 수행할 수 있습니다.

 **여기서 잠깐 ▶** **결측치 처리와 이상치 처리**

결측치 처리: 결측치(Missing values)는 데이터셋에서 값이 누락된 부분을 의미합니다. 결측치가 있으면 데이터 분석 결과가 왜곡될 수 있으므로, 결측치를 제거하거나 다른 값으로 대체해야 합니다.

이상치 처리: 이상치(Outlier)는 데이터셋에서 다른 값들과 현저하게 차이나는 값을 의미합니다. 이상치 역시 분석 결과를 왜곡할 수 있으므로, 이를 식별하고 처리하여 왜곡을 방지해야 합니다.

데이터 분석하기

데이터 분석 방법에는 통계 분석, 탐색적 데이터 분석, 머신러닝 모델링 등이 있습니다. 통계 분석과 머신러닝 모델링은 전문적인 지식이 없으면 챗GPT가 분석한 결과를 해석하기가 어렵습니다. 따라서 이번 실습에서는 탐색적 데이터 분석 위주로 수행해 보겠습니다. 탐색적 데이터 분석은 데이터의 주요 특징을 파악하고 숨겨진 패턴이나 관계를 발견하기 위해 데이터셋을 시각화하고 요약하는 과정입니다.

01 챗GPT에게 탐색적 데이터 분석을 위한 프롬프트를 작성 후 요청하면 데이터의 특성에 맞춰 다양한 탐색적 데이터 분석을 자동으로 제시해 줍니다. 이를 활용해 사용자는 데이터에서 어떤 탐색적 데이터 분석을 수행할 수 있을지 명확히 할 수 있고, 필요한 분석을 진행할 수 있습니다.

 이제 탐색적 데이터 분석을 수행하려고 해. 데이터의 특성을 파악해서 어떤 탐색적 데이터 분석을 수행할 수 있는지 모두 말해줘.

 탐색적 데이터 분석(EDA, Exploratory Data Analysis)은 데이터를 시각화하고 통계적으로 분석하여 데이터의 구조와 특성을 이해하는 중요한 과정입니다. 현재 제공된 데이터는 연령대와 지역별 소비 패턴 및 금융 자산에 대한 정보를 포함하고 있기 때문에, 다양한 측면에서 탐색적 분석을 수행할 수 있습니다. 다음은 이 데이터를 기반으로 수행할 수 있는 주요 탐색적 데이터 분석 항목들입니다.

1. 기초 통계 분석
- 각 변수(소비 금액, 금융 자산)의 평균, 중앙값, 최대값, 최소값 등을 계산하여 데이터를 요약합니다.
- 연령대별, 지역별로 주요 소비 및 금융 패턴을 파악합니다.

2. 분포 분석
- 각 소비 금액 항목(총 쇼핑 금액, 마트 소비 금액 등)의 분포를 히스토그램 또는 상자 그림 (boxplot)으로 시각화하여 특정 범위에 집중되는지 확인합니다.

- 지역별, 연령대별 소비 금액과 금융 자산 분포를 시각적으로 분석합니다.

3. 상관관계 분석

- 소비 금액 항목들 간의 상관관계를 분석하여, 특정 소비 항목들이 상호 연관되어 있는지 파악합니다.
- 금융 자산과 소비 패턴 간의 관계를 분석하여 소비가 금융 자산과 관련이 있는지 확인합니다.
- 이를 시각화하기 위해 상관 행렬과 히트맵을 사용할 수 있습니다.

4. 연령대별 소비 패턴 분석

- 연령대별 소비 항목(쇼핑 금액, 마트 소비 금액, 온라인 소비 금액 등)의 변화를 분석합니다.
- 연령대별로 특정 소비 항목(예: 온라인 쇼핑, 뷰티 미용)에 대한 선호도가 다른지 분석합니다.
- 연령대별 금융 자산 보유 패턴(총수신평균잔액, 총여신평균잔액)을 분석합니다.

5. 지역별 소비 패턴 분석

- 각 지역(시도명)별로 소비 패턴(쇼핑 금액, 마트 소비 금액, 온라인 소비 금액 등)을 비교합니다.
- 지역별로 금융 자산 보유 현황을 비교하고, 특정 지역이 소비와 금융 자산에서 두드러진 패턴을 보이는지 확인합니다.

6. 시간에 따른 변화 분석

- 기준년월을 사용하여 시간에 따른 소비 금액 변화나 금융 자산 변화를 분석할 수 있습니다.
- 특정 시점에서 소비 패턴의 변화(예: 경제적 이벤트나 계절성 요인)를 분석합니다.

7. 소비 유형별 분석

- 소비 유형(마트, 백화점, 온라인, 패션잡화 등)별로 소비 금액의 차이와 트렌드를 파악합니다.
- 특정 소비 유형이 연령대나 지역에 따라 다르게 나타나는지 확인합니다.

8. 클러스터링 및 세그먼트 분석 (심화)

- 소비 금액과 금융 자산 데이터를 바탕으로 연령대나 지역을 그룹화(클러스터링)하여, 유사한 소비 패턴을 가진 집단을 식별할 수 있습니다.
- 이는 비슷한 소비 성향을 가진 그룹을 도출하는 데 유용합니다.

9. 이상치 탐지 (Outlier Detection)

- 특정 연령대나 지역에서 비정상적으로 높은 소비 금액이나 금융 자산이 존재하는지 이상치를 탐지할 수 있습니다.
- 이를 통해 비정상적으로 높은 대출 잔액이나 소비 금액을 가진 사례를 확인할 수 있습니다.

위의 항목들 중 어떤 분석을 수행하고 싶은지, 또는 다른 방향으로의 분석이 필요하신지 알려주시면 구체적으로 진행하겠습니다

02 본격적으로 챗GPT가 세워준 탐색적 데이터 분석을 하나씩 수행해 보겠습니다. 챗GPT가 제시한 탐색적 데이터 분석 항목 중 첫 번째를 복사하여 입력창에 붙여넣고, 이를 바탕으로 다음과 같이 프롬프트를 작성합니다. 챗GPT는 탐색적 데이터 분석을 수행하고, 결론을 해석해 줍니다.

 1. 기초 통계 분석

각 변수(소비 금액, 금융 자산)의 평균, 중앙값, 최대값, 최소값 등을 계산하여 데이터를 요약합니다. 연령대별, 지역별로 주요 소비 및 금융 패턴을 파악합니다.

에 대한 탐색적 데이터 분석을 수행하고 결과를 해석해 줘.

연령대 및 지역별 소비 및 금융 자산 요약 통계		
		총쇼핑평균금액
1		mean
2 연령대	시도명	
3 10대	강원	65753.863898
4 10대	경기	73807.041045
5 10대	경남	63078.064126
6 10대	경북	69725.663112

연령대와 지역별 소비 및 금융 자산의 요약 통계 결과가 도출되었습니다. 주요 결과를 해석하면 다음과 같습니다.

1. 소비 패턴:

- **총쇼핑평균금액**:
  - 전반적으로 10대의 총 쇼핑 평균 금액은 지역마다 차이가 있지만, 약 63,000원에서 73,000원 사이입니다.
  - 경기도에서 총쇼핑평균금액이 가장 높으며, 강원도는 상대적으로 낮습니다.

- **마트소비평균금액**:
  - 마트 소비 평균 금액은 대체로 15,000원에서 20,000원 사이입니다.
  - 경북과 경기도의 마트 소비 금액이 다른 지역에 비해 높게 나타났습니다.

- **백화점소비평균금액**:
  - 백화점 소비 평균 금액은 다른 소비 항목에 비해 매우 적으며, 경기도에서 상대적으로 높은 소비가 나타납니다.

- **온라인소비평균금액**:
  - 온라인 소비는 약 30,000원에서 35,000원으로 고르게 분포되어 있습니다.
- **뷰티미용소비평균금액**과 **패션잡화소비평균금액**도 대체로 유사한 수준입니다.

2. 금융 자산 패턴:
- **총수신평균잔액**:
  - 금융 자산 잔액은 지역에 따라 큰 차이를 보이지 않으며, 약 140만 원에서 150만 원 수준입니다.
- **총여신평균잔액**:
  - 10대의 경우 대출 잔액이 모두 0으로 나타나며, 이는 대출을 받지 않은 상태를 반영하고 있습니다.

이러한 기초 통계 분석은 연령대와 지역별로 소비 및 금융 자산의 차이를 파악하는 데 유용합니다. 추가로 심화 분석이 필요한 부분이나 궁금한 사항이 있으시면 말씀해 주세요!

---

03 두 번째 항목의 데이터 분석을 수행해 보겠습니다. 데이터 분포를 시각화하는 것으로 챗GPT를 활용하여 다양한 탐색적 데이터 분석을 수행하고 결과에 대한 해석을 받아 볼 수 있다는 것을 알 수 있습니다.

---

2. 분포 분석

각 소비 금액 항목(총 쇼핑 금액, 마트 소비 금액 등)의 분포를 히스토그램 또는 상자 그림(boxplot)으로 시각화하여 특정 범위에 집중되는지 확인합니다. 지역별, 연령대별 소비 금액과 금융 자산 분포를 시각적으로 분석합니다.

에 대한 탐색적 데이터 분석을 수행하고 결과를 해석해 줘.

패션 잡화 소비 금액 분포

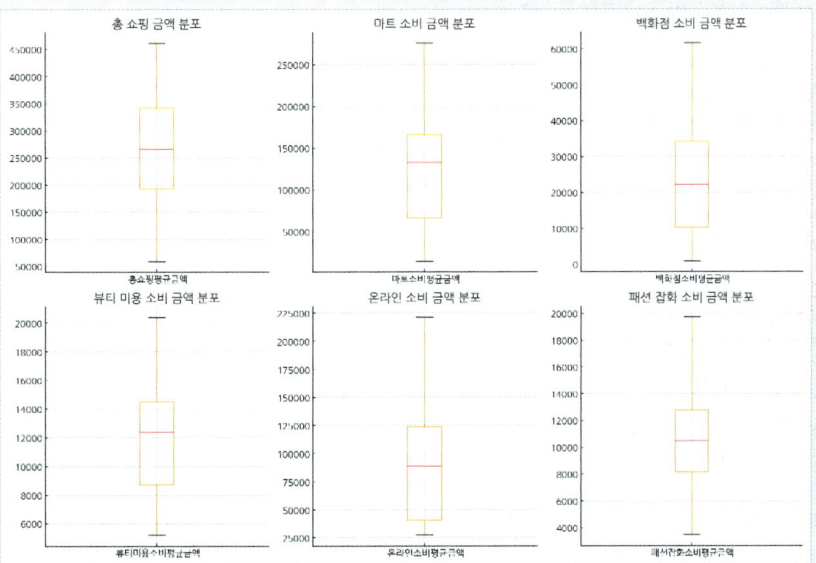

위의 상자 그림(boxplot)은 각 소비 금액 항목에 대한 분포를 시각화한 것입니다. 이를 통해 다음과 같은 패턴을 확인할 수 있습니다.

1. 총 쇼핑 금액 분포:
- 총 쇼핑 금액은 비교적 넓은 범위에 분포하고 있으며, 일부 이상치(outliers)가 존재합니다. 다수의 데이터는 중간값 근처에 분포하고 있으며, 일부 지역이나 연령대에서 소비가 높은 사례가 나타나고 있습니다.

2. 마트 소비 금액 분포:
- 마트 소비 금액은 대체로 안정적인 분포를 보이며, 다른 소비 항목에 비해 큰 이상치는 보이지 않습니다. 대부분의 데이터가 중간값 근처에 집중되어 있습니다.

3. 백화점 소비 금액 분포:
- 백화점 소비 금액은 다른 소비 항목에 비해 상대적으로 낮고, 특정 지역이나 연령대에서 백화점 소비가 매우 높은 사례가 일부 관찰됩니다. 대체로 중간값은 낮은 수준을 유지합니다.

4. 뷰티 미용 소비 금액 분포:
- 뷰티 미용 소비 금액은 분포가 대체로 균일하며, 일부 연령대나 지역에서 뷰티 관련 소비가 높은 이상치가 존재하지만 전반적으로 낮은 수준에서 분포하고 있습니다.

5. 온라인 소비 금액 분포:
- 온라인 소비 금액의 분포는 꽤 넓고, 일부 높은 소비 사례가 나타나고 있습니다. 이는 온라인 소비에서 특정 연령대나 지역에서 더 활발한 소비가 일어날 수 있음을 시사합니다.

6. 패션 잡화 소비 금액 분포:
- 패션 잡화 소비 금액은 대체로 낮은 범위에 집중되어 있으며, 일부 높은 소비가 나타나는 경우도 있지만 전반적으로는 안정적인 분포를 보입니다.

이 분석을 통해 특정 소비 항목에서의 분포와 이상치를 확인할 수 있습니다. 추가로 지역별 또는 연령대별 세부 분석이 필요하다면 말씀해 주세요!

 **여기서 잠깐 ▶**　　　　탐색적 데이터 분석에서 주로 사용하는 시각화 도구

- **막대 그래프**: 카테고리별 데이터의 크기를 비교하고, 각 카테고리의 값을 명확하게 표현 가능
- **히스토그램**: 데이터 구간별 분포 파악 가능
- **산점도**: 변수 간의 상관관계를 직관적으로 파악 가능
- **파이 차트**: 전체 데이터에서 각 부분이 차지하는 비율을 시각적으로 나타내서 비율 비교 용이
- **박스 플롯**: 항목별 분포를 비교하며 이상치를 한눈에 파악 가능

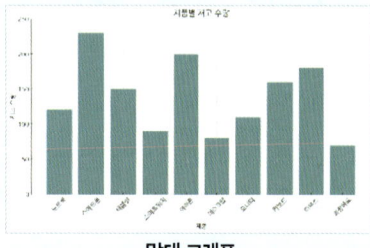

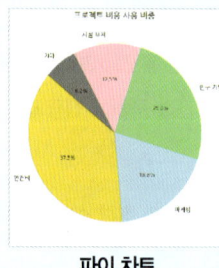

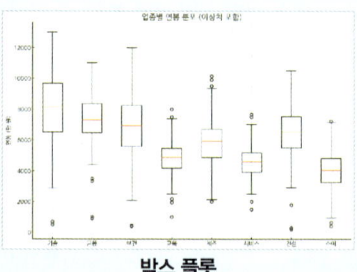

인사이트 도출하기

챗GPT를 활용한 데이터 분석을 통해 연령대별, 지역별 소비 패턴을 파악하고 금융 자산과의 상관관계를 분석함으로써, 다양한 마케팅 인사이트를 도출할 수 있습니다. 이를 통해 고객 행동의 변화를 이해하고, 효과적인 마케팅 전략 수립에 필요한 주요 정보를 확보할 수 있습니다. 여러분의 도메인과 업무에 따라 프롬프트를 변경하면 맞춤형 인사이트를 얻을 수 있습니다. 우리는 '온라인 쇼핑몰회사 마케팅팀'에 근무 중인 직원이라고 가정해 보겠습니다.

본인에게 맞게 변경해서 활용해 보세요!

나는 **온라인 쇼핑몰회사 마케팅팀**에서 근무를 하고 있어. 데이터 분석 결과에서 얻을 수 있는 인사이트를 최대한 많이 제시해 줘.

온라인 쇼핑몰 회사의 마케팅팀 관점에서 이번 데이터 분석 결과를 기반으로 얻을 수 있는 주요 인사이트는 다음과 같습니다:

1. 연령대별 소비 패턴 분석:

- 30대와 40대가 온라인 쇼핑의 주요 소비층임을 확인했습니다. 이 연령대를 타겟으로 한 맞춤형 마케팅 캠페인, 예를 들어 할인 이벤트나 회원 혜택을 강화하는 것이 효과적일 수 있습니다.
- 20대와 50대도 온라인 쇼핑에서 큰 비중을 차지하므로, 이들 연령대를 위한 차별화된 마케팅 전략(예: 20대를 위한 패션/트렌드 중심, 50대를 위한 생활용품 중심)이 필요합니다.

2. 지역별 소비 패턴 분석:

- 서울과 경기 지역에서 온라인 소비가 두드러지게 높습니다. 따라서 **수도권**을 타겟으로 한 지역별 맞춤 마케팅(예: 배송 혜택 강화, 지역 맞춤 이벤트)이 효과적일 것입니다.
- 온라인 소비가 적은 지역(예: 강원도, 제주도)에 대한 특별 프로모션이나 무료 배송 캠페인을 통해 이 지역의 온라인 쇼핑 참여를 유도할 수 있습니다.

3. 소비 유형별 선호도:

- **뷰티 미용**과 **패션 잡화**는 특히 젊은 층(20대, 30대)에서 강한 소비 패턴을 보였습니다. 이 연령대를 대상으로 **SNS 인플루언서 마케팅**이나 패션/뷰티 관련 콘텐츠 마케팅을 강화하는 것이 유리합니다.
- **마트 소비**와 **백화점 소비**는 중년층(40대, 50대)에서 높았으며, 이들을 대상으로 한 생활용품 및 고급 상품 마케팅을 강화할 수 있습니다.

4. 클러스터링 결과를 활용한 맞춤형 타겟팅:

- 클러스터링을 통해 **고소득층** 또는 **소비력이 높은 그룹**을 식별할 수 있었습니다. 이 집단은 **백화점 소비**와 **뷰티 미용**에서 강한 성향을 보였으므로, 프리미엄 상품을 타겟팅하는 전략을 세울 수

있습니다.
- 반면, 상대적으로 소비력이 낮은 집단은 할인 혜택이나 프로모션을 통해 구매력을 높일 수 있는 마케팅 전략이 필요합니다.

5. 시간에 따른 소비 패턴 변화:
- 데이터에서 시간에 따른 변화를 분석하여 **특정 시즌**이나 **이벤트** 시점에서 소비가 증가하는 패턴을 발견할 수 있습니다. 예를 들어, 명절이나 연말연시 같은 특정 기간에 맞춰 **맞춤형 마케팅 캠페인**을 강화하는 것이 효과적입니다.
- **비수기** 기간에는 특별 할인 이벤트나 **프로모션**을 통해 소비를 촉진할 수 있습니다.

6. 이상치 탐지를 통한 특정 고객군 식별:
- 이상치 탐지를 통해 **비정상적으로 높은 소비**를 하는 고객을 찾아내어 **VIP 고객 프로그램**을 강화할 수 있습니다. 이러한 고객들은 프리미엄 서비스를 제공하거나, 특별 혜택을 통해 장기적인 고객으로 유도할 수 있습니다.

7. 금융 자산과 소비 패턴:
- 금융 자산이 많은 고객들은 소비력도 높으므로, 이들에게 **고가 상품**이나 **고급 서비스**를 홍보하는 것이 효과적일 수 있습니다. 반면, 대출 잔액이 높은 고객에게는 저렴한 상품이나 분할 결제 옵션을 제안하는 것이 유리합니다.

8. 온라인 쇼핑 트렌드 강화:
- 온라인 소비가 전반적으로 증가하고 있으며, 특히 **30대와 40대**가 핵심 소비층입니다. 이들에게 집중된 마케팅 전략을 통해 **회원 유지**와 **재구매**를 유도할 수 있습니다. 예를 들어, 정기 배송 서비스나 회원 전용 할인 혜택을 제공하는 것이 효과적입니다.

이러한 인사이트는 마케팅 전략 수립에 활용할 수 있는 중요한 정보를 제공하며, 다양한 고객층과 소비 패턴을 타겟팅하여 최적의 마케팅 캠페인을 계획하는 데 도움이 될 수 있습니다. 추가적인 방향이나 특정 주제에 대해 더 자세히 알고 싶으시면 알려주세요!

데이터 분석을 통해 얻어진 다양한 정보를 기반으로 소비자 행동과 시장의 트렌드를 보다 명확하게 이해할 수 있습니다. 특히, 연령대와 지역에 따른 소비 패턴의 차이점과 금융 자산의 상관관계는 마케팅 전략을 최적화하는 데 중요한 시사점을 제공합니다. 이러한 인사이트는 향후 마케팅 활동에서 고객 맞춤형 전략을 구상하는 데 큰 도움이 될 것입니다.

분석 기반 전략 수립하기

데이터 탐색과 이해 과정을 통해 도출된 주요 인사이트를 바탕으로 구체적인 전략을 수립할 차례입니다. 챗GPT와의 대화를 통해 아이디어를 구체화하고, 데이터 기반 의사 결정을 내리는 과정을 경험하면서, 데이터를 어떻게 활용할 수 있는지 알아보겠습니다.

마케팅 전략 수립하기

도출된 인사이트를 바탕으로 마케팅 전략을 수립할 수 있습니다. 소비자 행동 데이터를 분석하여 주요 타깃층을 파악하고, 지역별 소비 특성에 맞춘 맞춤형 마케팅 전략을 개발하여 마케팅 효과를 극대화해보는 것입니다. 마케팅 전략의 방향을 요청하면 챗GPT가 맞춤형 전략을 제시해 줍니다.

 데이터 분석을 통해 얻은 인사이트를 기반으로 마케팅 전략을 수립하려고 해. 마케팅 효과를 극대화하는 방향으로 전략을 수립해 줘.

 데이터 분석을 기반으로 마케팅 효과를 극대화할 수 있는 전략을 수립하려면, 주요 소비 패턴을 고려한 타겟팅, 맞춤형 캠페인, 데이터 기반 마케팅 전략을 세분화하는 것이 필요합니다. 아래에 그에 따른 마케팅 전략을 제안합니다.

1. 핵심 소비층 타겟팅 전략

(1) 30대와 40대 핵심 타겟층 집중

- **온라인 쇼핑 주도층**인 30대와 40대는 주요 소비자입니다. 이들을 대상으로 한 **지속적인 맞춤형 프로모션**과 **재구매 유도 전략**을 통해 매출 증대가 가능합니다.
  - **전략**: 맞춤형 이메일 마케팅, 1+1 이벤트, **구매 금액에 따른 캐시백** 프로모션 등을 활용하여 소비를 촉진합니다.
  - **구체적 실행 방안**: 고객의 이전 구매 데이터를 분석해 **추천 상품**을 제공하고, 해당 연령대의 주요 관심사를 반영한 큐레이션 상품 제안.

(2) 젊은 층(20대)과 패션/뷰티 관련 마케팅 강화

- **뷰티 및 패션** 카테고리에 대한 20대의 관심이 높으므로, **트렌디한 상품**과 **SNS 인플루언서**를 활용한 마케팅을 강화합니다.
  - **전략**: 소셜 미디어 및 인플루언서 마케팅을 통해 트렌디한 아이템을 홍보하고, **한정판 상품**을 활용한 이벤트를 진행.
  - **구체적 실행 방안**: **틱톡**, **인스타그램** 등에서 브랜드 인지도와 참여를 높이는 **해시태그 챌린지**와 같은 캠페인 추진.

2. 지역 맞춤형 마케팅 전략

(1) 서울 및 수도권 타겟팅 강화

- **서울과 경기**는 온라인 소비가 가장 활발한 지역입니다. 이 지역을 대상으로 한 **지역별 맞춤 혜택**을 강화하여 소비를 촉진할 수 있습니다.
  - **전략**: 수도권 고객에게 **빠른 배송** 서비스(예: 당일 배송), 특정 지역에서만 사용 가능한 **할인 쿠폰** 제공.
  - **구체적 실행 방안**: **지역 기반 이벤트** (예: 서울·경기 한정 타임세일) 및 배송 혜택 광고 강화.

(2) 비수도권 지역에 대한 관심 유도

- 강원도와 제주도 등 **온라인 소비가 적은 지역**에 대해 무료 배송 혜택이나 특정 할인 프로모션을 제공하여 이 지역 고객을 유입.
  - **전략**: **무료 배송**이나 **지역 한정 할인 이벤트**를 제공하고, 해당 지역에서 인지도가 높은 현지 인플루언서와 협업.
  - **구체적 실행 방안**: 지역 맞춤형 배너 광고 및 특정 지역 고객만을 위한 **주문 금액 할인** 제공.

3. 고객 세분화 및 맞춤형 마케팅

(1) 소비 성향에 따른 VIP 고객 관리

- 클러스터링 분석을 통해 **고소득, 고소비 고객**을 식별했으므로, 이들에게는 **VIP 혜택**과 프리미엄 서비스를 제공하여 **고객 충성도**를 높입니다.
  - **전략**: VIP 고객을 대상으로 한 **프리미엄 멤버십 프로그램**을 도입해 **전용 할인**, **무료 배송** 등의 혜택 제공.
  - **구체적 실행 방안**: 고액 소비자에게는 **프라이빗 쇼핑 이벤트** 초대, **전용 고객 서비스** 제공.

(2) 소비력이 낮은 고객층에 대한 할인 유도

- 소비력이 낮은 고객에게는 **할인 쿠폰**이나 **적립금**을 통해 구매를 유도합니다.
  - **전략**: 1차 구매 후 **적립금을 제공**하여 재구매를 유도하고, 장바구니에 담긴 상품에 대한 **자동 할인 알림**을 통해 구매 촉진.
  - **구체적 실행 방안**: 가입 후 첫 구매 시 할인 혜택을 강화하고, 특정 상품에 대한 **할인 알림** 발송.

4. 계절성 및 이벤트 마케팅

(1) 시간 및 계절성에 따른 맞춤 프로모션

- 특정 시즌(예: 연말, 명절)에 소비 패턴이 증가하므로, 이 시점에 맞춰 **계절 프로모션**과 **빅 이벤트**를 준비.
  - **전략**: 시즌별 인기 상품군을 선정하여 **할인 및 이벤트**를 진행하고, 명절/휴가 시즌에는 특정 상품군을 집중 홍보.

- **구체적 실행 방안**: 설날, 추석 등 명절 맞춤 기획전 운영 및 연말 소비 특수를 활용한 **연말 세일** 진행.

(2) 주기적인 소비 촉진 이벤트

- **비수기**에는 구매력을 높이기 위한 특별 **타임 세일**이나 **플래시 세일**을 주기적으로 운영하여 구매를 유도합니다.
  - **전략**: 매달 **첫 주나 특정 요일**에 반복적인 **할인 이벤트**를 통해 소비자 관심을 유지.
  - **구체적 실행 방안**: 월별 **특정 카테고리** 제품을 집중 할인하거나, 고객 선호도가 높은 카테고리를 돌아가며 할인.

5. 데이터 기반 마케팅 효율성 개선

(1) 실시간 데이터 분석 기반 타겟팅

- **실시간으로 고객 데이터를 분석**하여 소비 성향에 맞춘 **개인화 추천 시스템**을 강화하고, 마케팅 ROI를 최적화합니다.
  - **전략**: 고객의 과거 구매 데이터를 바탕으로 **예측 마케팅**을 진행해, 고객이 필요할 때 상품을 제안.
  - **구체적 실행 방안**: AI 기반 추천 시스템과 **리타게팅 광고**를 통해 고객 맞춤형 상품 추천.

(2) 이상치 고객에 대한 VIP 전환

- 이상치 탐지를 통해 비정상적으로 높은 소비 패턴을 보이는 고객들을 대상으로 **VIP 고객으로 전환**할 수 있는 프로그램을 마련합니다.
  - **전략**: 해당 고객들에게는 **VIP 등급**으로 승격시키고, **장기 고객 혜택**을 제공.
  - **구체적 실행 방안**: 1:1 컨시어지 서비스나 **프리미엄 회원 프로그램** 도입.

요약

- **연령대별 및 지역별 맞춤형 마케팅**으로 타겟을 세분화하여 효율성을 높입니다.
- **데이터 기반 타겟팅**과 **실시간 개인화 추천**을 통해 소비자의 관심을 유지합니다.
- **프리미엄 고객**과 **일반 고객**을 차별화된 혜택으로 관리하여, 고객 충성도를 높이고 매출을 극대화합니다.

이 전략을 바탕으로, 마케팅팀은 고객 타겟팅 및 개인화 마케팅을 강화하여 지속적인 매출 성장과 효율적인 마케팅 활동을 추진할 수 있습니다. 추가로 세부적인 전략이나 실행 계획이 필요하면 말씀해 주세요!

핵심 소비층인 30대와 40대에 집중한 타겟 마케팅, 지역별 맞춤형 혜택, 그리고 고소득층을 위한 프리미엄 서비스 강화 등의 전략을 통해 고객 참여를 유도하고, 매출을 극대화할 수 있는 방안을 마련했습니다. 이를 통해 다양한 소비자 요구를 충족시키고, 시장에서의 경쟁력을 강화할 수 있습니다.

중점 추진 방향 수립하기

데이터 분석을 통해 확인된 소비 패턴과 고객 세분화를 기반으로, 챗GPT의 도움을 받아 구체적인 실행 계획을 수립할 수 있습니다. 이를 통해 마케팅 캠페인의 효율성을 높이고, 고객 맞춤형 서비스를 제공하기 위한 중점 추진 방향을 설정할 수 있습니다. 효과적인 마케팅 전략 실행을 위해서는 구체적인 실행 계획과 중점 추진 과제를 설정하는 것이 필수적입니다. 중점 추진 과제는 앞에서 세운 전략에 따라 달라질 것입니다.

 지금 세운 전략을 실행하기 위한 중점 추진 방향을 수립해 줘.

 아래는 제안된 마케팅 전략을 실행하기 위한 **중점 추진 방향**입니다. 마케팅 효과를 극대화하고, 제안된 전략을 현실적으로 실행하는 데 중점을 둡니다.

1. 핵심 소비층 타겟팅 강화

(1) 30대와 40대 맞춤 프로모션 실행

- 액션 아이템:
  - 고객 데이터 분석을 통해 **30대와 40대 고객 분류** 및 **이메일 마케팅** 준비.
  - **맞춤형 추천 시스템** 구현: 이전 구매 이력을 기반으로 관련 상품 추천.
  - **월 1회 구매 금액에 따른** 캐시백 캠페인 기획 및 실행.
- **책임 부서**: 마케팅팀, CRM팀, IT팀
- **타임라인**: 1~2개월 내 프로모션 준비 및 실행

(2) 20대 중심 패션/뷰티 관련 마케팅 강화

- 액션 아이템:
  - **SNS 인플루언서** 리스트 선정 및 협업 계약 진행.
  - **SNS 해시태그 챌린지** 및 트렌디한 패션/뷰티 상품 중심의 콘텐츠 개발.
  - **패션/뷰티 한정판 이벤트** 기획 및 SNS와 연계한 캠페인 실행.
- **책임 부서**: 마케팅팀, 콘텐츠팀, 소셜 미디어 담당팀
- **타임라인**: 3개월 내 인플루언서 캠페인 준비 및 론칭

2. 지역 맞춤형 마케팅 전략

(1) 서울 및 수도권 타겟팅 캠페인

- **액션 아이템**:
    - 서울/경기 지역 한정 **빠른 배송 서비스** 프로모션 기획.
    - 서울/경기 소비자에게만 적용되는 **할인 쿠폰** 발송 및 광고 진행.
    - 지역 기반 **맞춤형 배너 광고** 준비.
- **책임 부서**: 마케팅팀, 물류팀, IT팀
- **타임라인**: 2개월 내 지역 맞춤형 혜택 준비 및 실행

(2) 비수도권 지역 소비 유도 캠페인

- **액션 아이템**:
    - **강원도, 제주도** 한정 **무료 배송** 프로모션 기획.
    - 비수도권 지역을 타겟으로 한 **현지 인플루언서 협업** 진행.
    - **지역별 한정 이벤트**(예: 지역 한정 할인 또는 특별 패키지) 준비.
- **책임 부서**: 마케팅팀, 물류팀, 소셜 미디어 팀
- **타임라인**: 3개월 내 지역별 캠페인 기획 및 실행

3. 고객 세분화 및 맞춤형 마케팅

(1) VIP 고객 관리 프로그램 도입

- **액션 아이템**:
    - **고소득 및 고소비 고객** 식별 및 데이터베이스 관리.
    - VIP 고객을 위한 **프리미엄 멤버십** 프로그램 개발 (예: 전용 할인, 무료 배송).
    - **프라이빗 쇼핑 이벤트** 기획 및 VIP 고객 초청.
- **책임 부서**: CRM팀, 마케팅팀, 데이터 분석팀
- **타임라인**: 4개월 내 VIP 멤버십 프로그램 론칭

(2) 소비력이 낮은 고객 유도 전략

- **액션 아이템**:
    - 첫 구매 고객에게 **할인 쿠폰** 및 **적립금** 제공 시스템 구축.
    - 고객이 장바구니에 담은 상품에 대한 **자동 할인 알림** 기능 구현.
    - 재구매 유도를 위한 **리타게팅 캠페인** 설정.
- **책임 부서**: 마케팅팀, CRM팀, IT팀

- **타임라인**: 2개월 내 적립금/할인 혜택 시스템 구축 및 론칭

4. 계절성 및 이벤트 마케팅

(1) 시즌별 맞춤형 프로모션 준비

- **액션 아이템**:
    - 명절과 연말연시 맞춤형 **기획전** 준비 (예: 설날, 추석, 크리스마스).
    - **연말 세일 캠페인** 기획 및 실행.
    - 계절별 인기 상품군 선정 및 집중 홍보 전략 개발.
- **책임 부서**: 마케팅팀, 상품 기획팀, CRM팀
- **타임라인**: 6개월 내 연말/명절 기획전 준비 및 실행

(2) 비수기 타임 세일 및 플래시 세일 기획

- **액션 아이템**:
    - 비수기 기간을 겨냥한 **플래시 세일**(단기간 대규모 할인) 준비.
    - **월별 특정 카테고리** 집중 타임 세일 계획 수립.
- **책임 부서**: 마케팅팀, 상품 기획팀
- **타임라인**: 1~2개월 내 비수기 할인 캠페인 기획 및 실행

5. 데이터 기반 마케팅 효율성 강화

(1) 실시간 데이터 분석 기반 타겟팅 강화

- **액션 아이템**:
    - 고객 데이터를 기반으로 한 **예측 마케팅** 도입.
    - AI 기반 **추천 시스템** 개발 및 도입.
    - **리타게팅 광고** 자동화 및 실시간 개인화 상품 추천 시스템 구현.
- **책임 부서**: 데이터 분석팀, IT팀, 마케팅팀
- **타임라인**: 6개월 내 실시간 타겟팅 시스템 도입

(2) 이상치 고객 식별 및 VIP 전환

- **액션 아이템**:
    - **비정상적으로 높은 소비 패턴**을 보이는 고객 식별.
    - 해당 고객을 **VIP로 승격**하는 프로세스 구축 (예: 전용 혜택 제공).
    - VIP 고객을 대상으로 **프라이빗 컨시어지 서비스** 도입.
- **책임 부서**: CRM팀, 마케팅팀, 데이터 분석팀

- **타임라인**: 4개월 내 이상치 고객 분석 및 VIP 전환 프로세스 구축

6. 효율적 캠페인 모니터링 및 최적화

(1) 캠페인 실적 모니터링 및 리포팅 시스템 도입

- **액션 아이템**:
  - 각 마케팅 캠페인의 **실적 리포팅 시스템**을 구축.
  - ROI 분석을 통해 캠페인별 효율성을 측정하고, 실적이 낮은 캠페인에 대한 **최적화 방안** 마련.
- **책임 부서**: 마케팅팀, 데이터 분석팀
- **타임라인**: 3개월 내 실적 모니터링 시스템 구축 및 적용

(2) A/B 테스트 및 최적화

- **액션 아이템**:
  - A/B 테스트를 통해 다양한 마케팅 메시지와 광고 캠페인의 효과를 비교.
  - 테스트 결과를 기반으로 **최적화된 광고와 프로모션** 진행.
- **책임 부서**: 마케팅팀, 데이터 분석팀
- **타임라인**: 2개월 내 A/B 테스트 계획 수립 및 실행

이러한 **중점 추진 과제(Action Items)**를 통해, 제안된 마케팅 전략을 구체적으로 실행할 수 있으며, 이를 통해 소비자 참여를 높이고 매출 성장을 이끌어낼 수 있습니다. 각 과제의 실행 결과를 모니터링하여 지속적으로 전략을 최적화하는 것도 중요합니다.

전략을 성공적으로 구현하기 위해, 각 목표에 맞춘 실행 과제들을 정의하고, 이를 기반으로 소비자 맞춤형 혜택과 지역별 캠페인 등의 실행 방향을 제시했습니다. 이를 통해 마케팅 활동의 효율성을 높이고, 고객 만족도를 증가시킬 것입니다.

보고서 작성하기

예제 | chapter05\보고서 작성 가이드

마지막으로 데이터를 분석해 얻은 결과를 토대로 보고서를 작성해 보겠습니다. 여러분들이 사용할 보고서 양식이 포함된 '보고서 작성 가이드'를 첨부하면, 챗GPT는 보고서 작성 가이드에 따라 보고서를 작성합니다. 이 보고서는 분석 결과에 따른 인사이트, 전략 수립 과정, 그리고 실행 계획을 명확히 정리하여, 마케팅 목표 달성에 기여할 수 있는 자료로 활용할 수 있습니다.

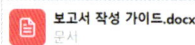

지금까지 논의한 내용을 바탕으로 첨부한 보고서 작성 가이드에 따라 보고서를 작성해 줘.

보고서 작성 가이드에 따라 보고서를 작성하면 다음과 같습니다:

보고서 제목

2024 OO월 마케팅팀 데이터 분석 보고서

▫ 추진 배경

- 온라인 쇼핑몰에서의 소비 패턴 분석을 통해 주요 타겟층의 구매 성향과 지역별 소비 차이를 파악하고, 마케팅 전략을 개선하고자 합니다.
- ChatGPT를 활용하여 고객 데이터를 분석하고, 이를 바탕으로 효율적인 마케팅 캠페인 및 맞춤형 혜택을 제공하여 고객 유입을 극대화하는 것을 목표로 합니다.

▫ 데이터 분석

1) 데이터 분석 결과 1: 연령대별 소비 패턴

- **주요 결과**: 30대와 40대가 온라인 쇼핑의 주요 소비층으로 확인되었습니다. 이들은 전체 쇼핑 금액, 온라인 소비 금액, 마트 소비 금액에서 가장 높은 비중을 차지합니다. 20대는 패션 및 뷰티 카테고리에서 두드러진 소비 성향을 보였으며, 50대는 마트와 생활용품 소비에서 강세를 나타냈습니다.
- **시각화**: 연령대별 소비 금액에 대한 시각화를 통해 각 연령대의 소비 트렌드를 시각적으로 분석하였습니다.

2) 데이터 분석 결과 2: 지역별 소비 패턴

- **주요 결과**: 서울과 경기 지역에서 온라인 소비가 가장 활발했으며, 강원도와 제주도 등 비수도권 지역에서는 상대적으로 소비가 적었습니다. 특정 지역에 따라 소비 카테고리 선호도가 다르게 나타났으며, 수도권에서는 패션, 뷰티 관련 소비가 높았습니다.
- **시각화**: 지역별 소비 패턴에 대한 시각화 자료를 통해 주요 소비 지역과 소비 트렌드를 명확하게 파악했습니다.

▫ 전략 방향

1) 전략 방향 1: 30대와 40대를 타겟으로 한 마케팅 강화

- 30대와 40대가 주요 소비층이므로 이들을 대상으로 한 **맞춤형 혜택** 및 **구매 유도** 전략을 강화합니다. 예를 들어, 정기적인 캐시백 프로그램 및 맞춤형 상품 추천을 통해 지속적인 구매를 유도할 수 있습니다.

2) 전략 방향 2: 지역별 맞춤 마케팅 전략

- 서울 및 경기 지역에서는 **빠른 배송 서비스** 및 **프리미엄 혜택**을 강화하고, 비수도권 지역에서는 **무료 배송** 및 **지역 한정 이벤트**로 고객을 유입시킵니다. 각 지역별 특성에 맞는 맞춤형 캠페인을 통해 마케팅 효과를 극대화합니다.

□ 중점 추진 과제(Action Item)

1) 중점 추진 과제 1: 타겟 맞춤형 마케팅 캠페인 실행

- 30대와 40대 고객을 대상으로 한 이메일 마케팅 및 **할인 혜택** 제공.
- 월간 **캐시백 프로그램** 및 **상품 추천 시스템** 구축.
- 서울/경기 지역 대상 **빠른 배송 서비스** 및 **할인 혜택** 제공.

2) 중점 추진 과제 2: 지역별 마케팅 강화

- 비수도권 지역(강원도, 제주도) 한정 **무료 배송 이벤트** 및 **현지 인플루언서 협업**.
- **지역 맞춤형 배너 광고** 및 **할인 쿠폰** 발송.

이 보고서는 **데이터 분석**, **전략 방향**, **중점 추진 과제**를 중심으로 구성되었습니다. 이를 기반으로 마케팅팀은 타겟 맞춤형 마케팅과 지역별 소비 특성에 맞춘 캠페인을 효율적으로 실행할 수 있습니다.

SECTION 5.2 온라인쇼핑 요일, 시간대별 이용 특징 데이터 분석하기

▶▶ GPT-4덕에 쉽게 데이터 분석의 세계에 입문할 수 있었습니다. 과거에는 데이터 모델링을 위해 복잡한 통계 지식이나 머신러닝에 대한 이해가 필수적이었지만, GPT-4는 이 과정도 손쉽게 만들어 줍니다. 이제 누구나 복잡한 데이터 분석과 모델링을 손쉽게 경험할 수 있습니다.

데이터 탐색과 이해하기

예제 | chapter05\온라인쇼핑 요일, 시간대별 이용 특징.xlsx

'온라인쇼핑 요일, 시간대별 이용 특징.xlsx' 데이터를 활용하여 요일 및 시간대별 소비 패턴과 주요 소비자 특성을 분석하고, 이를 기반으로 맞춤형 마케팅 전략과 매출 예측 모델 등을 만들어 보겠습니다. 이 책에서는 온라인 쇼핑 관련 데이터를 중심으로 고급 데이터 분석의 흐름과 접근 방법을 소개하지만, 성과 평가 데이터, 직원 복지 및 만족도 조사 결과, 근태 기록 등 데이터 분석이 필요한 어떤 데이터를 사용해도 좋습니다.

데이터 수집, 전처리하기

다운로드받은 파일을 챗GPT에 첨부하고, 페르소나를 설정해서 데이터 분석을 요청합니다. 이 데이터를 기반으로 원하는 조건의 소비 패턴을 찾을 수도 있고, 특정 요일과 시간대에 따른 매출 추이 분석, 연령대와 성별에 따른 소비 성향 파악 등 맞춤형 분석을 요청하여 필요한 인사이트를 얻을 수 있습니다.

 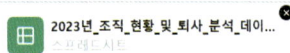

너는 데이터 분석 전문가야. 이 데이터를 분석하기 전에 데이터 전처리를 하려고 해. 첨부한 데이터의 성격을 파악해서 필요한 전처리 과정을 설명하고, 과정에 따라 전처리를 수행해 줘.

데이터의 구조와 각 컬럼을 살펴본 결과 다음과 같은 전처리 과정을 거치는 것이 필요합니다.

1. 데이터 형식 변환:

- CRI_YM: 연도와 월을 나타내는 컬럼으로, 이를 연도-월 형식의 날짜 형식으로 변환하면 시계열 분석에 용이합니다.

2. 카테고리형 변환:

- TAG, 평일휴일, 요일, 시간대, 성별, 연령대는 범주형 데이터이므로, 이들을 카테고리형으로 변환하면 메모리 절약 및 분석에 유리합니다.

3. 정렬 및 중복 제거:

- 시간 순서에 따라 데이터를 정렬하고, 중복된 행이 있을 경우 이를 제거합니다.

4. 데이터 클렌징:

- TAG, 요일, 시간대 등의 컬럼에 잘못된 값이 있을 가능성이 있으므로, 해당 컬럼의 값을 탐색하여 이상치를 처리합니다.

5. 분석에 필요한 추가 파생 변수 생성:

- 예를 들어, CRI_YM을 사용해 연도와 월을 별도 컬럼으로 나누거나, 건수합계를 기준으로 특정 시간대 및 요일별 평균을 구하는 등의 파생 변수 추가가 가능할 수 있습니다.

이제 이러한 전처리 과정을 실행해 보겠습니다.

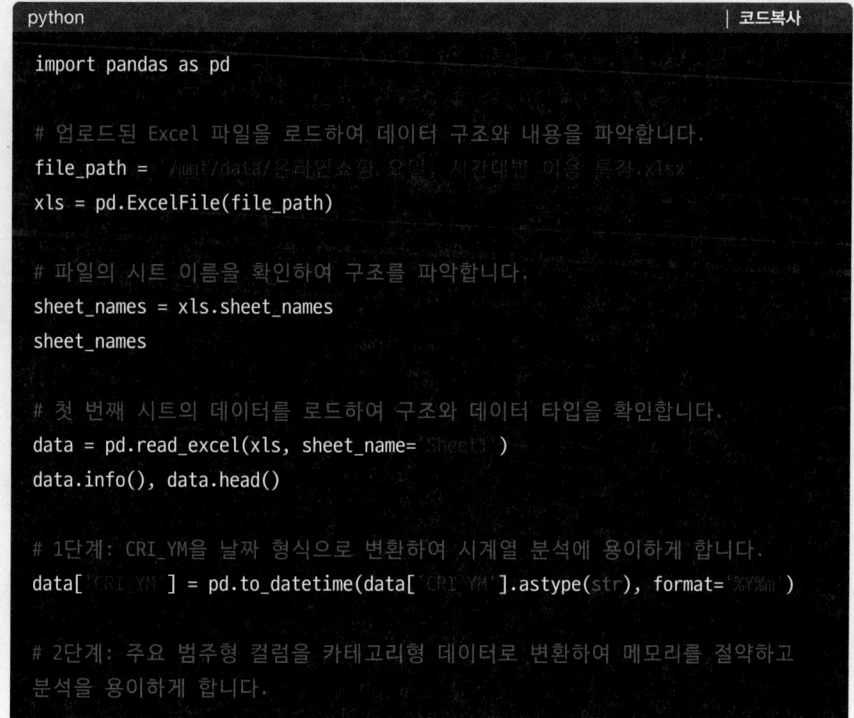

```python
categorical_columns = ['TAG', '평일휴일', '요일', '시간대', '성별', '연령대']
for col in categorical_columns:
    data[col] = data[col].astype('category')

# 3단계: CRI_YM을 기준으로 데이터를 정렬하고, 중복된 행이 있는 경우
제거합니다.
data = data.sort_values(by='CRI_YM').drop_duplicates()

# 4단계: 범주형 컬럼에 이상치가 있는지 확인하기 위해 각 컬럼의 고유 값을
확인합니다.
unique_values = {col: data[col].unique() for col in categorical_columns}

# 결과를 출력하여 범주형 컬럼의 이상치 여부를 확인합니다.
unique_values

# 5단계: CRI_YM에서 연도와 월을 분리하여 별도의 컬럼으로 생성합니다.
data['Year'] = data['CRI_YM'].dt.year
data['Month'] = data['CRI_YM'].dt.month

# 6단계: 요일 및 시간대별 건수합계의 평균을 계산하여 탐색적 분석에 사용할 수
있도록 합니다.
# 요일과 시간대별로 그룹화하여 건수합계의 평균을 구합니다.
weekday_time_avg = data.groupby(['요일', '시간대'])['건수합계'].mean().reset_
index()
weekday_time_avg = weekday_time_avg.rename(columns={'건수합계':
'평균건수합계'})

# 계산된 평균 데이터프레임을 확인하여 사용자가 확인할 수 있도록 합니다.
import ace_tools as tools; tools.display_dataframe_to_user(name="요일,
시간대별 평균 건수합계", dataframe=weekday_time_avg)

# 최종 전처리된 데이터와 요일, 시간대별 평균 건수합계 데이터를 확인합니다.
data.head(), weekday_time_avg.head()
```

데이터 전처리가 완료되었습니다.

1. **연도**와 **월**을 별도의 컬럼으로 분리하여 분석에 유용하게 사용하도록 하였고,

2. **요일**과 **시간대**에 따른 건수합계의 평균을 계산하여 요일, 시간대별로 고객의 카드 이용 패턴을 파악할 수 있는 데이터도 준비했습니다.

이제 이 데이터를 기반으로 분석을 진행할 준비가 되었습니다. 추가로 필요한 분석이나 모델링이 있다면 말씀해 주세요.

> **NOTE** 5.1절에서와 마찬가지로 'koreanize-matplotlib'을 설치하고 진행해야 합니다.

데이터 분석, 인사이트 도출하기

연령대와 성별을 기준으로 시간대와 요일에 따른 소비 패턴을 분석해 보겠습니다. 특정 연령대가 특정 상품 카테고리를 선호하는 시간대나 요일을 찾을 수 있다면, 연령대별 맞춤형 마케팅을 통해 매출 증가를 노려볼 수 있습니다.

 연령대와 성별을 기준으로 시간대와 요일에 따른 소비 패턴을 분석해 줘.

```python
# 연령대와 성별을 기준으로 시간대와 요일에 따른 소비 패턴을 분석합니다.
# 이를 위해 데이터프레임을 그룹화하여 요일과 시간대별 평균 건수합계를
계산합니다.

# 연령대, 성별, 요일, 시간대별로 그룹화하여 건수합계의 평균을 계산합니다.
age_gender_consumption = data.groupby(['연령대', '성별', '요일', '시간대'])['건수합계'].mean().reset_index()
age_gender_consumption = age_gender_consumption.rename(columns={'건수합계': '평균건수합계'})

# 사용자에게 분석 결과를 표시합니다.
import ace_tools as tools; tools.display_dataframe_to_user(name="연령대, 성별 기준 요일, 시간대별 소비 패턴", dataframe=age_gender_consumption)

age_gender_consumption.head()
```

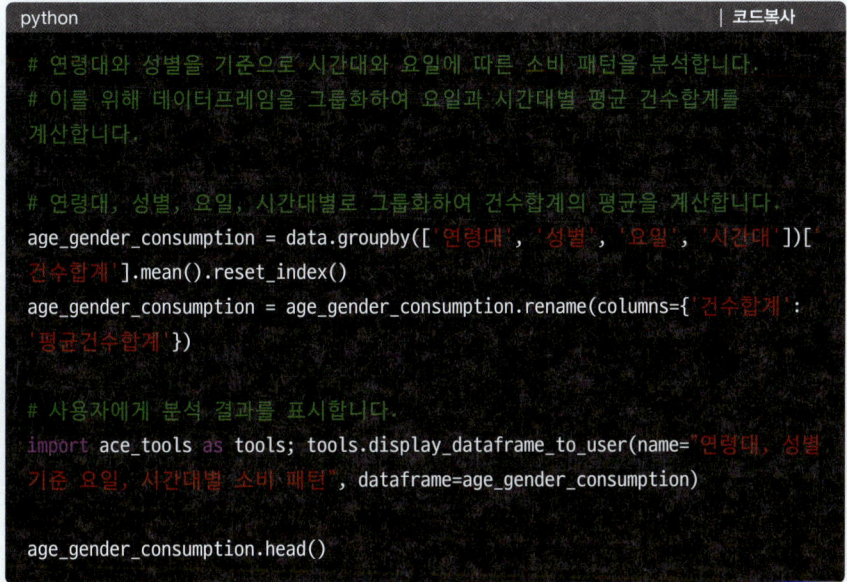

	연령대	성별	요일	시간대
1	A.20대	F	금	A.02-06시
2	A.20대	F	금	B.06-10시
3	A.20대	F	금	C.10-14시
4	A.20대	F	금	D.14-18시
5	A.20대	F	금	E.18-22시
6	A.20대	F	금	F.22-02시

연령대와 성별을 기준으로 요일과 시간대에 따른 소비 패턴을 분석한 결과를 공유했습니다. 이를 통해 특정 연령대와 성별이 어떤 요일과 시간대에 더 활발하게 소비하는지 파악할 수 있습니다. 추가적인 분석이나 시각화가 필요하다면 말씀해 주세요.

이 소비 패턴 분석 결과를 가지고 마케팅에 활용할 수 있는 인사이트를 도출해 줘.

 이 패턴 분석 결과를 통해 여러 가지 마케팅 인사이트를 도출할 수 있습니다. 다음은 연령대, 성별, 요일, 시간대별 소비 패턴을 기반으로 할 수 있는 마케팅 전략입니다.

1. 타겟 시간대 및 요일별 맞춤형 마케팅

- 각 연령대와 성별이 주로 소비하는 **요일과 시간대를 집중 공략**하는 마케팅을 진행할 수 있습니다.
- 예를 들어, 20대 여성의 소비가 평일 오전에 집중된다면, 이 시간대에 맞춘 **타겟 광고**나 **한정 할인**을 통해 참여율을 높일 수 있습니다.

2. 연령대별 인기 카테고리 추천

- 각 연령대가 특정 요일과 시간대에 주로 소비하는 상품 카테고리를 파악해 **연령대 맞춤형 추천**을 강화할 수 있습니다.
- 특정 연령대가 특정 시간대에 특정 상품군을 주로 구매하는 패턴이 있다면, 해당 상품에 대한 **맞춤형 쿠폰**을 제공해 구매 전환율을 높일 수 있습니다.

3. 성별 기반 차별화 마케팅 전략

- **성별**에 따른 소비 패턴을 통해, 남성과 여성의 소비 특성을 반영한 차별화된 마케팅 메시지를 구성할 수 있습니다.
- 예를 들어, 여성 고객이 주로 주말 저녁에 소비하는 패턴이 발견되면, 주말 저녁에 맞춘 **패션, 화장품 등 특정 상품군 할인 이벤트**를 진행할 수 있습니다.

4. 특정 시간대 집중 프로모션

- 매출이 **집중되는 시간대에 프로모션**을 실시해 추가 구매를 유도하거나, 상대적으로 소비가 낮은 시간대에 **특별 이벤트**를 진행하여 시간대 간의 매출 불균형을 해소할 수 있습니다.
- 예를 들어, 특정 시간대에 방문한 고객에게 추가 적립 포인트나 무료 배송 혜택을 제공하여 **저조한 시간대의 매출을 끌어올릴 수 있습니다.**

5. 주말 및 공휴일 특화 이벤트

- 주말과 공휴일에 매출이 높아지는 연령대 및 상품 카테고리를 타겟으로, 이 시기에 맞춘 특별 **이벤트나 할인**을 진행할 수 있습니다.
- 휴일에 맞춘 패키지 상품이나 특정 상품군의 **일일 특가 이벤트**는 고객의 방문과 구매를 증대시킬 수 있습니다.

6. 고객 유지 및 리텐션 마케팅

- 주기적으로 같은 시간대와 요일에 소비하는 고객에게 **리마케팅** 메시지를 보내거나, **추가 구매 유도**를 위한 맞춤 혜택을 제공할 수 있습니다.

- 예를 들어, 특정 시간대에 주기적으로 구매하는 40대 남성 고객에게 추가 할인 혜택을 제공해 충성 고객으로 유도할 수 있습니다.

7. 시간대별 맞춤 광고 메시지
- 소비가 활발한 시간대와 요일에 **광고 예산을 집중 투입**하여 효과적인 광고 노출을 극대화할 수 있습니다.
- 예를 들어, 30대 남성들이 주로 저녁 시간대에 소비하는 패턴이 있다면, **저녁 시간대에 SNS 광고나 모바일 알림**을 통해 이들의 참여를 유도하는 전략이 유효할 수 있습니다.

이와 같은 인사이트를 활용해 효율적인 마케팅 전략을 설계하고 실행한다면, 고객의 구매 전환율을 높이고 고객 만족도도 함께 증대시킬 수 있을 것입니다. 추가적으로 특정 연령대나 성별에 대해 더 깊이 분석하고 싶으신 사항이 있다면 말씀해 주세요.

전략적 시각화와 예측 모델링하기

데이터를 통해 얻은 인사이트를 더욱 직관적으로 이해하고, 이를 바탕으로 예측 가능한 모델을 구축해 보겠습니다. 이 과정을 통해 분석 결과를 전략적으로 활용할 수 있는 구체적인 방안을 마련할 수 있습니다.

데이터 시각화하기

이번에는 지금까지 진행한 데이터 분석을 바탕으로 챗GPT에게 다양한 시각화 방식을 물어보고 직접 진행해 보겠습니다. 책에서 다루지 않은 다른 시각화 예시도 함께 실행해 보세요!

지금까지 진행한 데이터 분석을 바탕으로 어떤 시각화를 할 수 있을지 추천해 줘. 각 시각화의 목적과 의미를 같이 설명해 줘.

지금까지 진행한 데이터 분석을 바탕으로 다음과 같은 시각화를 추천드립니다. 각각의 시각화 방식은 데이터의 특정 패턴을 드러내고, 분석 인사이트를 쉽게 이해할 수 있도록 설계되었습니다.

1. 요일 및 시간대별 소비 패턴 히트맵

목적: 요일과 시간대별로 소비가 얼마나 발생하는지를 한눈에 파악하기 위함입니다.

의미: 소비가 활발한 요일과 시간대를 시각적으로 강조하여, 매출이 집중되는 특정 시간대를 쉽게 확인할 수 있습니다. 이를 통해 특정 시간대에 맞춘 마케팅 캠페인이나 재고 관리 계획을 세울 수 있습니다.

2. 연령대 및 성별에 따른 시간대별 소비 트렌드 라인 그래프

목적: 각 연령대와 성별이 주로 소비하는 시간대를 파악하기 위함입니다.

의미: 연령대와 성별에 따라 특정 시간대에 소비가 집중되는지, 혹은 차이가 있는지를 시각적으로 확인할 수 있습니다. 예를 들어, 20대와 40대가 소비하는 주요 시간대가 다르다면, 타겟 마케팅을 진행할 때 연령대에 맞춘 시간별 메시지 발송 전략을 수립할 수 있습니다.

3. 주말과 평일의 소비 패턴 바 차트

목적: 주말과 평일의 소비 차이를 비교하여, 주중과 주말 중 소비 집중도가 어떻게 다른지를 파악하는 것입니다.

의미: 특정 연령대나 성별이 주말과 평일에 소비를 다르게 하는 경우, 이를 기반으로 주말과 평일에 각각 맞춘 마케팅 전략을 수립할 수 있습니다. 예를 들어, 주말에 더 많이 소비하는 세그먼트를 대상으로 주말 특가 이벤트를 진행할 수 있습니다.

4. 주요 상품 카테고리별 소비 비율 파이 차트

목적: 어떤 상품 카테고리가 주요 소비 품목인지 파악하고, 각 카테고리의 비율을 쉽게 비교하기 위함입니다.

의미: 주요 상품군의 소비 비율을 시각적으로 강조하여, 인기 상품군과 상대적으로 덜 소비되는 상품군을 구분할 수 있습니다. 이 데이터를 통해 인기 상품군에 집중하거나, 덜 소비되는 상품군에 대한 홍보 전략을 세울 수 있습니다.

5. 특정 시간대의 소비 변화 추이를 보여주는 시계열 그래프

목적: 특정 시간대(예: 저녁 6-10시)의 소비 추이를 시계열 그래프로 표현하여 시간에 따른 소비 증가 또는 감소 패턴을 파악하기 위함입니다.

의미: 특정 시간대에 매출이 점차 증가하는지, 특정 계절에 소비가 집중되는지를 쉽게 파악할 수 있습니다. 이를 통해 특정 시간대에 집중된 마케팅을 시도하거나, 시간별 수요 변화에 따른 재고 관리를 할 수 있습니다.

6. 요일별 연령대, 성별 소비 분포 산점도 또는 박스플롯

목적: 특정 요일에 연령대와 성별이 소비하는 패턴을 세부적으로 비교하여, 요일별 소비 집중도를 파악하기 위함입니다.

의미: 산점도나 박스플롯을 통해 요일별로 소비가 집중되는 연령대나 성별을 쉽게 확인할 수 있습니다. 특정 요일에 더 활발히 소비하는 세그먼트를 찾고, 이들에게 맞춤형 광고를 진행할 수 있습니다.

이러한 시각화는 데이터의 패턴을 명확히 드러내며, 마케팅 전략 수립과 비즈니스 의사결정을 돕는 데 유용한 인사이트를 제공합니다. 필요하시면 특정 시각화를 바로 진행해 드릴 수 있습니다.

3번을 시각화 해 줘.

```python
# 3번: 평일과 주말 소비 패턴 비교 바 차트
# 연령대와 성별을 기준으로 평일과 주말 소비 패턴을 비교하는 바 차트를
생성합니다.

# 연령대, 성별, 주말 여부에 따른 평균 건수합계를 계산
weekday_weekend_consumption = data.groupby(['연령대', '성별', '주말여부'])['건수합계'].mean().unstack()

# 시각화: 연령대 및 성별별 평일과 주말 소비 패턴을 비교하는 바 차트
fig, ax = plt.subplots(figsize=(12, 8))
weekday_weekend_consumption.plot(kind='bar', stacked=True, ax=ax,
color=['skyblue', 'salmon'])
ax.set_title("연령대 및 성별에 따른 평일과 주말 소비 패턴 비교")
ax.set_xlabel("연령대 및 성별")
ax.set_ylabel("평균 건수 합계")
ax.legend(title="구분", labels=['평일', '주말'])
plt.xticks(rotation=45)
plt.tight_layout()
plt.show()
```

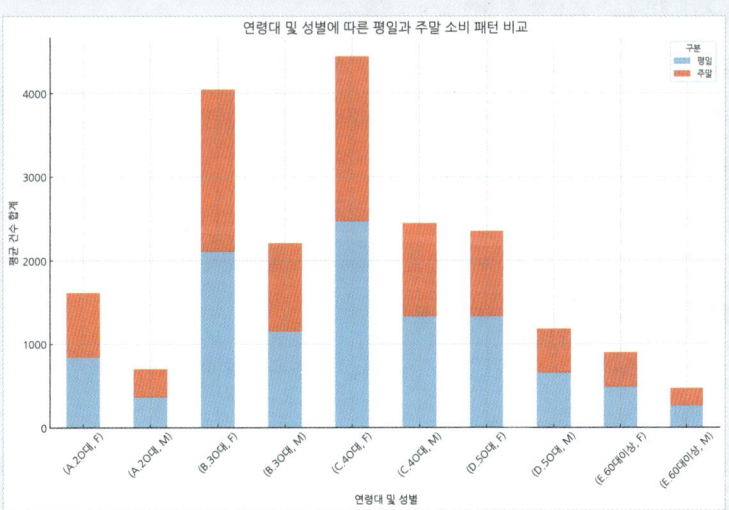

연령대와 성별에 따른 평일과 주말 소비 패턴을 시각화한 바 차트를 생성했습니다.

이 차트는 각 연령대와 성별이 평일과 주말에 얼마나 다른 소비 패턴을 보이는지 비교할 수 있게 해 줍니다. 특히 주말에 소비가 높아지는 특정 연령대나 성별 그룹을 파악하여, 이를 바탕으로 맞춤형 마케팅 전략을 세울 수 있습니다.

데이터 모델링하기

데이터 모델링이란 주어진 데이터를 활용하여 미래를 예측하거나 분류 및 그룹화를 통해 특정 패턴을 도출하는 과정입니다. 우리가 앞에서 분석한 소비자의 구매 패턴을 바탕으로 특정 시간대의 매출을 예측하는 지도 학습 모델이나, 고객을 유사한 그룹으로 나누어 맞춤형 마케팅 전략을 수립할 수 있는 비지도 학습 모델(클러스터링)을 적용할 수 있습니다.

01 데이터 모델링을 시작하기에 앞서, 챗GPT에게 이 데이터에 적용 가능한 다양한 모델을 추천받고 그중에서 가장 적합한 모델을 선택해서 진행하겠습니다.

 이 데이터를 기반으로 어떤 데이터 모델링이 가능한지 추천해 줘.

 이 데이터를 기반으로 다양한 데이터 모델링을 통해 유용한 인사이트를 도출할 수 있습니다. 다음과 같은 모델링 방안을 추천합니다:

요일 및 시간대별 이용 패턴 분석 모델

목적: 요일 및 시간대에 따른 쇼핑 빈도를 예측하여 마케팅 캠페인을 최적화하거나, 특정 시간대에 집중된 수요에 대응하기 위해 추천 모델을 구축할 수 있습니다.

방법: 요일과 시간대별 건수합계를 기반으로 시계열 분석이나, 계절성 패턴을 파악하는 분석 모델을 구축하여 시간대별로 예측 수요를 산출합니다.

연령대 및 성별에 따른 상품 선호도 분석

목적: 연령대와 성별에 따라 선호하는 카테고리를 파악하여 개인화된 추천 모델을 개발하고, 맞춤형 마케팅에 활용합니다.

방법: 성별과 연령대를 주요 변수로 설정하고 카테고리별 건수합계의 평균과 빈도수 기반으로 선호도를 예측합니다. 이를 바탕으로 연령대별, 성별별 상품 추천 모델을 구축할 수 있습니다.

주기적 트렌드와 계절성 파악을 위한 시계열 분석

목적: 특정 상품이 계절에 따라 수요가 높아지거나 낮아지는 패턴을 예측하여 재고 관리와 마케팅 전략 수립에 기여합니다.

방법: 연도와 월을 이용하여 시계열 데이터를 구축하고, 특정 카테고리별로 계절적 트렌드를 분석해 미래 수요를 예측하는 모델을 구축합니다.

클러스터링을 통한 소비자 그룹화

목적: 고객들을 유사한 소비 패턴을 보이는 그룹으로 나누어 각 그룹에 맞춤형 전략을 수립합니다.

방법: 요일, 시간대, 성별, 연령대 등을 기반으로 군집화하여 비슷한 쇼핑 패턴을 가진 그룹을 도출합

니다. 이 정보를 바탕으로 타겟팅 전략을 강화할 수 있습니다.

이탈 예측 모델링

목적: 특정 기간 동안 활동이 적거나 특정 상품만 주로 구매하는 고객이 이탈할 가능성을 예측하여, 이탈 방지 전략을 수립합니다.

방법: 특정 카테고리와 시간대의 이용 빈도 등 고객 행동 데이터를 기반으로 이탈 가능성이 높은 고객을 예측하는 분류 모델을 만듭니다.

이러한 모델링 방법을 통해 사용자 특성과 시간대별, 요일별 패턴을 반영한 맞춤형 전략을 수립할 수 있습니다.

 소비자의 구매 패턴을 바탕으로 유사한 특성을 가진 고객 그룹을 클러스터링 기법으로 도출해 줘.

 소비자의 구매 패턴을 바탕으로 **유사한 특성을 가진 고객 그룹**을 도출하기 위해 클러스터링을 수행하겠습니다. 이 작업을 통해, 비슷한 소비 성향을 가진 고객을 그룹으로 묶고, 각 그룹의 특성에 맞춘 **맞춤형 마케팅 전략**을 수립할 수 있습니다.

진행 단계:

데이터 준비: 구매 패턴을 표현할 수 있는 주요 변수(성별, 연령대, 카테고리 선호도)를 기준으로 클러스터링에 사용할 데이터를 구성합니다.

클러스터링 수행: K-means 알고리즘을 활용하여 고객 그룹을 도출합니다.

결과 분석 및 시각화: 각 그룹의 특성을 분석하고, 그룹별 특징을 시각화합니다.

먼저, 데이터를 준비하고 클러스터링에 적합한 형태로 변환하겠습니다.

```python
# 데이터를 피벗하여 성별과 연령대를 기준으로 카테고리별 선호도를 특징으로
하는 데이터 생성
cluster_data = preference_data.pivot_table(index=['성별', '연령대'],
columns='카테고리', values='비율', fill_value= )

# 표준화 처리: 각 카테고리 비율의 차이를 줄이기 위해 데이터 표준화
scaler = StandardScaler()
cluster_data_scaled = scaler.fit_transform(cluster_data)

# 클러스터 개수를 3으로 설정하여 K-means 클러스터링 수행
kmeans = KMeans(n_clusters= , random_state= )
clusters = kmeans.fit_predict(cluster_data_scaled)
```

```
# 클러스터 결과를 원본 데이터에 추가
cluster_data["클러스터"] = clusters

# 각 클러스터별로 카테고리 선호도를 평균하여 클러스터의 특성을 확인
cluster_summary = cluster_data.groupby('클러스터').mean()

# 클러스터 요약 결과 확인
cluster_summary
```

클러스터링 결과로 3개의 소비자 그룹이 도출되었습니다. 각 그룹의 주요 특징은 다음과 같습니다.

1. **클러스터 0**: '패션'과 '생활/사무용품'을 가장 선호하며, '식료품'과 '홈쇼핑'도 상대적으로 높은 선호도를 보입니다.

2. **클러스터 1**: '홈쇼핑' 카테고리를 압도적으로 선호하고, '패션'과 '생활/사무용품'에도 일부 관심을 보이는 그룹입니다.

3. **클러스터 2**: '패션'에 대한 선호도가 매우 높고, '생활/사무용품'과 '식료품'에 대한 선호도도 중간 정도로 나타납니다.

이 클러스터링을 통해 각 그룹의 특성에 맞춘 마케팅 전략을 구체화할 수 있습니다. 예를 들어, 클러스터 1에게는 홈쇼핑 관련 프로모션을, 클러스터 2에게는 패션 상품 관련 마케팅을 집중하는 방식입니다.

추가적으로 시각화나 더 세부적인 분석이 필요하시면 말씀해 주세요.

 **여기서 잠깐 ▶** **클러스터링과 클러스터**

클러스터링(Clustering): 클러스터링은 비지도 학습의 한 기법으로, 데이터 포인트를 유사한 특성을 가진 그룹(클러스터)으로 나누는 방법입니다. 클러스터링의 목표는 각 클러스터 내 데이터가 서로 비슷하고, 다른 클러스터의 데이터와는 차별화되는 특징을 가지도록 하는 것입니다.

클러스터(Cluster): 클러스터는 클러스터링 과정에서 형성된 그룹을 의미합니다. 예를 들어, 고객 클러스터링에서 '클러스터 1'은 주로 패션 아이템을 구매하는 고객들로 구성되고, '클러스터 2'는 주로 가전제품을 선호하는 고객들로 구성될 수 있습니다.

02 데이터 모델링의 목표를 명확히 전달해서 클러스터링 결과를 도출했지만, 이 결과가 무엇을 의미하며, 어떻게 해석해야 하는지 알기 어렵습니다. 결과를 한눈에 파악할 수 있도록 시각화를 진행하고, 맞춤형 마케팅 전략을 요청합니다. 이렇게 도출해 낸 마케팅 전략은 데이터 기반의 신뢰할 수 있는 정보로 고객 만족도를 높이고, 시장에서 보다 경쟁력 있게 자리잡을 수 있습니다.

 클러스터링 결과를 시각화하고, 마케팅 전략에 활용할 수 있는 방법을 알려 줘.

 클러스터링 결과를 보다 직관적으로 이해할 수 있도록 파이 차트를 사용하여 각 클러스터의 카테고리 선호도를 시각화하겠습니다. 파이 차트는 각 카테고리가 전체에서 차지하는 비율을 쉽게 보여주기 때문에, 한눈에 이해하기 좋습니다.

각 클러스터에 대해 주요 카테고리의 비율을 파이 차트로 표현해 보겠습니다. 이를 통해 각 그룹이 어떤 카테고리를 가장 선호하는지 쉽게 확인할 수 있습니다.

```python
# 클러스터별 카테고리 선호도를 파이 차트로 시각화
num_clusters = cluster_summary.shape[0]

plt.figure(figsize=(18, 6))

for i in range(num_clusters):
    plt.subplot(1, num_clusters, i + 1)
    plt.pie(cluster_summary.iloc[i], labels=cluster_summary.columns,
autopct='%1.1f%%', startangle=140)
    plt.title(f"클러스터 {i} 선호도")

plt.tight_layout()
plt.show()
```

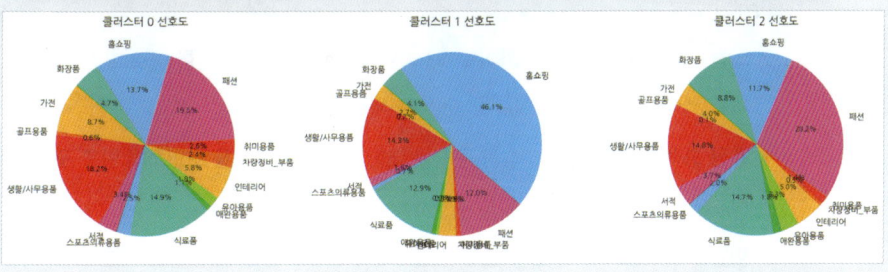

위 파이 차트는 각 클러스터의 카테고리 선호도를 시각적으로 나타낸 것입니다. 각 차트는 클러스터에 속하는 고객들이 어떤 카테고리를 얼마나 선호하는지를 비율로 보여줍니다.

차트 해석:

- **클러스터 0**: '패션'과 '생활/사무용품'이 가장 큰 비율을 차지하며, '홈쇼핑'과 '식료품'도 일정 비율로 선호됩니다.
- **클러스터 1**: '홈쇼핑'의 비율이 매우 높아, 이 그룹의 주요 관심사를 잘 보여줍니다.
- **클러스터 2**: '패션'이 가장 높은 비율을 차지하며, 그 외에도 '생활/사무용품'과 '식료품'이 나타납니다.

각 클러스터의 특성을 기반으로 한 **맞춤형 마케팅 전략**은 다음과 같습니다:

1. 클러스터 0: 패션 및 생활용품 선호 고객
    - 마케팅 전략:
        - **신상품 런칭**: 패션 및 생활용품의 신상품 출시 시 프로모션을 집중하여 알립니다.
        - **번들 할인**: '패션'과 '생활/사무용품'을 묶어서 할인 판매하는 번들 상품을 제안하여 구매를 유도합니다.
        - **소셜 미디어 캠페인**: 인플루언서를 활용한 패션 관련 콘텐츠를 제작하여 SNS에 홍보합니다.

2. 클러스터 1: 홈쇼핑 중심 고객
    - 마케팅 전략:
        - **홈쇼핑 전용 이벤트**: 홈쇼핑 전용 상품을 준비하고 특별 할인 이벤트를 진행하여 주목을 끌 수 있습니다.
        - **정기 구독 서비스**: 홈쇼핑에서 자주 구매하는 상품에 대해 정기 구독 서비스를 제공하여 고객 충성도를 높입니다.
        - **타겟 광고**: TV 및 온라인 홈쇼핑 채널을 통해 맞춤형 광고를 집행하여 접근성을 높입니다.

3. 클러스터 2: 패션 중심 고객
    - 마케팅 전략:
        - **패션 관련 콘텐츠**: 스타일 가이드, 패션 트렌드 분석 등을 포함한 블로그나 소셜 미디어 콘텐츠를 제작하여 고객의 관심을 끌 수 있습니다.
        - **충성 고객 프로그램**: 패션 상품 구매에 대한 포인트 시스템을 도입하여 반복 구매를 유도합니다.
        - **이벤트 및 프로모션**: 유명 브랜드와 협업하여 한정판 상품 출시 또는 특별 프로모션 이벤트를 개최합니다.

결론

이러한 마케팅 방안은 각 클러스터의 소비자 특성을 반영하여, **보다 효율적이고 효과적인 마케팅 활동**을 지원합니다. 고객의 구매 패턴에 맞춘 맞춤형 전략을 통해 **고객 만족도를 높이고, 매출을 증가시키는** 데 기여할 수 있습니다.

지금까지 진행한 내용은 '데이터 모델링'의 심화적인 내용까지 다루지는 않지만, 실제로 아무런 사전 지식이 없어도 챗GPT를 활용하면 데이터 분석을 쉽게 시작할 수 있음을 보여줍니다. 그러니 여러분도 챗GPT를 활용한 데이터 분석에 도전해 보세요. 데이터를 통해 더 나은 의사결정을 내리는 데 큰 도움이 될 것입니다.

CHAPTER 06

웹 데이터 수집하기

▶▶▶

인터넷에는 많은 데이터가 있고, 업무를 하다 보면 이 데이터를 수집하여 활용해야 하는 경우도 많습니다. 챗GPT가 등장하기 전에는 웹 데이터를 수집하기 위해 파이썬이나 HTML과 같은 프로그래밍 언어를 알아야 했습니다. 하지만 챗GPT의 도움을 받으면 프로그래밍 언어를 몰라도 보다 쉽게 웹 데이터를 수집할 수 있습니다.

SECTION 6.1 금융 데이터와 고객 리뷰 웹 스크래핑하기

▶▶ 웹 스크래핑(Scraping)은 특정 웹페이지에서 필요한 데이터를 선택적으로 추출하는 작업을 말합니다. 주로 고객 리뷰 분석, 뉴스 기사 수집, 금융 및 증시 데이터 수집 등에 활용됩니다. 챗GPT를 활용하면 웹 스크래핑 코드 작성에 도움을 받을 수 있으며, 추출한 데이터를 엑셀 파일, CSV 파일 또는 JSON 파일 등의 형태로 저장할 수 있습니다.

웹 스크래핑으로 금융 데이터 및 고객 리뷰 분석하기

증시 데이터와 고객 리뷰를 수집하는 것은 업무에 적용시킬 수 있는 실용적인 예제입니다. 증시 데이터는 실시간으로 변화하는 금융 정보를 빠르게 수집해 의사결정을 지원하고, 고객 리뷰 분석을 통해 제품에 대한 고객 만족도와 문제점을 파악하여 제품 개선과 마케팅 전략 수립에 기여할 수 있습니다.

증시 정보 가져오기

네이버페이 증권 웹페이지에서 외국인 투자자 순매수 데이터를 수집해 보겠습니다. 웹페이지에서 제공하는 데이터를 통해 외국인 투자자들의 패턴을 분석함으로써 시장의 흐름을 이해하고 투자 전략을 수립하는 데 도움이 됩니다.

01 크롬 브라우저에서 네이버페이 증권(https://finance.naver.com/)에 접속해 [국내증시] 탭을 클릭합니다. 외국인순매수 데이터를 수집하기 위해 좌측 메뉴에서 [투자자별매매동향]의 [외국인매매]를 클릭합니다.

02 수집하고 싶은 데이터를 마우스로 드래그한 뒤 복사(Ctrl+C)하고, 챗GPT에 붙여 넣은 뒤 엑셀 파일로 정리해 달라고 요청합니다.

SECTION 6.1 금융 데이터와 고객 리뷰 웹 스크래핑하기 **157**

24.11.12

외국인순매수

종목명　수량　금액　당일거래량

NAVER
535　96,969　1,708,052
한미반도체
401　33,745　1,358,606
SK하이닉스
145　28,051　3,920,254
한화시스템
755　20,215　14,209,203
에코프로머티
149　17,345　1,222,276

... (중략) ...

한국가스공사
190　7,779　1,328,529
포스코퓨처엠
39　7,701　434,140
LG이노텍
44　7,429　169,736
KODEX 미국S&P500TR
385　7,388　3,411,976
TIGER 미국필라델피아반도체나스닥
368　6,956　1,035,787
한국항공우주
103　6,731　1,364,471
TIGER 미국나스닥100
50　6,614　200,693

해당 데이터를 엑셀로 정리해 줘.

> **NOTE** 웹 스크래핑은 코드와 라이브러리를 사용해 자동으로 데이터를 수집하는 것이 정석입니다. 하지만 이렇게 복사와 붙여 넣기만으로도 간단하게 원하는 정보를 얻어 분석할 수 있습니다.

03 챗GPT가 요청한 대로 엑셀로 정리 후 파일을 제공해 줍니다. 엑셀 파일을 다운로드하면 다음과 같이 웹페이지에서 드래그한 외국인 순매수 데이터가 깔끔하게 엑셀 표로 정리되어 있음을 확인할 수 있습니다. 이처럼 챗GPT를 활용하면 증시 정보뿐 아니라 뉴스 리스트, 상품 정보 등 다양한 웹 데이터를 쉽게 엑셀 파일로 정리할 수 있습니다.

 외국인 순매수 데이터를 엑셀 파일로 정리했습니다. 아래 링크를 클릭하여 파일을 다운로드 할 수 있습니다.

외국인 순매수 데이터 엑셀 파일 다운로드

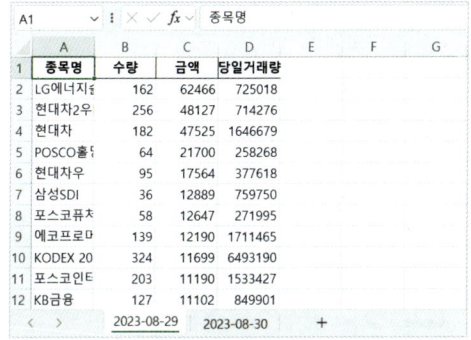

유튜브 댓글 가져오기

같은 방식으로 고객 리뷰 데이터도 쉽게 가져올 수 있습니다. 이번에는 저자 유튜브 채널에 새로 업로드한 동영상에 대한 댓글 반응을 분석해 보겠습니다.

01 얼마 전 업로드한 랭그래프 동영상에 약 100개 정도의 댓글이 달렸습니다. 가져오고자 하는 댓글을 마우스로 드래그한 후 복사합니다.

02 마찬가지로 챗GPT에게 붙여넣고 엑셀로 정리해 달라고 요청합니다. 챗GPT가 유튜브 댓글을 엑셀로 깔끔하게 정리해 준 것을 확인할 수 있습니다.

테디노트 TeddyNote님이 고정함
@user-uf4ob7kz2g
1개월 전
설명 폼 미쳤다…

... (중략) ...

답글

테디노트 TeddyNote · 답글 1개

위의 내용을 엑셀로 정리해 줘

	User	Time	Comment	Replies
1	user-uf4ob7kz2g	1개월 전	설명 폼 미쳤다…	5
2	jihun-j4p	6일 전	댓글을 안달수가 없다..	1
3	kptf777	7일 전	하드코딩으로 파이프라인을 만들고나서 유지보수가 걱정이였는데!!	1
4	leop4689	2주 전	LLM 서비스의 일타강사!	1

위의 내용을 엑셀 표로 정리하여 제공합니다. 필요하신 경우 추가적인 분석이나 데이터 정리를 도와드릴 수 있습니다.

03 앞서 리뷰를 통해 제품에 대한 고객 만족도나 문제점을 파악할 수 있다고 했습니다. 댓글 내용을 통해 해당 영상에 대한 반응을 분석해 달라고 요청해 보겠습니다.

영상에 대한 댓글 반응은 대체로 어떤 분위기야?

영상에 대한 댓글 반응을 분석해 보면 대체로 긍정적입니다. 구체적으로는:

1. **감사와 칭찬**: 많은 댓글이 강의의 품질과 설명에 대한 칭찬으로 가득 차 있습니다. 예를 들어, "설명 진짜 잘하시네요", "좋은 강의 감사합니다", "최고의 강의 감사합니다" 등과 같은 반응이 많이 보입니다.

2. **유용성 강조**: 몇몇 댓글은 강의 내용이 실제 개발 업무에 매우 유용하다고 언급하고 있습니다. 예를 들어, "LangGraph 너무 어렵게만 느껴졌는데 강의 들으면서 막막했던게 사라진 것 같아요", "현업에 많은 도움이 되고 있습니다"와 같은 댓글들이 있습니다.

3. **문제 해결 및 학습 동기 부여**: 몇몇 사용자들은 강의를 통해 자신들이 겪고 있는 문제를 해결할 수 있었다고 하거나 새로운 영감을 얻었다고 언급합니다. 예를 들어, "응답지연을 줄이는 노하우가 있을까요?"와 같은 구체적인 질문들이 나오고 있습니다.

4. **추가 콘텐츠 요청**: 일부 댓글은 특정 주제에 대한 추가 강의나 자료를 요청하고 있습니다. 이는 강의가 매우 유용하다는 인식을 바탕으로 더 깊은 내용을 알고 싶어하는 사용자들이 많다는 것을 시사합니다.

5. **비판적 의견 부족**: 댓글들 중에는 비판적이거나 부정적인 의견이 거의 없으며, 대부분이 강의의 유익함을 강조하고 있습니다.

전체적으로 볼 때 이 영상에 대한 반응은 매우 긍정적이며, 사용자들은 강의 내용의 품질과 유용성을 높이 평가하고 있습니다.

04 챗GPT의 분석을 통해 영상이 대체로 긍정적인 반응을 얻고 있다는 것을 알았습니다. 이에 힘입어 다음 영상을 찍는다면 어떤 부분을 보완해야 할 지도 물어보겠습니다. 댓글 내용을 기반으로 챗GPT가 피드백 방향을 제시해 주었으며, 다음 영상을 찍을 때 이 내용을 활용할 수 있습니다.

 댓글 반응을 참고해서 다음 영상에서 보완해야 할 점이 있을까?

 1. 응답 지연 및 성능 최적화 문제 다루기
- **피드백 근거**: 일부 댓글에서는 LangGraph 사용 시 노드가 증가함에 따라 응답 지연 시간이 늘어난다는 문제를 언급했습니다. 예를 들어, "응답 지연을 줄이는 노하우가 있을까요?"라는 질문이 있었습니다.
- **보완 제안**: 다음 영상에서는 LangGraph 또는 유사한 툴을 사용할 때 발생할 수 있는 성능 문제와 이를 최적화하는 방법을 설명하는 세션을 추가하는 것이 좋습니다. 특히, 응답 지연을 줄이는 구체적인 전략(예: 캐싱, 비동기 처리, 병렬 처리)을 다루면 유용할 것입니다.

2. 고급 기능 및 활용 사례 추가

- **피드백 근거**: 사용자가 더 깊은 내용을 알고 싶어 하는 경향이 있습니다. 예를 들어, "neo4j 그래프 DB를 활용한 RAG에 대한 강의"를 요청하는 댓글이 있었습니다.
- **보완 제안**: 다음 영상에서 LangGraph의 고급 기능이나 다른 관련 툴(예: neo4j 그래프 DB)과의 통합 및 활용 사례를 추가하면 좋습니다. 이를 통해 다양한 사용 사례에 대해 더 깊이 있게 설명할 수 있습니다.

3. 실제 구현 코드와 예제 제공

- **피드백 근거**: "multi-LLM 구현하시는 코드도 전체 오픈해주실 수 있을까요?"와 같은 댓글에서 볼 수 있듯이, 많은 사용자가 실제 구현 코드를 원하고 있습니다.
- **보완 제안**: 강의와 함께 사용자가 직접 따라할 수 있는 코드 예제를 제공하거나, GitHub와 같은 플랫폼에서 전체 코드를 공유하는 것도 좋은 접근법입니다. 이를 통해 시청자들이 직접 실습해볼 수 있는 기회를 제공할 수 있습니다.

4. 에이전트 역할과 중요성 강조

- **피드백 근거**: "Agent의 역할이 꽤나 중요한 것 같았습니다. LangGraph 라이브러리로 RAG를 구현하는데도 Agent코드가 필요할까요?"라는 댓글에서 에이전트의 역할에 대한 혼란이 있음을 알 수 있습니다.
- **보완 제안**: 다음 영상에서는 에이전트의 역할과 필요성, 그리고 이를 효과적으로 사용하는 방법을 더 명확하게 설명하는 부분을 추가하면 좋겠습니다. 에이전트가 언제, 왜 필요한지, 그리고 어떻게 설계하는지에 대한 설명을 강화할 수 있습니다.

5. 더 많은 시각 자료와 예시 사용

- **피드백 근거**: "유료급강의 그림이 있어서 알기쉬웠어요."라는 댓글에서 알 수 있듯이, 시각 자료가 이해를 돕는 데 중요한 역할을 한다는 것을 알 수 있습니다.
- **보완 제안**: 복잡한 개념이나 워크플로우를 설명할 때 더 많은 다이어그램, 그래프, 시각적 자료를 사용하는 것이 좋습니다. 이를 통해 학습자들이 더 쉽게 내용을 이해할 수 있도록 도울 수 있습니다.

6. FAQ 섹션 추가

- **피드백 근거**: 많은 사용자들이 공통적인 질문을 하고 있습니다.
- **보완 제안**: 다음 영상에서 자주 묻는 질문(FAQ) 섹션을 추가해, 기존 시청자들의 궁금증을 미리 해결할 수 있도록 하는 것도 좋은 방법입니다.

결론

다음 영상에서는 사용자들의 피드백을 반영하여, 더 심도 있는 내용, 성능 최적화, 실습 예제, 시각 자료, 그리고 자주 묻는 질문을 다루는 섹션을 추가하면 시청자들이 더 많은 가치를 얻을 수 있을 것입니다.

웹 스크래핑 데이터 시각화하기

웹 스크래핑을 통해 얻은 데이터를 효과적으로 시각화하는 예제를 살펴보겠습니다. 이 과정을 통해 단순히 데이터를 수집하는 것이 아니라, 시각적인 요소를 활용해서 데이터를 더 직관적으로 이해하고 분석할 수 있습니다.

뉴스 기사 기반 그래프 작성하기

01 챗GPT에게 현대자동차의 판매량 변동에 대한 뉴스 기사(https://www.hankooki.com/news/articleView.html?idxno=156011)를 바탕으로 데이터를 정리하고, 그 데이터를 시각화하도록 요청해 보겠습니다.

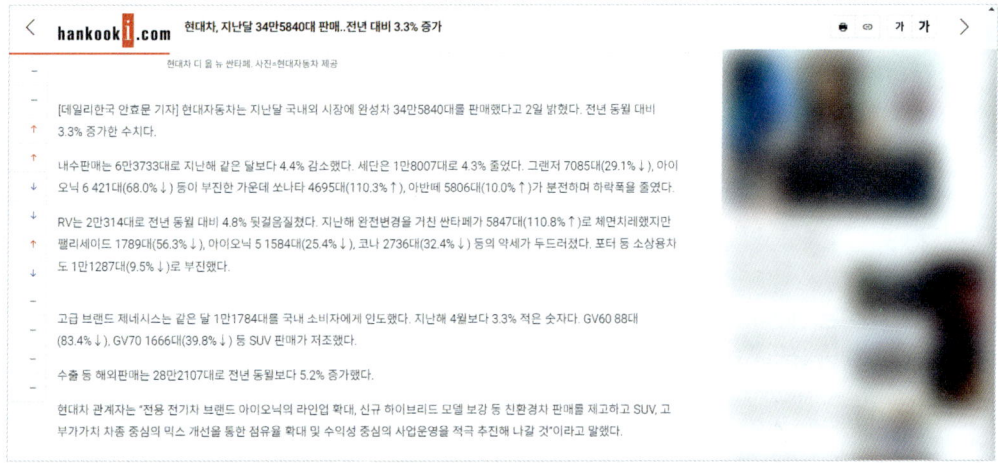

NOTE 5장 데이터 분석에서 사용했던 'koreanize-matplotlib'을 설치하면 한글이 깨지는 현상을 방지할 수 있습니다.

02 판매량이 줄글 형식으로 작성되어 있어 국내외 차종별 판매량의 변화를 직관적으로 확인하기가 어렵습니다. 마우스로 기사 내용을 드래그해서 복사한 뒤 챗GPT에 데이터를 붙여 넣고 그래프로 그려 달라고 요청해 보겠습니다.

 현대자동차는 지난달 국내외 시장에 완성차 34만5840대를 판매했다고 2일 밝혔다. 전년 동월 대비 3.3% 증가한 수치다.

... (중략) ...

신규 하이브리드 모델 보강 등 친환경차 판매를 제고하고 SUV, 고부가가치 차종 중심의 믹스 개선을 통한 점유율 확대 및 수익성 중심의 사업운영을 적극 추진해 나갈 것"이라고 말했다.

앞의 뉴스 기사를 보고 국내외 차종별 판매량 변화를 그래프로 그려줘. 막대 그래프와 선 그래프를 모두 사용하고, 막대 그래프는 각 차종별 판매량, 선 그래프는 각 차종별 전년 동월 대비 증감률을 나타내 줘.

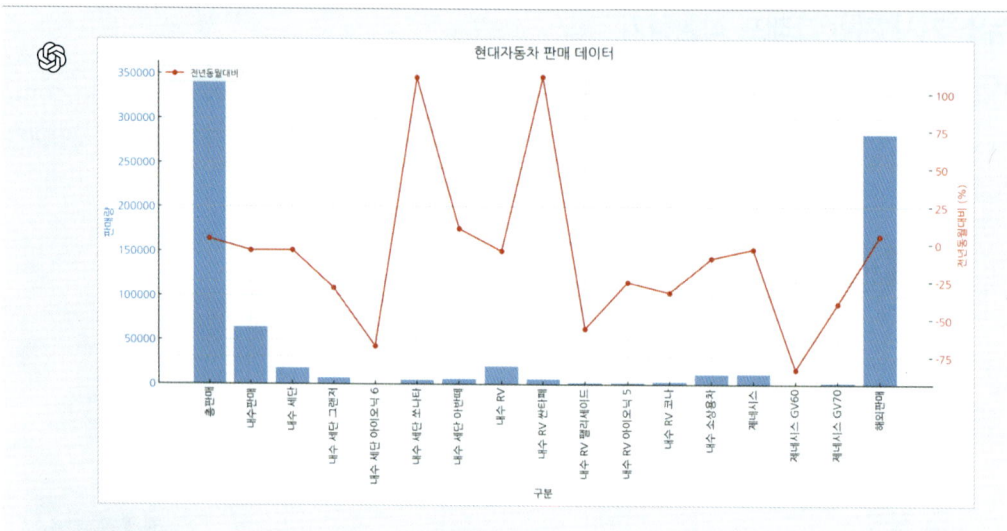

위 그래프는 현대자동차의 판매 데이터 변화율을 보여줍니다. 막대 그래프는 각 차종별 판매량을, 선 그래프는 각 차종별 전년 동월 대비 증감률을 나타냅니다.

NOTE 그래프는 한 번에 완벽하게 생성되기보다는 피드백 과정을 통해 점진적으로 수정할 수 있습니다. 따라서 x축과 y축 데이터를 지정하고, 필요에 따라 막대 그래프, 선 그래프 등 원하는 그래프의 종류도 함께 요청하는 것이 좋습니다.

경쟁사 상품 가격 기반 그래프 작성하기

온라인 쇼핑몰에서 특정 상품의 가격은 판매처에 따라 다르며, 시간에 따라 변화하기도 합니다. 경쟁사의 주요 상품 가격을 분석하면 시장에서 가격 전략을 수립하는 데 도움이 됩니다. 동일한 제품이 여러 판매처에서 다양한 가격으로 판매되고 있기 때문에 그 흐름을 모니터링하면 자사 상품의 경쟁력을 유지할 수 있습니다.

하지만 바쁜 직장인들이 매일매일 가격 변동을 조사하기는 어려울 수 있습니다. 이때 챗GPT를 활용하여 경쟁사 판매처별 가격 데이터를 자동으로 수집하고 그래프로 시각화하면, 상품의 가격 변동 추이를 쉽게 이해하고 보다 나은 가격 전략을 세울 수 있습니다.

01 비교하고자 하는 쇼핑몰을 정하고, 온라인 쇼핑몰에서 구매하려는 상품을 매일 검색합니다. 7일동안 쇼핑몰 별 상품의 현재 가격 정보를 마우스로 드래그하여 복사하고, 메모장이나 엑셀 파일에 붙여 넣어 매일 기록합니다.

- **첫째 날**: A 쇼핑몰 – 950,000원, B 쇼핑몰 – 940,000원, C 쇼핑몰 – 970,000원
- **둘째 날**: A 쇼핑몰 – 940,000원, B 쇼핑몰 – 930,000원, C 쇼핑몰 – 965,000원
- **셋째 날**: A 쇼핑몰 – 945,000원, B 쇼핑몰 – 935,000원, C 쇼핑몰 – 960,000원
- **넷째 날**: A 쇼핑몰 – 940,000원, B 쇼핑몰 – 920,000원, C 쇼핑몰 – 955,000원
- **다섯째 날**: A 쇼핑몰 – 935,000원, B 쇼핑몰 – 925,000원, C 쇼핑몰 – 950,000원
- **여섯째 날**: A 쇼핑몰 – 930,000원, B 쇼핑몰 – 910,000원, C 쇼핑몰 – 940,000원
- **일곱째 날**: A 쇼핑몰 – 925,000원, B 쇼핑몰 – 905,000원, C 쇼핑몰 – 935,000원

02 수집한 가격 데이터를 챗GPT에 입력하고, 이 데이터를 바탕으로 선 그래프를 만들어 달라고 요청합니다.

- 첫째 날: A 쇼핑몰: 950,000원, B 쇼핑몰: 940,000원, C 쇼핑몰: 970,000원
- 둘째 날: A 쇼핑몰 – 940,000원, B 쇼핑몰 – 930,000원, C 쇼핑몰 – 965,000원
- 셋째 날: A 쇼핑몰 – 945,000원, B 쇼핑몰 – 935,000원, C 쇼핑몰 – 960,000원
- 넷째 날: A 쇼핑몰 – 940,000원, B 쇼핑몰 – 920,000원, C 쇼핑몰 – 955,000원
- 다섯째 날: A 쇼핑몰 – 935,000원, B 쇼핑몰 – 925,000원, C 쇼핑몰 – 950,000원

위의 데이터를 바탕으로 날짜별 가격 변동을 보여주는 선 그래프를 그려줘.

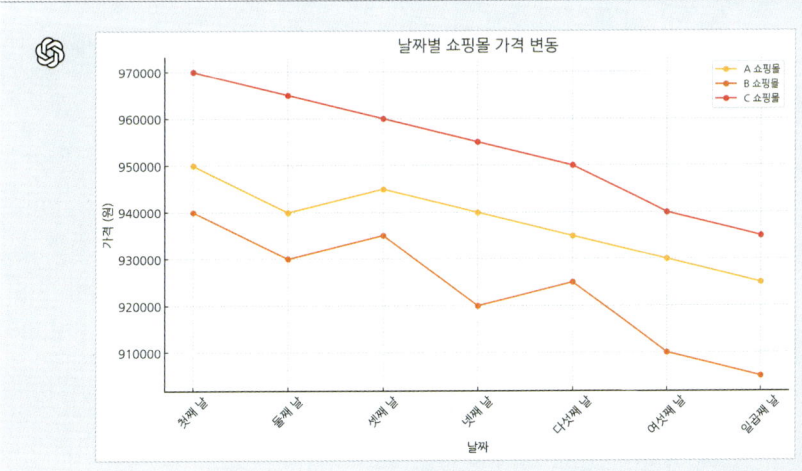

날짜별 쇼핑몰의 가격 변동을 비교할 수 있습니다. 추가적인 분석이나 다른 시각화를 원하시면 알려주세요!

03 챗GPT가 생성한 선 그래프를 통해 각 쇼핑몰의 가격 변동을 시각적으로 파악할 수 있습니다. (X축: 날짜(첫째 날부터 일곱째 날까지), Y축: 가격, 선: 각 쇼핑몰의 가격 변동)

챗GPT에 세 쇼핑몰의 평균 가격 추가를 요청하면, 평균 가격선이 그래프에 추가되어 가격 변동의 흐름을 더 쉽게 이해할 수 있습니다.

 각 날짜별로 세 쇼핑몰의 평균 가격을 그래프에 함께 표시해 줘.

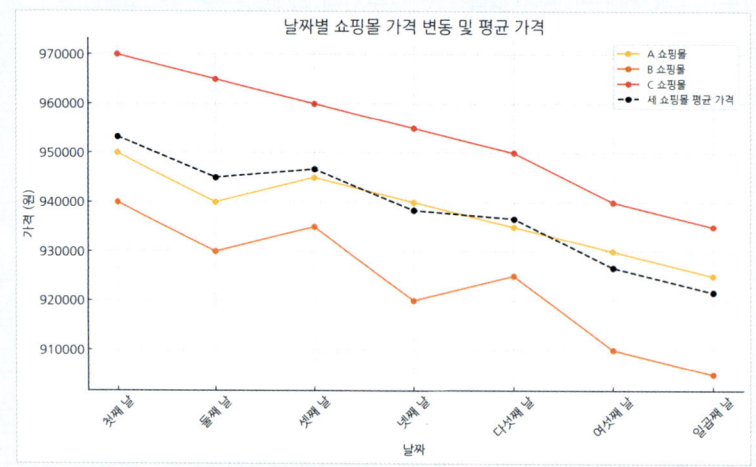

 각 날짜별로 세 쇼핑몰의 평균 가격을 함께 표시한 그래프를 생성했습니다. 검은색 점선으로 표시된 '세 쇼핑몰 평균 가격'을 통해 전체적인 가격 변동 경향을 쉽게 확인할 수 있습니다. 추가적으로 분석이 필요하거나 다른 질문이 있으시면 말씀해 주세요!

04 이번에는 가격 변동 범위 시각화를 요청합니다. 이 요청을 통해 쇼핑몰 간 가격 차이가 클 때와 작을 때를 시각적으로 강조할 수 있습니다.

이러한 시각화 작업을 통해 소비자는 구매 시점을 결정하는 데 도움을 받을 수 있습니다. 더불어 업무 담당자는 경쟁사의 가격 변동 트렌드를 파악하여 자사 제품의 가격 전략을 수립하거나, 특정 시점에 맞춰 할인 프로모션을 기획하는 등 마케팅 및 판매 전략을 효과적으로 세울 수 있습니다.

 쇼핑몰 간 가격 변동 범위를 표시하는 영역을 그래프에 추가해 줘.

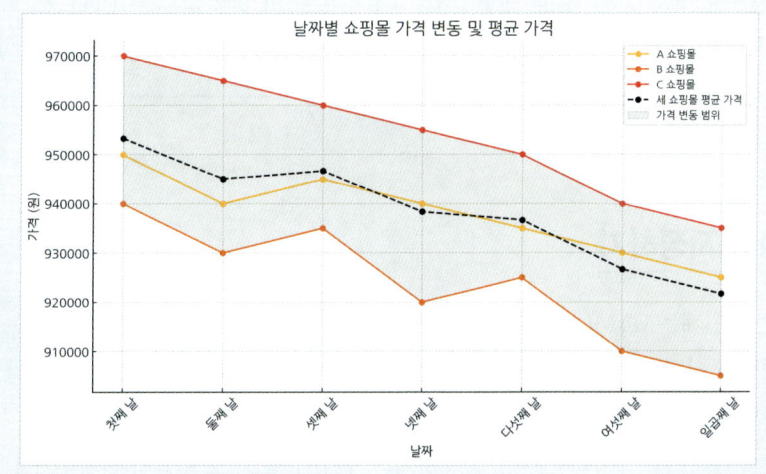

쇼핑몰 간 가격 변동 범위를 그래프에 추가했습니다. 회색 영역은 각 날짜별 최소 가격과 최대 가격 사이의 범위를 나타내며, 이를 통해 가격 변동의 범위를 시각적으로 확인할 수 있습니다. 더 궁금한 점이나 다른 요청이 있으시면 말씀해 주세요!

SECTION 6.2 뉴스 기사 크롤링하기

▶▶ 웹 크롤링이란 웹사이트의 구조와 링크를 자동으로 따라가며 데이터를 수집하는 방법입니다. 뉴스 기사 크롤링은 이러한 웹 크롤링의 한 유형으로, 실시간으로 업데이트되는 뉴스를 자동으로 수집해서 최신 정보를 확보하는 데 유용합니다. 특히 네이버 금융과 같은 사이트에서 금융 뉴스를 크롤링하면 시장 동향을 분석하고 투자 결정을 내리는 데 큰 도움을 받을 수 있습니다. 이번 절에서는 네이버 금융 페이지에서 웹 크롤링을 통해 데이터를 수집하는 방법과 절차에 대해 알아보겠습니다.

HTML 데이터 저장하기

웹 크롤링의 첫 번째 단계는 HTML 데이터를 저장하는 것입니다. 웹페이지의 HTML 구조는 페이지의 콘텐츠와 데이터가 어떻게 배치되고 연결되어 있는지 보여주기 때문에, HTML 데이터를 텍스트 형식으로 저장하면 이 데이터를 분석하거나 필요한 정보를 추출하는 데 매우 유용합니다. 특히, 웹 크롤링을 통해 얻은 데이터를 다양한 질문에 활용하거나 챗GPT 같은 도구를 사용해 추가 분석도 할 수 있습니다.

01 크롬 브라우저에서 네이버페이 증권의 주요뉴스(https://finance.naver.com/news/mainnews.naver) 페이지에 접속합니다. 웹페이지에서 F12 키를 누르면 해당 페이지의 [개발자 도구] 창이 실행됩니다.

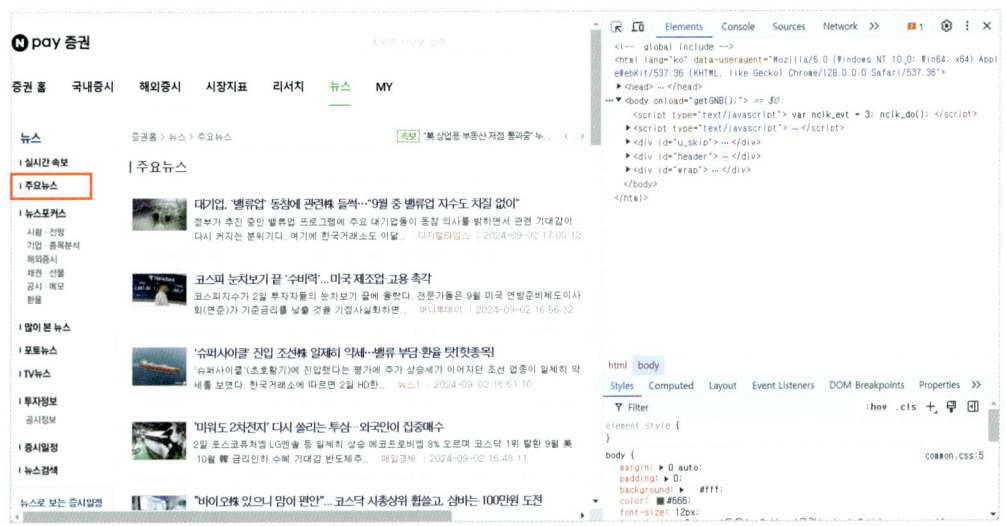

02 [개발자 도구] 창에서 [Elements] 탭을 클릭하면 해당 웹페이지의 HTML 데이터를 확인할 수 있습니다. 〈body onload〉 태그 부분에 마우스 포인터를 올리고 마우스 오른쪽 버튼을 클릭합니다. [Copy] - [Copy element]를 클릭하면 해당 웹페이지의 HTML 데이터가 txt 형식으로 클립보드에 복사됩니다. 메모장이나 VS Code 등 텍스트 편집기를 열어 붙여 넣은 다음 저장(Ctrl+S)하면, 텍스트 파일로 저장됩니다. 여기서는 '네이버 뉴스.txt'라고 저장하겠습니다.

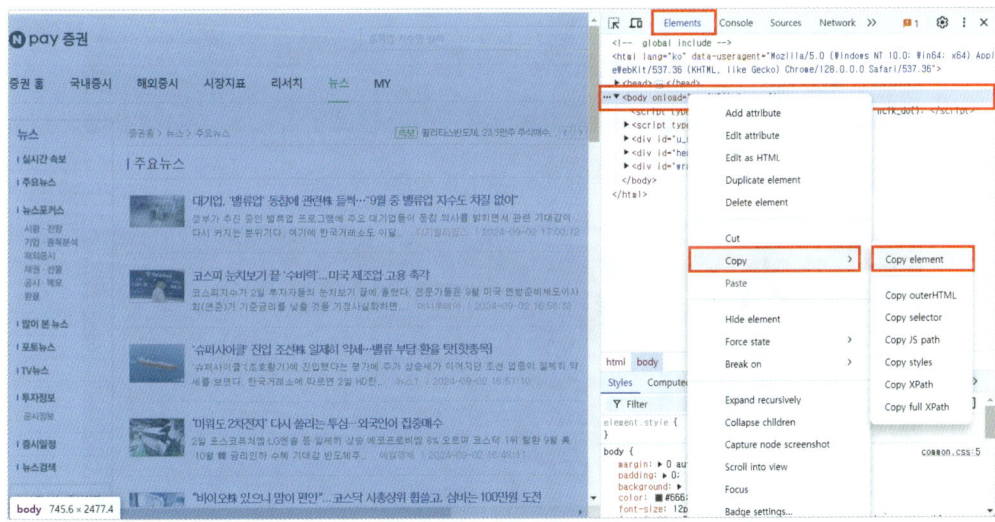

웹 크롤링 코드 작성하기

웹 크롤링 코드를 작성하는 이유는 필요한 데이터를 자동으로 수집하고 분석하기 위함입니다. 이를 통해 반복적인 작업을 효율적으로 처리할 수 있으며, 특히 뉴스 기사와 같은 정보를 신속하게 확보할 수 있습니다.

01 웹 크롤링 코드를 요청하는 방법을 먼저 알아보겠습니다. 저장한 텍스트 파일을 챗GPT에 업로드하고 웹 크롤링 코드를 작성해 달라고 요청합니다. 파일에서 가져올 수 있는 파이썬 코드를 제공해 줍니다.

네이버 뉴스.txt
파일

웹 크롤링 코드를 작성해 줘.

네이버 뉴스 웹사이트에서 데이터를 수집하기 위해 Python을 사용하여 웹 크롤링 코드를 작성할 수 있습니다. Python의 BeautifulSoup과 requests 라이브러리를 사용하여 뉴스 기사 제목을 가져오는 간단한 예시 코드를 제공해 드리겠습니다.

먼저 필요한 라이브러리를 설치해야 합니다. 터미널에서 다음 명령어를 실행하세요:

```sh
pip install requests beautifulsoup4
```

그 다음, 아래와 같은 파이썬 코드를 작성하여 크롤링을 수행할 수 있습니다:

```python
import requests
from bs4 import BeautifulSoup

# 크롤링할 웹페이지 URL
url = "https://finance.naver.com/news/mainnews.nhn"

# URL에 GET 요청 보내기
response = requests.get(url)

# 웹페이지 내용을 파싱하기
soup = BeautifulSoup(response.content, 'html.parser')
```

```
# 뉴스 기사 제목 찾기 ('articleSubject' 클래스를 사용)
articles = soup.find_all('dd', class_='articleSubject')

# 각 기사 제목을 출력
for article in articles:
    title = article.get_text(strip=True)
    print(title)
```

이 코드는 네이버 금융 뉴스 페이지에서 기사 제목을 가져옵니다. requests로 해당 페이지에 요청을 보내고, BeautifulSoup으로 HTML을 파싱하여 articleSubject 클래스를 가진 부분에서 기사 제목을 추출합니다.

02 우리가 크롤링하려는 부분은 주요뉴스 기사입니다. 뉴스 기사 중 하나에 마우스 커서를 갖다 대고 마우스 오른쪽 버튼을 누른 후 [검사]를 클릭하면, 화면 오른쪽의 [개발자 도구] 창에 해당 부분의 HTML 코드가 나타납니다.

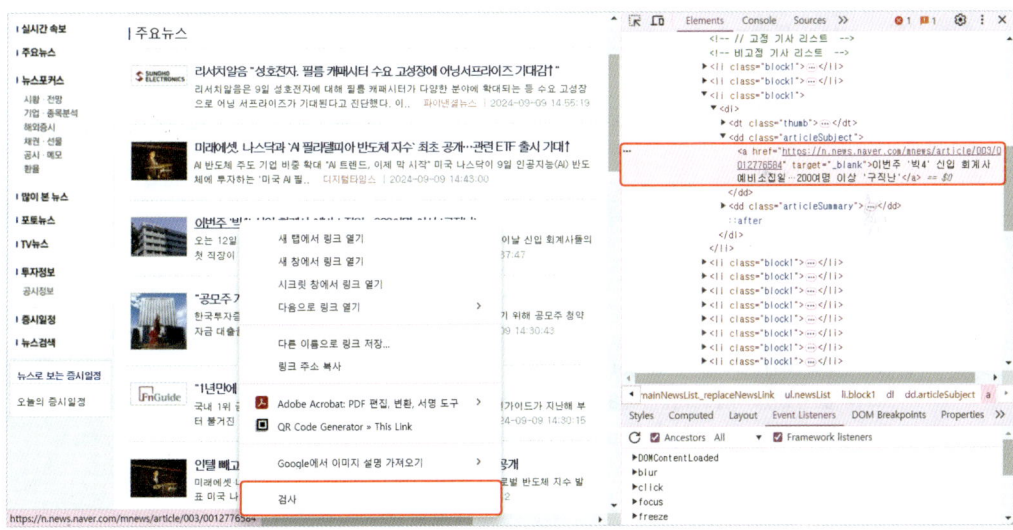

03 [개발자 도구] 창에서 마우스 커서를 움직이면 웹페이지의 특정 부분이 음영으로 표시되면서 어떤 부분의 HTML 코드인지를 확인할 수 있습니다. 뉴스 기사 전체를 포괄하는 HTML 코드를 찾아보겠습니다. 여기에서는 `<dl>` == $0 부분입니다. HTML 코드를 찾으면 마우스 오른쪽 버튼을 누르고 [Copy] - [Copy element]를 클릭해서 해당 부분을 복사합니다.

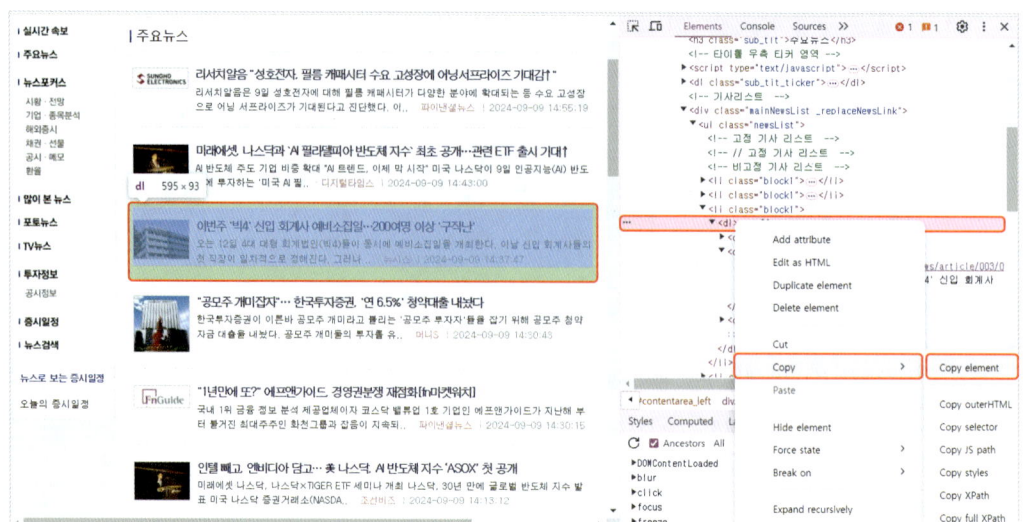

04 주요뉴스 페이지의 기사들을 크롤링하기 위해 해당 페이지의 URL 정보와 복사한 HTML 태그 내용을 챗GPT에 붙여 넣고, 해당 태그 정보로 뉴스 제목, 링크, 요약, 언론사, 날짜를 크롤링하는 코드를 작성해 달라고 요청합니다.

 URL: https://finance.naver.com/news/mainnews.naver

태그 정보는 아래에 있어. 뉴스 제목, 링크, 요약, 언론사, 날짜를 크롤링하는 코드를 작성해 줘.

<dl>

    <dt class="thumb">
        <a href="https://n.news.naver.com/mnews/article/003/0012776584" target="_blank"><img src="https://imgnews.pstatic.net/image/thumb70/003/2024/09/09/12776584.jpg" onerror="this.src='https://ssl.pstatic.net/static/nfinance/2017/02/27/thumb_72x54.gif'"></a>
    </dt>
    <dd class="articleSubject">
        <a href="https://n.news.naver.com/mnews/article/003/0012776584" target="_blank">이번주 '빅4' 신입 회계사 예비소집일…200여명 이상 '구직난'</a>
    </dd>

```html
            <dd class="articleSummary">                          오는 12일 4대 대형 회계법인
(빅4)들이 동시에 예비소집일을 개최한다. 이날 신입 회계사들의 첫 직장이 일차적으로 정
해진다. 그러나 ..
                <span class="press">뉴시스
</span>
                                            <span class="bar">|</span>
                                            <span class="wdate">2024-09-09
14:37:47</span>
            </dd>



        </dl>
```

네, 아래는 네이버 금융 뉴스 페이지에서 뉴스 제목, 링크, 요약, 언론사, 날짜를 크롤링하는 파이썬 코드 예시입니다. 이 코드는 BeautifulSoup과 requests 라이브러리를 사용하여 웹페이지를 분석하고, 원하는 정보를 추출합니다.

```python
import requests
from bs4 import BeautifulSoup

# URL 지정
url = "https://finance.naver.com/news/mainnews.naver"

# 웹페이지 요청
response = requests.get(url)
response.encoding = 'euc-kr'    # 네이버 금융은 euc-kr 인코딩을 사용
html = response.text

# BeautifulSoup 객체 생성
soup = BeautifulSoup(html, 'html.parser')

# 뉴스 정보를 담을 리스트
news_list = []

# 뉴스 항목을 찾는 루프
for dl in soup.find_all('dl'):
```

```python
# 제목 및 링크 추출
article_subject = dl.find(    , class_=               )
if article_subject: #Check if articleSubject was found
    title_tag = article_subject.find(   )
    title = title_tag.text.strip()
    link = title_tag[        ]

    # 요약 추출
    summary_tag = dl.find(    , class_=               )
    summary = summary_tag.text.strip().split(   )[ ]

    # 언론사 및 날짜 추출
    press = summary_tag.find(    , class_=       ).text.strip()
    date = summary_tag.find(    , class_=       ).text.strip()

    # 뉴스 정보 저장
    news = {
              : title,
              : link,
               : summary,
              : press,
              : date
    }

    news_list.append(news)

# 크롤링된 뉴스 출력
for news in news_list:
    print(f"        {news[       ]} ")
    print(f"       {news[      ]} ")
    print(f"       {news[       ]} ")
    print(f"         {news[      ]} ")
    print(f"         {news[      ]} ")
    print(   * 40)
```

이 코드를 실행하면 페이지에 있는 뉴스 항목의 제목, 링크, 요약, 언론사, 날짜를 출력합니다.

05 챗GPT가 작성해준 코드를 복사하여 VScode나 구글 Colab 등에서 실행할 수 있습니다. 우리는 Colab에서 코드를 실행해 보도록 하겠습니다.

```python
import requests
from bs4 import BeautifulSoup

# URL 지정
url = 'https://finance.naver.com/news/mainnews.naver'

... (중략) ...

# 크롤링된 뉴스 출력
for news in news_list:
    print(f"제목: {news['title']}")
    print(f"링크: {news['link']}")
    print(f"요약: {news['summary']}")
    print(f"언론사: {news['press']}")
    print(f"날짜: {news['date']}")
    print('-' * 40)
```

▶ 요약: 원·달러 환율이 장중 10원 이상 급등하며 1340원으로 올랐다. 미국 8월 고용 지표가 경기 침체보다는 경기 둔화를 뒷받침하는 결과가..

언론사: 이데일리

날짜: 2024-09-09 12:18:11

─────────────────────────────

... (중략) ...

─────────────────────────────

제목: "패시브 이기는 액티브 ETF?"… 알고보면 단기 자금 넣는 파킹형이 대부분

링크: /news/news_read.naver?article_id=0001016692&office_id=366&mode=mainnews&-type=&date=2024-09-09&page=1

요약: 액티브 ETF 시장 커졌다더니 개입 적은 파킹형 증가 대부분 주식형 액티브는 존재감 미미 최근 액티브 상장지수펀드(ETF) 순자산이 5..

언론사: 조선비즈

날짜: 2024-09-09 11:01:09

코드 오류 해결

챗GPT가 제안하는 코드가 항상 정확한 것은 아닙니다. 만약 챗GPT가 제안한 코드를 실행했을 때 오류가 발생했다면, 챗GPT에 해당 오류 메시지를 보내고 해결해 달라고 다시 요청할 수 있습니다.

```
AttributeError                            Traceback (most recent call last)
<ipython-input-1-f294c7db2f84> in <cell line: 19>()
     19 for dl in soup.find_all('dl'):
     20     # 제목 및 링크 추출
---> 21     title_tag = dl.find('dd', class_='articleSubject').find('a')
     22     title = title_tag.text.strip()
     23     link = title_tag['href']

AttributeError: 'NoneType' object has no attribute 'find'
```

코드 오류가 발생했어. 어떻게 해결해야 하는지 알려줘.

해당 오류는 `dl.find('dd', class_='articleSubject')`가 `None`을 반환할 때 발생합니다. 즉, `articleSubject` 클래스를 가진 `dd` 태그를 찾지 못했을 때 `find('a')`를 호출하여 오류가 발생한 것입니다.

이 문제를 해결하기 위해서는 태그가 존재하는지 여부를 먼저 확인한 후에 `find` 메서드를 호출해야 합니다.

수정된 코드는 다음과 같습니다:

```python
import requests
from bs4 import BeautifulSoup

# URL 지정
url = 'https://finance.naver.com/news/mainnews.naver'

# 웹페이지 요청
response = requests.get(url)

... (중략) ...

# 크롤링된 뉴스 출력
for news in news_list:
    print(f"제목: {news['title']}")
    print(f"링크: {news['link']}")
    print(f"요약: {news['summary']}")
    print(f"언론사: {news['press']}")
    print(f"날짜: {news['date']}")
    print('-' * 40)
```

수정 내용:

1. dl.find('dd', class_='articleSubject')와 dl.find('dd', class_='articleSummary')가 None일 수 있기 때문에 if 조건으로 존재 여부를 확인했습니다.
2. 각 태그가 존재하는 경우에만 그 안에서 추가로 find 메서드를 호출하도록 변경했습니다.
3. 각 태그가 없는 경우, 변수에 None을 할당하여 예외 처리를 해 주었습니다.

이 코드를 실행하면 오류 없이 뉴스 데이터를 크롤링할 수 있을 것입니다.

웹 크롤링 코드 활용하기

네이버페이 증권의 뉴스 기사는 한 페이지에만 게시되어 있는 것이 아니므로, 여러 페이지에 걸쳐 보다 많은 기사를 크롤링할 수 있도록 챗GPT에게 다시 수정 코드를 요청해 보겠습니다.

모든 페이지 크롤링하기

01 웹페이지의 링크를 살펴보면 다음과 같이 페이지 번호에 따라 URL의 마지막 숫자가 바뀌는 것을 볼 수 있습니다.

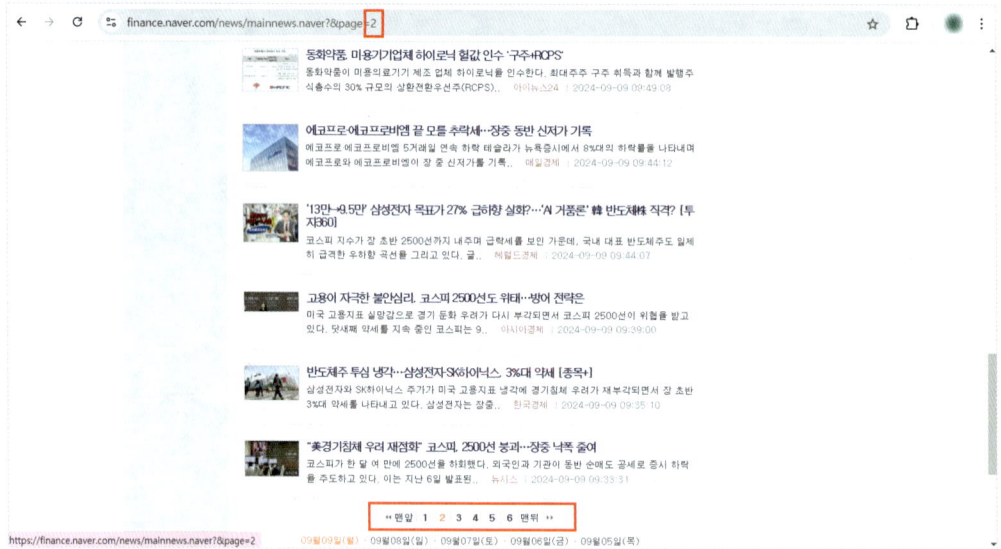

02 챗GPT에게 모든 페이지의 뉴스 기사 데이터를 가져와 달라고 요청한 후 전달받은 파이썬 코드를 Colab에서 실행해 보았습니다. 총 100개의 뉴스가 크롤링된 것을 확인할 수 있습니다.

```
import requests
from bs4 import BeautifulSoup

# URL 패턴 지정 (page 번호가 바뀌면 다른 페이지로 이동)
base_url = 'https://finance.naver.com/news/mainnews.naver'

# 크롤링할 페이지 수 지정
total_pages = 5  # 원하는 페이지 수만큼 설정

# 뉴스 정보를 담을 리스트
```

```python
news_list = []

... (중략) ...

# 크롤링된 뉴스 출력
for news in news_list:
    print(f"제목: {news['title']}")
    print(f"링크: {news['link']}")
    print(f"요약: {news['summary']}")
    print(f"언론사: {news['press']}")
    print(f"날짜: {news['date']}")
    print('-' * 40)

print(f"총 {len(news_list)}개의 뉴스가 크롤링되었습니다.")
```

제목: "삼성전자 기대 낮춰야"…국내외서 '경고' 쏟아졌다

링크: /news/news_read.naver?article_id=0005031580&office_id=015&mode=mainnews&type=&date=2024-09-09&page=1

요약: 미국 경기 침체 우려가 커지는 가운데 외국계 증권사와 국내 증권사들이 일제히 삼성전자의 실적 눈높이를 내려잡고 있다. 고대역폭메모리(H..

언론사: 한국경제

날짜: 2024-09-09 15:19:11

... (중략) ...

제목: 백종원 더본코리아 'IPO 빅보이' 될까…상장 기업 보니

링크: /news/news_read.naver?article_id=0005832103&office_id=018&mode=mainnews&type=&date=2024-09-09&page=5

요약: 새내기주의 잇단 부진으로 소강상태를 맞은 기업공개(IPO) 시장에 '빅보이'가 온다. 하반기 최대어 중 하나인 케이뱅크를 비롯해 대중 ..

언론사: 이데일리

날짜: 2024-09-09 06:16:08

특정 기간 데이터 크롤링하기

01 이번에는 9월 5일부터 9월 9일까지의 뉴스 기사만 크롤링해 주는 코드를 작성해 달라고 요청해 보겠습니다. 이를 위해서는 챗GPT에게 날짜를 담고 있는 HTML 코드의 태그 정보를 알려주어야 합니다. [개발자 도구] 창에서 날짜 정보 HTML 코드를 복사합니다.

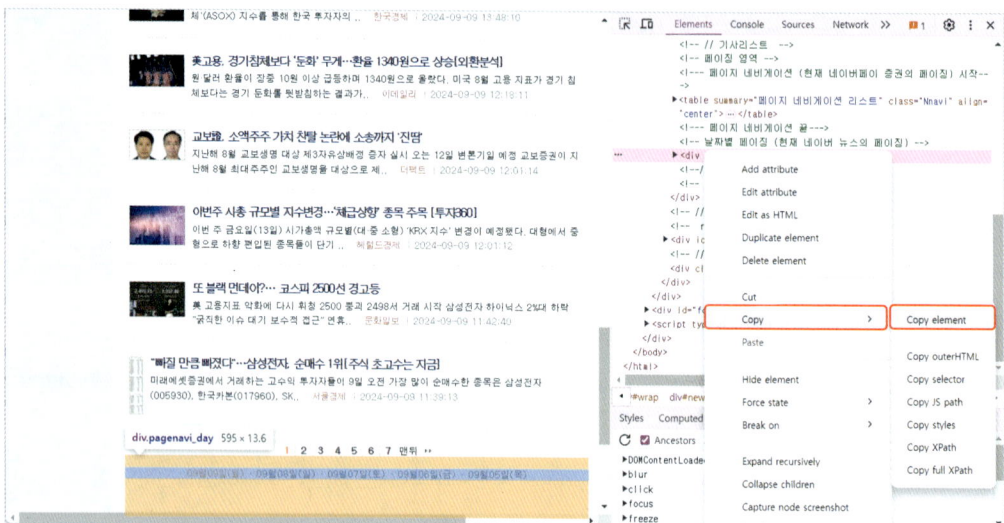

02 복사한 날짜 태그 정보와 함께 9월 5일부터 9월 9일까지의 뉴스 기사를 불러오는 코드를 요청합니다.

 날짜 태그 정보야. 9월 5일부터 9월 9일까지의 모든 뉴스 데이터를 불러오는 코드로 다시 작성해 줘

```
<div class="pagenavi_day">


        <span class="viewday">09월09일(월)</span>



        <span class="devidebar">·</span>
```

```
            <a href="/news/mainnews.naver?date=2024-09-08">09월08일(일)</a>

        <span class="devidebar">·</span>

            <a href="/news/mainnews.naver?date=2024-09-07">09월07일(토)</a>

        <span class="devidebar">·</span>


            <a href="/news/mainnews.naver?date=2024-09-06">09월06일(금)</a>

        <span class="devidebar">·</span>


            <a href="/news/mainnews.naver?date=2024-09-05">09월05일(목)</a>


        </div>
```

네, 9월 5일부터 9월 9일까지의 모든 데이터를 불러오기 위해 날짜별로 URL을 바꿔가면서 데이터를 크롤링하도록 코드를 수정할 수 있습니다. 각 날짜는 URL에 포함된 date 매개변수를 통해 접근할 수 있습니다.

아래는 해당 날짜 범위의 데이터를 크롤링하는 코드입니다:

수정된 코드:

```python
import requests
from bs4 import BeautifulSoup

# URL 패턴 지정
base_url = 

# 크롤링할 날짜 목록 (2024-09-05 ~ 2024-09-09)
date_list = [
]
```

```python
# 뉴스 정보를 담을 리스트
news_list = []

            ... (중략) ...

# 크롤링된 뉴스 출력
for news in news_list:
    print(f"제목: {news['title']}")
    print(f"링크: {news['link']}")
    print(f"요약: {news['summary']}")
    print(f"언론사: {news['press']}")
    print(f"날짜: {news['date']}")
    print('-' * 40)

print(f"총 {len(news_list)}개의 뉴스가 크롤링되었습니다.")
```

이 코드를 실행하면 9월 5일부터 9월 9일까지의 모든 뉴스 데이터를 크롤링할 수 있습니다.

03 해당 코드를 복사한 후 Colab에서 실행하면 결과를 확인할 수 있습니다.

제목: 하락 출발한 엔비디아 2% 급등…뉴욕 대형 기술주 일제 반등

링크: /news/news_read.naver?article_id=0002900673&office_id=029&mode=mainnews&type=&date=2024-09-05&page=1

요약: 테슬라 4%·알파벳 1.5% 등 엔비디아 주가가 3거래일 만에 상승세를 보였다. 5일 뉴욕증권거래소에서 오후 10시 46분 현재 엔비디..

9월 5일 언론사: 디지털타임스

날짜: 2024-09-05 22:58:02

제목: 뉴욕증시, 민간고용 둔화 속 보합권서 혼조…8월 고용 보고서 대기

링크: /news/news_read.naver?article_id=0005468873&office_id=277&mode=mainnews&type=&date=2024-09-05&page=1

요약: 미국 뉴욕증시의 3대 지수가 5일(현지시간) 장초반 보합권에서 혼조세다. 8월 민간 고용이 3년 반 만에 가장 적은 수준으로 증가한 가..

언론사: 아시아경제

날짜: 2024-09-05 22:43:25

―――――――――――――――――――――――

... (중략) ...

―――――――――――――――――――――――

제목: 美고용, 경기침체보다 '둔화' 무게…환율 1340원으로 상승[외환분석]

링크: /news/news_read.naver?article_id=0005832454&office_id=018&mode=mainnews&type=&date=2024-09-09&page=1

요약: 원·달러 환율이 장중 10원 이상 급등하며 1340원으로 올랐다. 미국 8월 고용 지표가 경기 침체보다는 경기 둔화를 뒷받침하는 결과가..

언론사: 이데일리

날짜: 2024-09-09 12:18:11

―――――――――――――――――――――――

제목: 교보證, 소액주주 가치 찬탈 논란에 소송까지 '진땀'

링크: /news/news_read.naver?article_id=0000320140&office_id=629&mode=mainnews&type=&date=2024-09-09&page=1

요약: 지난해 8월 교보생명 대상 제3자유상배정 증자 실시 오는 12일 변론기일 예정 교보증권이 지난해 8월 최대주주인 교보생명을 대상으로 제..

언론사: 더팩트

날짜: 2024-09-09 12:01:14 〈9월 9일〉

―――――――――――――――――――――――

총 100개의 뉴스가 크롤링되었습니다.

엑셀 파일로 저장하기

수집한 데이터를 엑셀 파일로 저장하면 다른 사람들과 데이터를 공유하거나 다양한 데이터 시각화 작업을 수행하기에 용이합니다. 특히 대량의 데이터를 다루는 경우 필터링, 피벗 테이블, 수식 등을 통해 원하는 정보를 신속하게 찾거나 추가 분석을 할 수 있습니다.

01 앞에서 크롤링한 데이터를 엑셀 파일로 저장할 수 있도록 코드를 작성해 달라고 요청하겠습니다.

 크롤링한 데이터를 엑셀 파일로 내보내 주는 코드를 작성해 줘.

 크롤링한 데이터를 엑셀 파일로 내보내기 위해서는 'pandas' 라이브러리를 사용할 수 있습니다. 'pandas'를 사용하면 데이터 프레임을 쉽게 생성하고 이를 엑셀 파일로 저장할 수 있습니다. 아래 코드를 참고하여 크롤링한 데이터를 엑셀 파일로 저장하는 방법을 설명드리겠습니다.

먼저 'pandas' 라이브러리를 설치합니다. 터미널에서 다음 명령어를 실행하세요:

```sh
pip install pandas openpyxl
```

그 다음, 크롤링한 데이터를 엑셀 파일로 내보내는 전체 코드는 다음과 같습니다:

```python
import requests
from bs4 import BeautifulSoup
import pandas as pd

# URL 패턴 지정
base_url = 'https://finance.naver.com/news/mainnews.naver?date='

# 크롤링할 날짜 목록 (2024-09-05 ~ 2024-09-09)
date_list = ['2024-09-05', '2024-09-06', '2024-09-07', '2024-09-08', '2024-09-09']

… (중략) …

# 데이터를 pandas DataFrame으로 변환
df = pd.DataFrame(news_list)

# 엑셀 파일로 저장
excel_filename = 'naver_finance_news.xlsx'
df.to_excel(excel_filename, index=False)

print(f"데이터가 {excel_filename} 파일로 저장되었습니다.")
```

코드 설명:

1. **pandas DataFrame**: 크롤링한 데이터를 pandas DataFrame으로 변환합니다. 이는 엑셀 파일로 쉽게 내보낼 수 있는 형식입니다.

2. **to_excel()**: pandas의 to_excel() 메서드를 사용하여 데이터를 엑셀 파일로 저장합니다. index=False 옵션을 통해 DataFrame의 인덱스를 저장하지 않도록 설정합니다.

3. **excel_filename**: 생성된 엑셀 파일의 이름을 지정합니다. 여기서는 'naver_finance_news.xlsx'로 설정했습니다.

이 코드를 실행하면, 크롤링된 뉴스 데이터가 엑셀 파일로 저장됩니다.

02 수정된 코드를 Colab에서 실행하면 'naver_finance_news.xlsx' 파일로 저장되었다는 결과를 확인할 수 있습니다. 저장된 엑셀 파일을 열어보면 다음과 같이 엑셀 표로 깔끔하게 정리된 것을 확인할 수 있습니다.

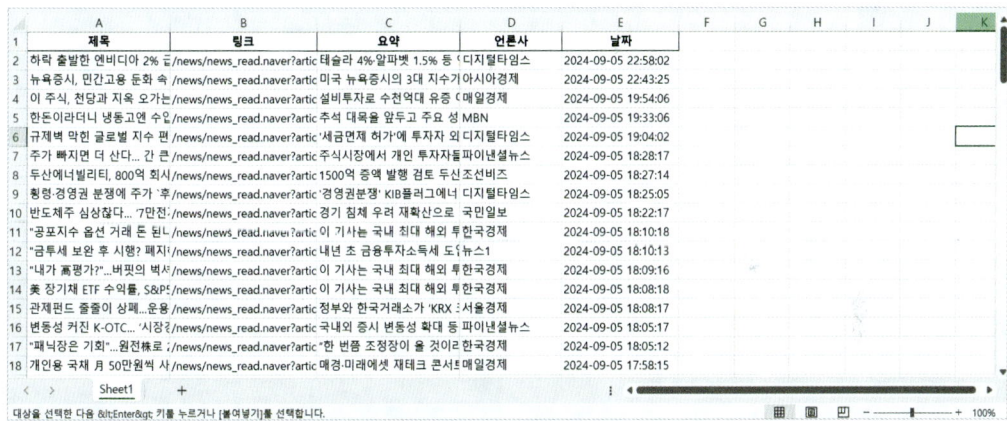

CHAPTER 07

엑셀과 스프레드시트에서 챗GPT 활용하기

▶▶▶

대부분의 기업이 데이터 관리의 주요 도구로 엑셀을 사용하고 있지만, 엑셀의 복잡한 함수와 공식을 모두 기억하는 것은 쉽지 않은 일입니다. 이로 인해 많은 직장인들이 엑셀 관련 강의, 유튜브, 도서 등을 참고하곤 합니다. 하지만 이제 챗GPT를 활용하면 엑셀 데이터를 효율적으로 조작하는 방법뿐 아니라, 직접적인 도움을 받을 수도 있습니다.

SECTION 7.1 챗GPT에게 엑셀 함수 물어보기

▶▶ 챗GPT는 사용자가 원하는 데이터 처리 작업을 이해하고, 그에 맞는 엑셀 함수와 공식을 알려주거나, 사용 방법을 단계별로 설명해 줄 수 있습니다. 이를 통해 사용자는 복잡한 데이터 조작을 쉽게 할 수 있으며, 엑셀 응용 작업에도 자신감을 가질 수 있습니다.

기본 엑셀 함수 물어보기

예제 | chapter07\센터 원생 수 현황.xlsx

챗GPT에서 엑셀 파일을 사용하기 위해 '센터 원생 수 현황' 데이터를 불러오겠습니다. 데이터에는 센터별 '직영 여부', '원생 수', '목표 원생 수'가 기입되어 있고, '순위', '목표 달성 여부'와 '전체 센터', '직영점'에 대한 통계 정보는 비어 있습니다. 이제 비어 있는 셀을 채우기 위해 챗GPT에 필요한 함수식을 요청해 보겠습니다.

엑셀 데이터 챗GPT에 알려주기

먼저 챗GPT에게 엑셀 데이터를 알려주도록 하겠습니다.

01 불러온 엑셀 파일에서 데이터가 들어 있는 [B2:J13] 셀을 복사합니다.

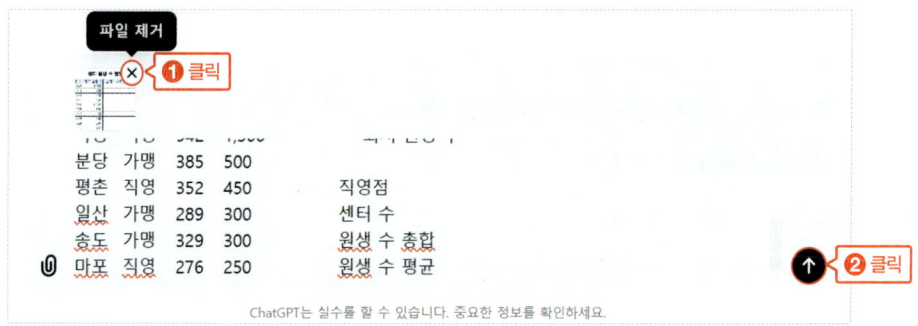

02 복사한 데이터를 챗GPT에 붙여 넣으면, 다음과 같이 복사한 부분이 캡처되어 이미지 파일 형태로 첨부됩니다. 이 경우 챗GPT가 이미지에서 데이터를 추출해야 하므로 오히려 데이터를 잘못 이해할 수 있습니다. 따라서 이미지는 제거하고 텍스트는 유지한 채 엔터 키를 눌러 전달합니다.

03 다른 프롬프트 작성 없이 엑셀 데이터를 복사해서 붙여 넣었을 뿐인데, 챗GPT는 알아서 데이터를 정리해서 답해줍니다.

 센터 원생 수 현황

센터명 직영 여부 원생 수 목표 원생 수 순위 목표 달성 여부 전체 센터

대치 직영 842 1,000   센터 수

서초 직영 723 800   원생 수 총합

잠실 가맹 285 350   원생 수 평균

중계 직영 411 400   최고 원생 수

목동 직영 942 1,300   최저 원생 수

분당 가맹 385 500

평촌 직영 352 450   직영점

일산 가맹 289 300   센터 수

송도 가맹 329 300   원생 수 총합

마포 직영 276 250   원생 수 평균

원하는 통계를 계산해 드릴게요. 각 질문에 대한 결과를 정리해보면:

1. **센터 수 (전체 센터 수)**: 10개 센터
2. **원생 수 총합 (전체 원생 수 총합)**: 4,834명
3. **원생 수 평균 (전체 원생 수 평균)**: 약 483.4명
4. **최고 원생 수**: 목동 센터 (942명)
5. **최저 원생 수**: 마포 센터 (276명)

직영점에 대한 추가 통계는 다음과 같습니다:

1. **직영 센터 수**: 6개 (대치, 서초, 중계, 목동, 평촌, 마포)
2. **직영점 원생 수 총합**: 3,546명
3. **직영점 원생 수 평균**: 약 591명

이 계산 결과를 참고하시어 필요하신 정보가 더 있으면 말씀해주세요!

> **NOTE** 보통 엑셀 데이터는 행의 개수가 많아 모든 데이터를 복사하여 챗GPT에 입력하기는 어렵습니다. 이때는 상위 20개 정도의 데이터만 복사하면 됩니다. 우리가 구하고자 하는 것은 엑셀 함수식이기 때문에 상위 20개의 데이터만으로도 충분히 답을 얻을 수 있습니다.

 **여기서 잠깐** ▶ **피드백과 수정**

챗GPT의 답변이 항상 동일하거나 정답인 것은 아닙니다. 어떤 경우에는 본문과 동일한 질문에 다음과 같은 답변을 하기도 합니다.

 센터 원생 수 현황

센터명 직영 여부 원생 수 목표 원생 수 순위 목표 달성 여부 전체 센터

대치 직영 842 1,000   센터 수

서초 직영 723 800   원생 수 총합

잠실 가맹 285 350   원생 수 평균

중계 직영 411 400   최고 원생 수

목동 직영 942 1,300   최저 원생 수

분당 가맹 385 500

평촌 직영 352 450   직영점

일산 가맹 289 300   센터 수

송도 가맹 329 300   원생 수 총합

마포 직영 276 250   원생 수 평균

 이 데이터를 기반으로 센터의 현황을 분석하여 다음과 같은 정보를 제공할 수 있습니다:

1. 전체 센터 수

2. 직영 센터 수

3. 원생수 총합

4. 원생수 평균

5. 최고 원생수와 해당 센터

6. 최저 원생수와 해당 센터

데이터를 정리하고 계산해 보겠습니다.

원하는 답변이 아닌 경우에는 피드백과 수정 과정을 통해 개선해 나갈 수 있습니다. 하지만 앞의 예제는 엑셀 데이터의 전반적인 내용을 챗GPT에게 알려주는 과정이기 때문에 챗GPT의 답변이 크게 중요하지는 않습니다.

'순위' 데이터를 구해주는 함수식 물어보기

챗GPT에게 함수식을 물어볼 때는 다음 2가지를 꼭 지켜서 프롬프트를 작성해야 합니다.

❶ 데이터의 위치 명시
❷ 구하려는 엑셀 함수식에 대한 설명

01 순위 데이터를 구하기 위한 프롬프트를 작성하여 챗GPT에게 엑셀 함수식 작성을 요청하겠습니다. 챗GPT는 적절한 함수식을 제안하고, 그 함수식에 대해 설명해 줍니다. 엑셀 데이터에 함수식을 넣기 위해 [코드복사]를 클릭합니다.

 원생 수 데이터는 [D4]부터 [D13]까지 위치해 있어. **원생 수에 따라 순위를 구해주는 엑셀 함수식을** 작성해 줘.

원생 수에 따른 순위를 구하기 위해서 엑셀에서 'RANK.EQ' 함수를 사용할 수 있습니다. 이 함수는 특정 값의 순위를 구할 때 사용하며, 같은 값에 대해서는 동일한 순위를 부여합니다. 원생 수가 위치한 셀 범위를 기준으로 순위를 구하는 함수식은 다음과 같습니다:

```excel
=RANK.EQ(D4, $D$4:$D$13, 0)
```

이 함수식을 설명하자면:

- 'D4'는 순위를 구하고자 하는 원생 수의 셀입니다.
- '$D$4:$D$13'은 원생 수의 전체 셀 범위로, 여기서 순위를 계산할 모든 값들이 포함되어 있습니다. 절대 참조('$')를 사용하여 셀 범위를 고정시켜, 다른 셀로 함수를 복사해도 범위가 변하지 않게 합니다.
- '0'은 내림차순으로 순위를 정렬하겠다는 의미입니다. '1'을 사용하면 오름차순으로 순위를 정렬합니다.

이 함수를 [F4]부터 [F13]까지 각 셀에 적용하면 각 센터의 원생 수에 따른 순위를 얻을 수 있습니다.

02 엑셀 파일로 돌아와 순위를 구하기 위해 F열에 복사한 함수식을 붙여 넣어주면, 순위가 나타나는 것을 확인할 수 있습니다.

03 F열의 다른 셀에도 함수식을 반영해 주었더니 순위 값이 모두 올바르게 기입되었습니다. 챗GPT가 엑셀 함수식을 잘 작성해 주었네요.

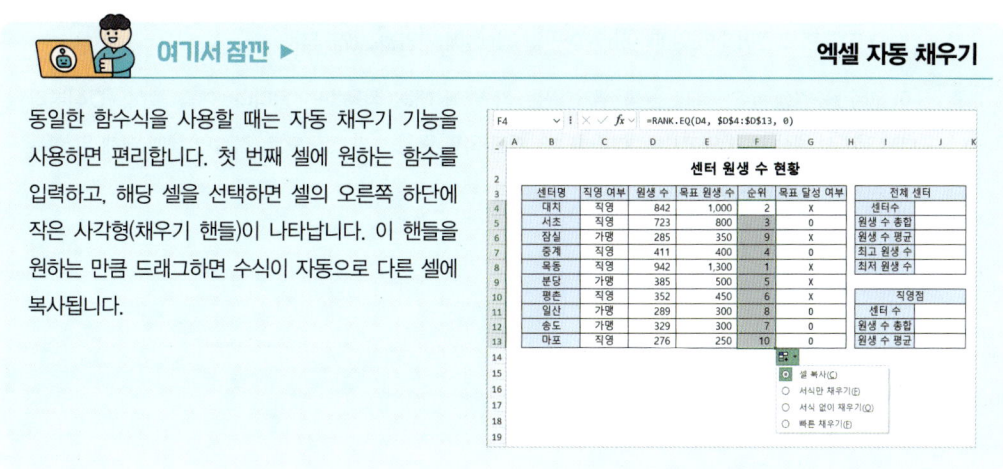

> **여기서 잠깐 ▶ 엑셀 자동 채우기**
>
> 동일한 함수식을 사용할 때는 자동 채우기 기능을 사용하면 편리합니다. 첫 번째 셀에 원하는 함수를 입력하고, 해당 셀을 선택하면 셀의 오른쪽 하단에 작은 사각형(채우기 핸들)이 나타납니다. 이 핸들을 원하는 만큼 드래그하면 수식이 자동으로 다른 셀에 복사됩니다.

'목표 달성 여부' 데이터를 구해주는 함수식 물어보기

목표 달성 여부는 센터별로 목표 원생 수를 달성했는지에 따라 달라집니다. 조건을 하나 추가해서 목표 원생 수 대비 원생 수가 85% 이상이면 목표를 달성한 것으로 판단하겠습니다.

01 목표 달성 여부 데이터를 구하기 위한 프롬프트를 작성하여 챗GPT에게 엑셀 함수식 작성을 요청합니다. 챗GPT가 추가한 조건에 맞는 답을 얻기 위해 조건도 함께 명시해 줍니다.

 목표 원생 수 대비 원생 수의 비율을 계산해서 85% 이상이면 'O', 미만이면 'X'를 기입하는 엑셀 함수식을 작성해 줘. 원생 수 데이터는 [D4]부터 [D13]까지, 목표 원생 수 데이터는 [E4]부터 [E13]까지 위치해 있어.

목표 원생 수 대비 원생 수의 비율을 계산하여 85% 이상일 때 'O', 미만일 때 'X'를 기입하는 엑셀 함수식을 작성하려면 'IF' 함수를 사용할 수 있습니다. 이 함수를 사용하여 각 센터의 목표 달성 여부를 확인할 수 있습니다. 함수식은 다음과 같습니다:

```excel
=IF(D4/E4 >= 0.85, "O", "X")
```

이 함수식을 설명하자면:

- 'D4/E4'는 각 센터의 원생 수([D4])를 목표 원생 수([E4])로 나눈 값입니다. 이 비율이 (85%) 이상인지를 검사합니다.
- '>= 0.85'는 계산된 비율이 85% 이상인지를 확인합니다.
- '"O"'는 조건이 참일 때 (85% 이상일 때) 셀에 기입될 값입니다.
- '"X"'는 조건이 거짓일 때 (85% 미만일 때) 셀에 기입될 값입니다.

이 함수를 원생 수와 목표 원생 수가 있는 각 행에 대해 적용하면 됩니다. 예를 들어, [D4]부터 [D13]까지 원생 수가 있고, [E4]부터 [E13]까지 목표 원생 수가 있으므로, 각각의 행에 대해 위 함수를 적용해 목표 달성 여부를 확인할 수 있습니다.

02 IF 함수식을 복사하고 엑셀 파일의 G열에 함수식을 붙여 넣으면 'O' 또는 'X'로 목표 달성 여부가 표시됩니다.

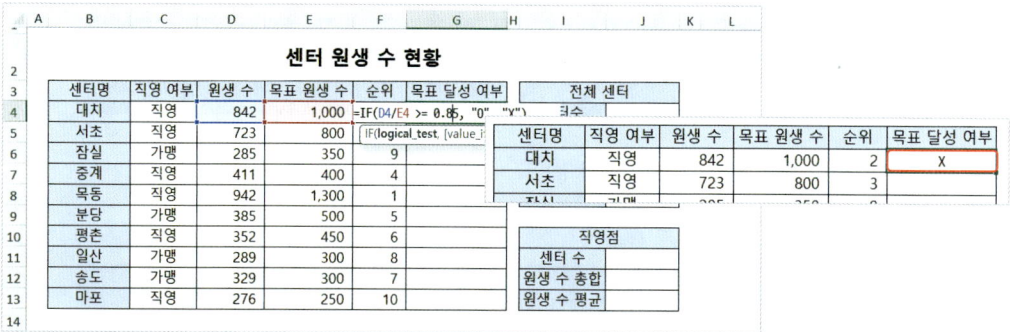

03 마찬가지로 남은 G열에 함수식을 모두 입력하면 센터별 목표 달성 여부를 확인할 수 있습니다.

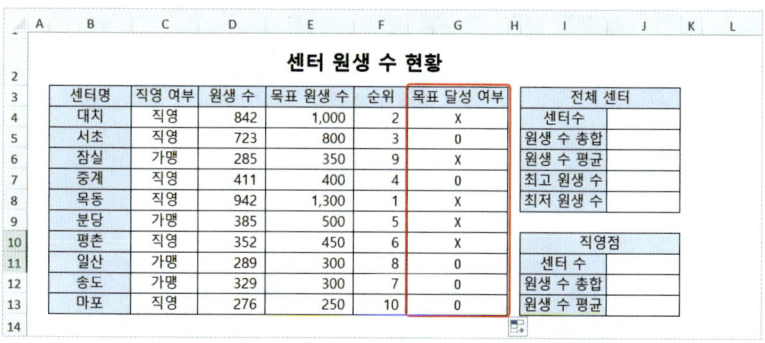

통계 데이터를 구해주는 함수식 물어보기

이번에는 전체 센터와 직영점의 통계 데이터를 구해주는 엑셀 함수식을 구해보겠습니다.

01 전체 센터의 통계 데이터를 먼저 요청한 뒤, 직영 센터의 데이터를 구하는 것까지 요청합니다.

 원생 수 데이터는 [D4:D13] 범위에 위치해 있어. 전체 센터의 센터 수, 원생 수 총합, 원생 수 평균, 최고 원생 수, 최저 원생 수 데이터를 구해주는 엑셀 함수식을 작성해 줘.

엑셀에서 각 데이터를 계산하는 함수식을 아래에 정리했습니다:

1. 전체 센터 수

```excel
=COUNTA(D4:D13)
```

D4:D13 범위에 있는 데이터의 개수를 셉니다.

2. 원생 수 총합

```excel
=SUM(D4:D13)
```

D4:D13 범위에 있는 원생 수를 모두 더합니다.

3. 원생 수 평균

```excel
=AVERAGE(D4:D13)
```

D4:D13 범위의 원생 수 평균을 구합니다.

4. 최고 원생 수

```excel
=MAX(D4:D13)
```

D4:D13 범위의 가장 높은 원생 수를 구합니다.

5. 최저 원생 수

```excel
=MIN(D4:D13)
```

D4:D13 범위의 가장 낮은 원생 수를 구합니다.

이 함수식을 사용하여 원생 수 데이터에 대한 통계를 쉽게 계산하실 수 있습니다.

직영 여부 데이터는 [C4:C13] 범위에 위치해 있고, 원생 수 데이터는 [D4:D13] 범위에 위치해 있어. 직영의 센터 수, 원생 수 총합, 원생 수 평균을 구해주는 엑셀 함수식을 작성해 줘.

 직영 센터에 관한 데이터를 계산하기 위해 엑셀에서 사용할 수 있는 함수를 조합하면 됩니다.

1. 직영 센터 수

```excel
=COUNTIF(C4:C13, "직영")
```

C4:C13 범위에서 "직영"이라는 값을 가진 셀의 개수를 셉니다.

2. 직영 센터 원생 수 총합:

```excel
=SUMIF(C4:C13, "직영", D4:D13)
```

C4:C13 범위에서 "직영"이라는 조건을 만족하는 경우, 해당하는 D4:D13의 원생 수를 모두 더합니다.

3. 직영 센터 원생 수 평균:

```excel
=AVERAGEIF(C4:C13, "직영", D4:D13)
```

C4:C13 범위에서 "직영"인 경우, 해당하는 D4:D13의 원생 수 평균을 구합니다.

이 함수식을 이용해 엑셀에서 직영 센터에 대한 통계를 구할 수 있습니다.

---

03 챗GPT가 구해준 함수식을 엑셀에 입력하면 원하는 데이터를 얻을 수 있습니다. 직영점에 대한 통계를 구하는 함수는 조건에 맞는 데이터를 필터링해야 해서 조금 더 복잡하지만, 챗GPT를 사용하면 전혀 어렵지 않습니다.

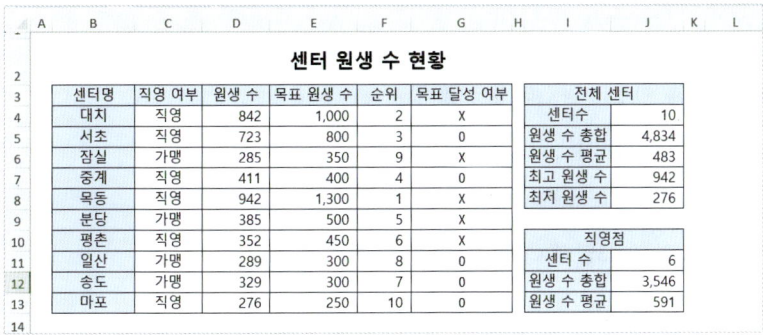

심화 엑셀 함수 물어보기

예제 | chapter07\센터별 직원 선물 현황.xlsx

기본 에서는 SUM, MAX, MIN, IF와 같은 기본 함수를 쉽게 다루는 방법을 살펴보았습니다. 이제는 조금 더 복잡한 작업을 수행할 수 있는 VLOOKUP, SUMIF, COUNTIF 함수들을 사용해 보려 합니다. 챗GPT의 도움을 받으면 더 어려운 함수들도 쉽게 사용할 수 있습니다.

이번에는 '센터별 직원 선물 현황' 데이터를 사용해 보겠습니다. C열에는 소속팀, D열에는 이름, E열에는 선물 데이터가 기입되어 있고, I열 5행부터 J열 14행까지는 센터별로 소속 팀 정보가, I열 20행부터 J열 25행까지는 선물별 단가(원) 정보가 기입되어 있습니다. 구해야 할 데이터는 개별로 선택한 선물의 금액과 소속 센터이고, 센터별로 필요한 총 예산과 선물별 총 수량입니다.

엑셀 데이터 챗GPT에게 알려주기

챗GPT에게 엑셀 데이터를 알려주기 위해 파일을 불러온 뒤 [B4:M25] 셀을 복사하여 챗GPT에 입력합니다. 이때, 별도의 요청 없이 데이터를 전달했기 때문에 챗GPT는 해당 데이터를 요약해 알려줍니다.

Data 기준정보 센터별 총 예산

순번 소속 팀 이름 선물 금액(원) 센터 팀 센터 센터 금액(원)

1 대치1팀 김지민 키보드 대치1팀 대치센터 대치센터

2 대치1팀 이세영 텀블러 대치2팀 대치센터 서초센터

3 대치2팀 박현우 보조배터리 대치3팀 대치센터 목동센터

4 대치2팀 최지훈 보조배터리 서초1팀 서초센터 중계센터

5 대치2팀 정지연 마우스 서초2팀 서초센터

6 대치3팀 오세진 보조배터리 목동1팀 목동센터 선물별 총 수량

7 대치3팀 임현정 마우스 목동2팀 목동센터 선물 수량

8 서초1팀 강지원 키보드 중계1팀 중계센터 마우스

9 서초1팀 한지수 마우스 중계2팀 중계센터 키보드

10 서초2팀 송세라 후드티 보조배터리

11 서초2팀 윤지현 후드티 텀블러

12 목동1팀 백현아 후드티 후드티

13 목동1팀 전지은 보조배터리

14 목동1팀 고세훈 마우스

15 목동2팀 문현민 텀블러 선물 단가(원)

16 목동2팀 안지영 키보드 마우스 5,000

17 중계1팀 유세정 보조배터리 키보드 5,500

18 중계1팀 신현우 키보드 보조배터리 8,400

19 중계2팀 장지우 텀블러 텀블러 7,600

20 중계2팀 황세은 키보드 후드티 10,100

주신 데이터는 직원들, 소속 팀, 받은 선물, 그리고 일부 예산 관련 정보를 포함한 데이터셋인 것 같아요. 다음과 같이 요약할 수 있습니다:

1. **직원 정보**:
   - 순번 (번호)
   - 소속 팀 (팀명)
   - 이름 (직원명)
   - 선물 (받은 선물)
   - 금액(원) (금액 – 원화)
   - 센터 (소속 센터)

2. **기준 정보**:
   - **센터별 총 예산**: 각 센터의 총 예산 정보.

3. **팀 및 센터 정보**:

    o 팀 및 센터 목록.

4. **선물 요약**:

    o **선물별 총 수량**: 각 선물 종류별 총 수량.

    o **선물 단가(원)**: 각 선물 종류의 단가 정보.

이 데이터셋은 각 직원의 팀, 받은 선물, 센터별 요약 정보 등을 제공하고 있어요. 이 데이터를 가지고 어떤 작업을 도와드리면 좋을까요? 예를 들어 분석, 시각화, 혹은 특정 부분에 대한 요약 등을 도와드릴 수 있습니다.

선물 금액과 센터 자동 입력 함수 물어보기

앞에서 학습한 필수 프롬프트 조건 2가지를 지켜 팀원들이 각자 선택한 선물의 금액과 소속 센터에 대한 데이터를 구해주는 엑셀 함수식을 챗GPT에게 요청하겠습니다.

01 대치1팀의 김지민은 키보드를 선택했으므로 금액(원) 열에는 5,500원, 센터 열에는 대치센터가 기입되어야 합니다. 이를 참고해서 엑셀 함수식 작성을 요청합니다.

 선물 데이터는 [E6:E25] 셀에 위치해 있고, 선물별 단가 데이터는 [I21:J25]까지 위치해 있어. ◀ ❶ 데이터의 위치 명시

개개인이 선택한 선물 금액을 입력해 주는 엑셀 함수식을 작성해 줘. ◀ ❷ 엑셀 함수식 설명

 엑셀에서 각 팀원이 선택한 선물 금액을 계산할 수 있는 함수식을 작성하려면 다음과 같은 **VLOOKUP** 함수식을 사용할 수 있습니다.

```excel
=VLOOKUP(E6, $I$21:$J$25, 2, FALSE)
```

이 함수식을 사용하면 [E6:E25] 셀에 있는 선물명을 기준으로 [I21:J25] 범위에서 해당 선물의 금액을 찾아 입력해 줍니다. 이 함수식을 F열에 적용하면 각 팀원의 선물 금액을 자동으로 계산할 수 있습니다.

VLOOKUP 함수

VLOOKUP 함수는 엑셀에서 데이터를 찾고 값을 반환하는 데 사용되는 함수입니다.

```
=VLOOKUP(E6, $I$21:$J$25, 2, FALSE)
```

본문에서 사용한 함수식을 활용해 살펴보겠습니다.

```
=VLOOKUP(E6, $I$21:$J$25, 2, FALSE)
```

- E6: 검색 기준이 되는 값
- $I$21:$J$25: 검색할 데이터 범위
- 2: 반환할 값이 위치한 열 번호
- FALSE: 찾으려는 값이 정확히 일치하는 경우에만 반환

따라서 이 함수식은 'E6' 셀의 값을 $I$21:$J$25 범위의 첫 번째 열에서 찾아, 그와 대응하는 두 번째 열(J)의 값을 반환하는 것입니다. 이후 FALSE를 사용하여 정확히 일치하는 값을 찾아 반환합니다.

02 챗GPT가 알려준 VLOOKUP 함수식을 F열에 적용해 보면 선물 금액(원) 데이터가 자동으로 계산되어 기입됨을 확인할 수 있습니다. 마찬가지로 자동 채우기를 활용하면 함수식을 쉽게 적용할 수 있습니다.

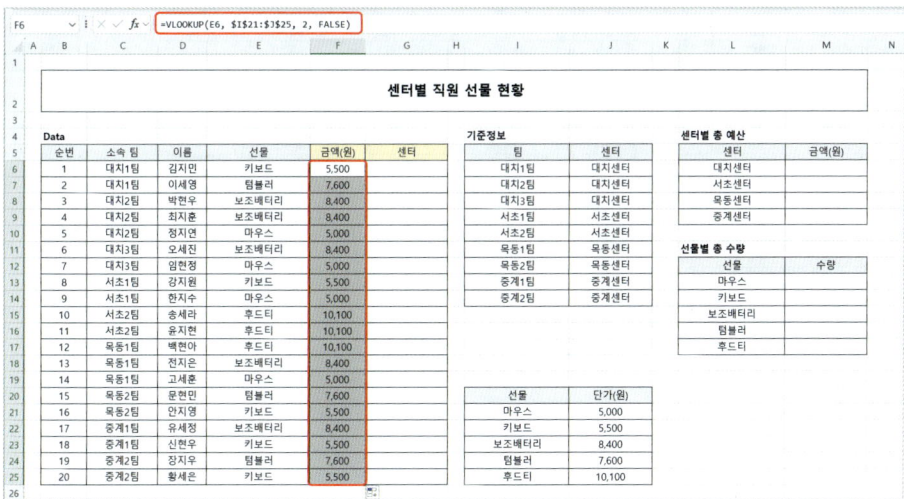

03 이어서 G열에 들어갈 개인 소속 센터 데이터도 구해보겠습니다.

> 소속 팀은 [C6:C25] 범위에 위치해 있고, 팀별 센터 정보는 [I6:J14] 범위에 위치해 있어.
> 개별 소속 센터를 알려주는 엑셀 함수식을 작성해 줘. ❷

소속 팀에 따른 개별 소속 센터를 찾기 위해, VLOOKUP 함수를 사용하여 팀별 센터 정보를 매칭할 수 있습니다. 다음과 같은 함수식을 사용해 보세요:

```excel
=VLOOKUP(C6, $I$6:$J$14, 2, FALSE)
```

이 함수식을 사용하면 [E6:E25] 셀에 있는 선물명을 기준으로 [I21:J25] 범위에서 해당 선물의 금액을 찾아 입력해 줍니다. 이 함수식을 F열에 적용하면 각 팀원의 선물 금액을 자동으로 계산할 수 있습니다.

04 챗GPT가 알려준 VLOOPUP 함수식 두 개를 각각 F, G열에 입력해 보면 우리가 원하는 데이터가 기입됨을 확인할 수 있습니다. 이처럼 챗GPT를 활용하면 어려운 엑셀 함수식도 쉽게 작성할 수 있습니다.

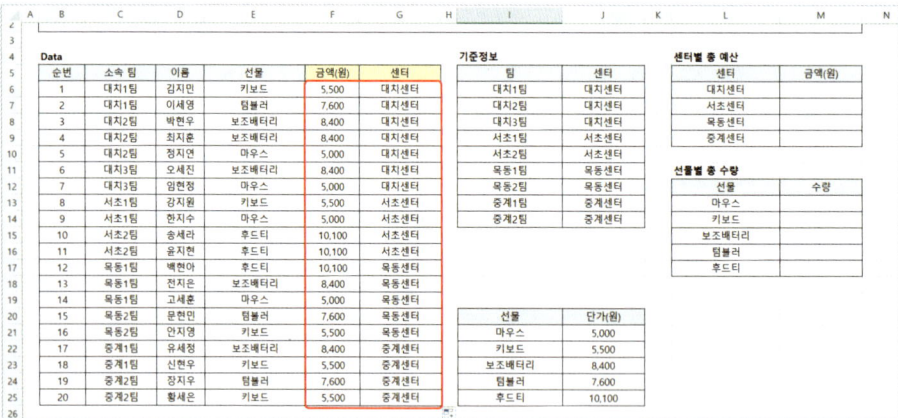

'센터별 총 예산'과 '선물별 총 수량' 데이터 자동 입력 함수 물어보기

위에서 개인별로 선택한 선물의 금액과 소속 센터를 구했습니다. 이번에는 '센터별 총 수량'과 '선물별 총량' 데이터를 구해보도록 하겠습니다.

01 마찬가지로 조건 2가지를 지켜 프롬프트를 작성 후 챗GPT에 요청합니다.

> 개인별 금액 데이터는 [F6: F25], 소속 센터 데이터는 [G6: G25], 센터 이름은 [L6: L9] 범위에 위치해 있어.
>
> 센터 이름별 총 금액 합계를 알려주는 엑셀 함수식을 작성해 줘.

센터 이름별로 개인별 금액의 총 합계를 구하기 위해서는 **SUMIF** 함수를 사용하면 됩니다. 각 센터에 대해 총 금액을 계산하려면 다음과 같은 함수식을 사용합니다:

```excel
=SUMIF($G$6:$G$25, L6, $F$6:$F$25)
```

이 함수식을 범위에 각각 적용하면 각 센터의 총 금액 합계를 계산할 수 있습니다.

02 챗GPT가 알려준 엑셀 함수식을 엑셀에 적용하면 센터별 총 예산의 금액(원) 데이터가 모두 기입된 것을 확인할 수 있습니다.

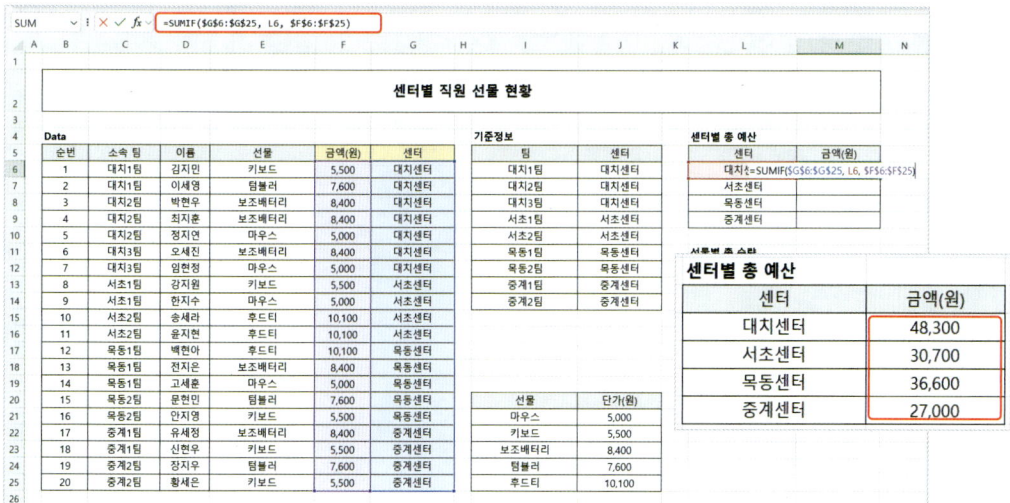

03 같은 방식으로 선물별 총 수량도 구해보겠습니다.

개인별 선물 데이터는 [E6:E25], 선물 이름은 [L13:L17] 범위에 위치해 있어.

선물별 총 수량을 알려주는 엑셀 함수식을 작성해 줘.

선물별로 총 수량을 계산하기 위해 COUNTIF 함수를 사용할 수 있습니다. COUNTIF 함수는 조건에 맞는 셀의 개수를 세는 함수입니다. 아래는 선물 이름별로 총 수량을 계산하는 함수식을 작성한 예입니다:

```excel
=COUNTIF($E$6:$E$25, L13)
```

이 함수식을 범위에 각각 적용하면 각 선물 이름에 대한 총 수량이 자동으로 계산됩니다.

04 함수식을 엑셀에 입력하면 얻고자 했던 데이터를 모두 얻을 수 있습니다. 챗GPT를 활용하면 어려운 엑셀 함수식도 손쉽게 구할 수 있습니다. 그러니 어려워하지 말고 적극 활용해 보세요!

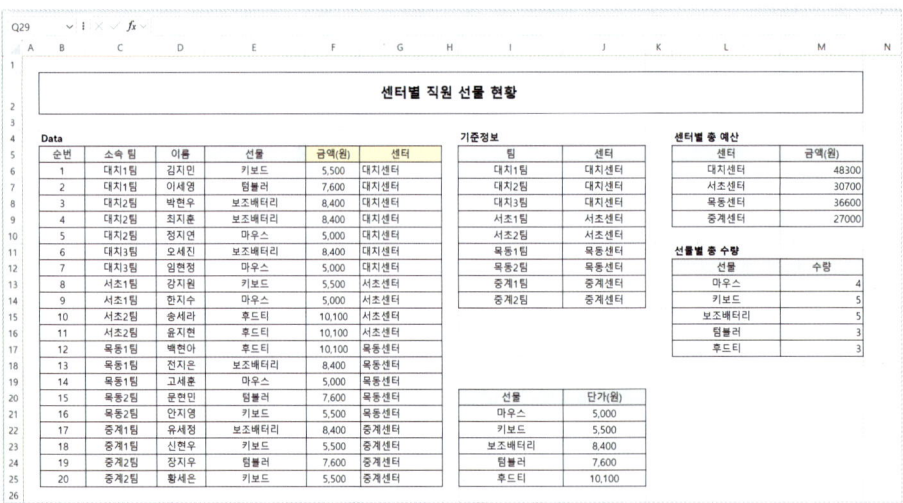

SECTION 7.2 스프레드시트에서 챗GPT API 활용하기

▶▶ 7.1절에서는 챗GPT를 활용해 엑셀 함수식을 작성하는 방법에 대해 배웠습니다. 이번에는 챗GPT API를 구글 스프레드시트와 결합해 사용하는 방법을 알아보겠습니다. 구글 스프레드시트에 챗GPT를 연동하면 반복적인 데이터 처리나 복잡한 분석을 자동화하고, 실시간으로 생성된 데이터를 협업 환경에서 즉각적으로 활용할 수 있습니다.

챗GPT API 불러오기

OpenAI는 챗GPT 기능을 다양한 서비스에서 활용할 수 있도록 API를 제공하고 있습니다. API는 서로 다른 소프트웨어가 데이터를 주고받고, 텍스트 생성이나 분석, 요약 같은 기능을 활용할 수 있도록 도와주는 인터페이스입니다. 이를 통해 구글 스프레드시트에서는 GPT 함수를 통해 데이터를 자동으로 분석하거나 요약하는 기능을 구현할 수 있습니다. 다만 이 작업은 유료로 이용할 수 있으며, 비용이 발생하지만 작업의 효율성을 높이고 시간을 절약할 수 있어 유용하게 활용될 수 있습니다.

01 OpenAI API 사이트(https://platform.openai.com/docs/overview)에 접속 후 우측 상단 [Sign Up] 버튼을 클릭해 회원 가입을 진행합니다.

NOTE 만약, 이미 가입되어 있는 상태라면 [Log in] 버튼을 클릭해 로그인합니다.

02 우측 상단 톱니바퀴 모양의 Settings 아이콘(⚙)을 눌러 설정(Organization settings)으로 이동합니다. [Oranization] – [Billing] 메뉴에서 [Payment methods] 탭을 클릭하여 신용카드를 등록합니다.

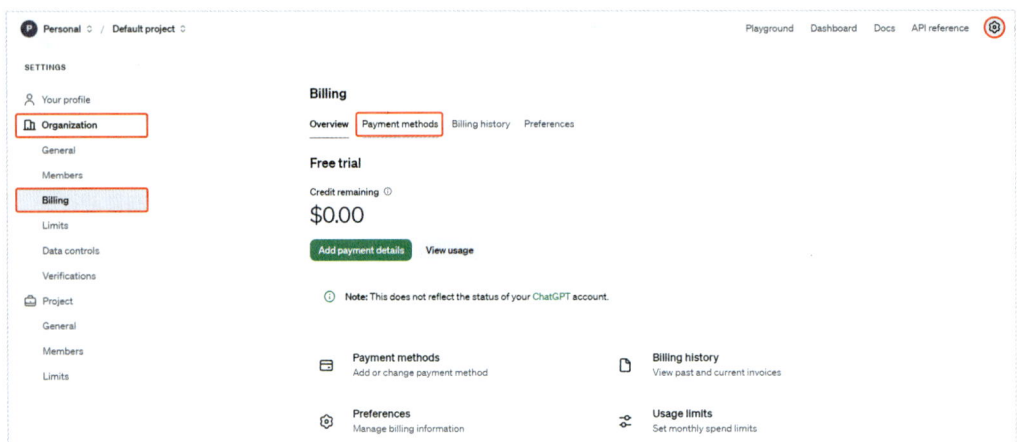

03 신용카드 등록이 완료되었다면, 다음 이미지와 같이 등록된 신용카드가 목록에 나타납니다.

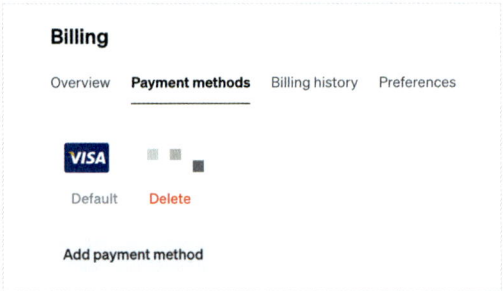

04 [Add to credit balance] 버튼을 클릭하고 사용할만큼의 달러($)를 입력 후 [Continue] 버튼을 클릭해 결제를 진행합니다.

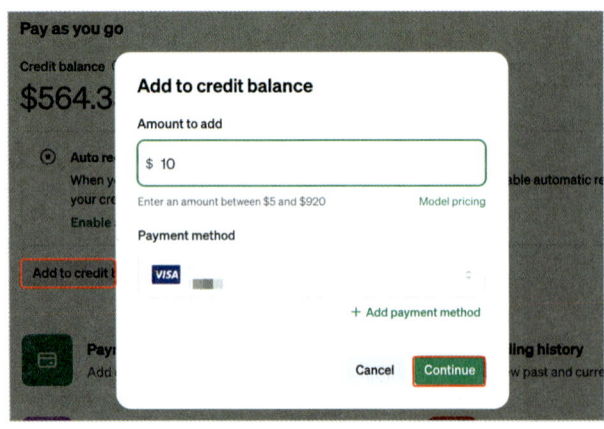

NOTE 금액은 $5부터 추가가 가능합니다 (즉, 최소 결제 금액인 $5 이상은 결제를 해야 합니다).

05 구글 스프레드시트에 챗GPT API를 불러오기 위해서는 API Key가 필요합니다. API Key를 확인하기 위해 API Key 관리 메뉴(https://platform.openai.com/api-keys)에 접속해서 [+ Create new secret key] 버튼을 클릭 후 전화번호 인증을 진행합니다.

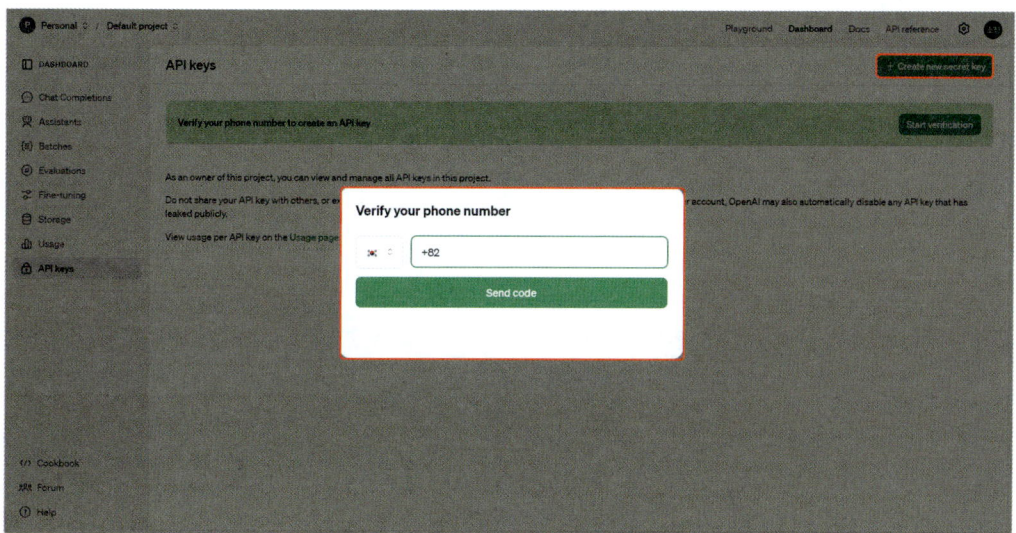

06 [Name]과 [Project]를 입력하고, [Create secret key] 버튼을 클릭합니다. 우리는 아직 생성한 프로젝트가 없기 때문에 'Default project'로 설정하겠습니다.

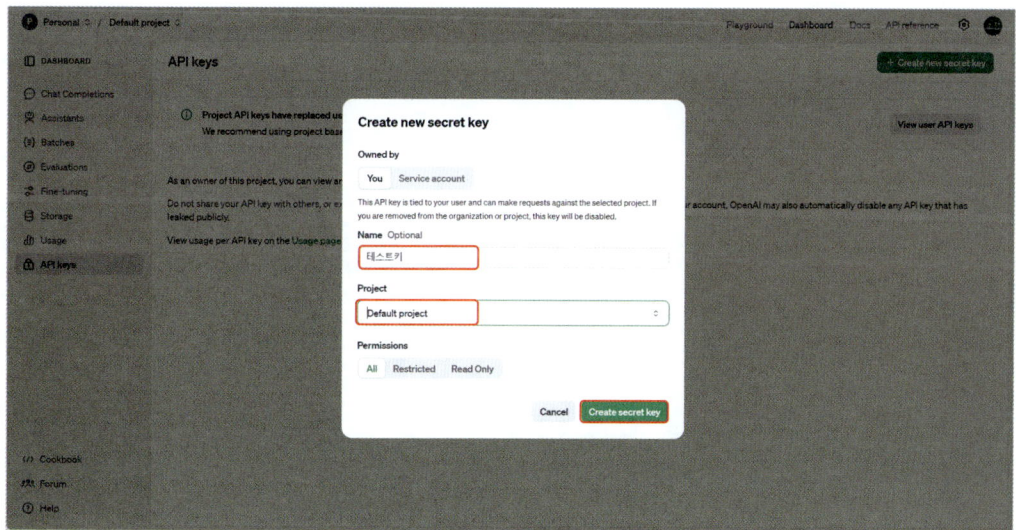

> **NOTE** 일반적으로 [Name]에는 해당 API Key 관리를 위한 이름, [Project]에는 기존에 생성한 프로젝트가 있는 경우에는 해당 프로젝트를 선택하고, 없는 경우에는 'Default project'를 선택합니다.

07 [Save your key] 창에 키가 나타나면, 우측 [Copy] 버튼을 클릭해 키를 복사할 수 있습니다. 이제 구글 스프레드시트에서 API를 연동해 사용할 수 있는 키가 생성되었습니다.

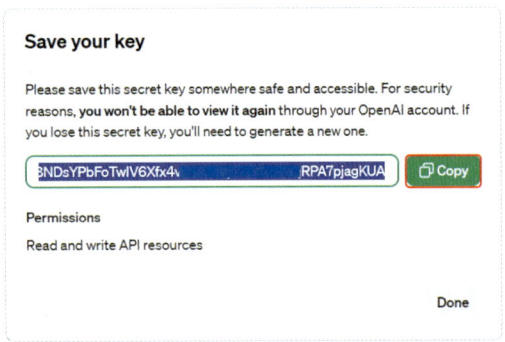

NOTE 키는 타인에게 공유하지 않고, 안전한 곳에 보관해야 합니다. 키가 유출되면 다른 사람이 내 API KEY를 사용해서 GPT를 사용할 수 있으며, 금액은 내 지갑에서 결제됩니다.

구글 스프레드시트에 프로그램 설치하기

구글 스프레드시트에서 GPT를 사용하기 위해서는 'GPT for Sheets and Docs'라는 프로그램을 설치해야 합니다. 'GPT for Sheets and Docs'는 구글 스프레드시트에서 GPT 함수를 활용할 수 있게 해 주는 프로그램 중 하나입니다.

01 구글에서 스프레드시트를 열고 [확장 프로그램] – [부가기능] – [부가기능 설치하기] 메뉴를 클릭합니다.

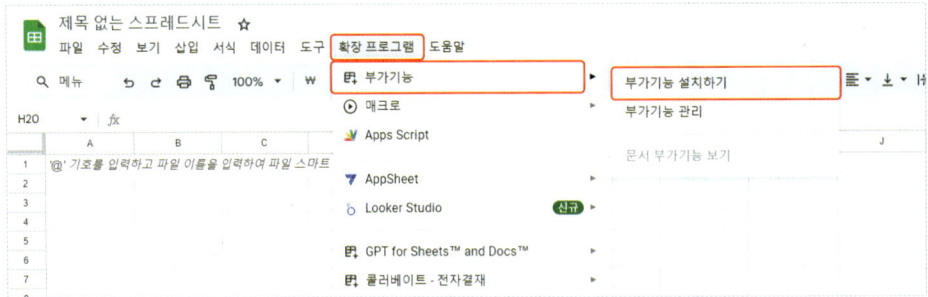

02 [앱 검색]에서 'GPT for Sheets and Docs'를 검색하고 [설치] 버튼을 클릭하여 설치를 진행합니다.

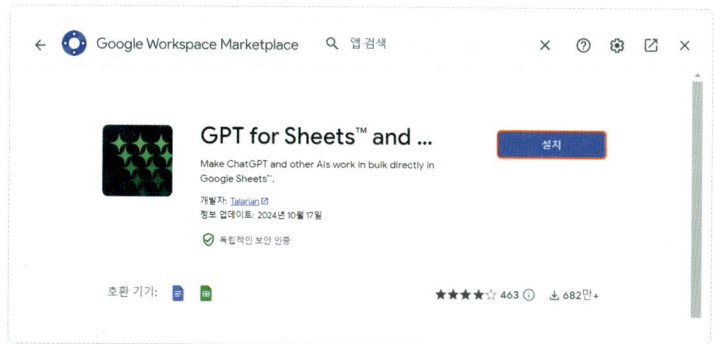

NOTE 'GPT for Sheets and Docs'는 무료 프로그램이 아닙니다. 처음 설치 시 0.5$ 크레딧을 지급하고, 크레딧을 모두 소진하면 추가로 결제해서 사용해야 합니다.

03 설치가 완료되면 다시 구글 스프레드시트로 돌아와 [확장 프로그램] - [GPT for Sheets and Docs] - [Open] 메뉴를 클릭합니다.

04 [GPT for Sheets and Docs] 창은 이미지와 같이 화면 오른쪽에 위치합니다. 이제 왼쪽 상단의 [메뉴] - [API keys]를 클릭합니다.

05 [OpenAI API Key]에 앞에서 복사했던 키를 붙여 넣고 [Save] 버튼을 클릭합니다.

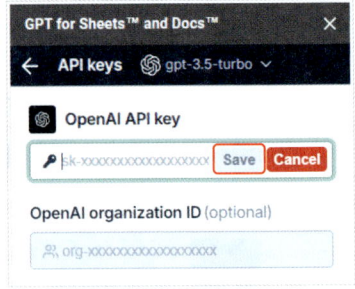

06 상단의 [gpt-3.5-turbo]를 클릭하면 다양한 API를 선택할 수 있습니다.

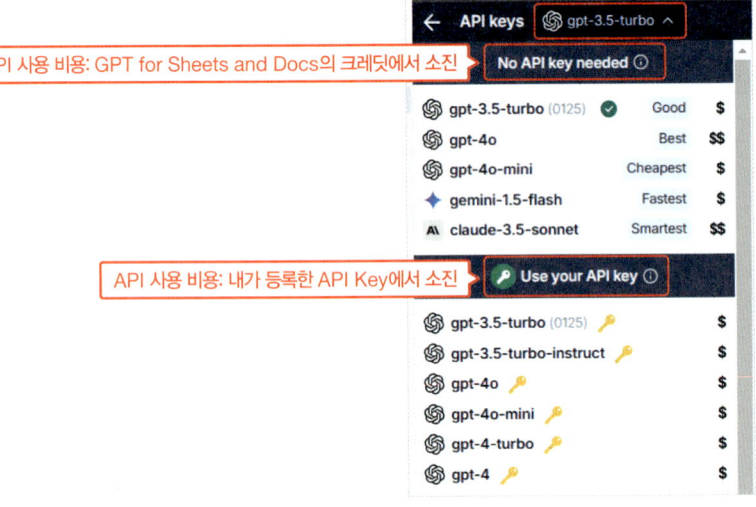

> **NOTE** 모델 별 사용 비용은 https://openai.com/api/pricing/에서 확인할 수 있습니다.

GPT 함수 활용하기

이제 엑셀이나 구글 스프레드시트에서 GPT를 불러올 준비가 되었습니다. 챗GPT API를 이용하면 스프레드시트에서 AI 기능을 손쉽게 활용할 수 있습니다. 관련한 다양한 함수를 살펴보며, 스프레드시트에서 실질적으로 어떻게 활용할 수 있는지 알아보겠습니다. 엑셀의 경우 MS365에서 'GPT for Excel word' 프로그램을 설치하면 사용 가능합니다. 이 책에서는 구글 스프레드시트에서만 실습하겠습니다.

살펴볼 함수들은 각각 특정한 용도와 기능을 가지고 있으며, 이를 통해 여러분이 스프레드시트를 더 효율적으로 사용할 수 있도록 도와줄 것입니다.

GPT( ) 함수

인사 평가나 자기소개서 작성 같은 업무를 할 때, 어떻게 하면 문구를 더 효과적으로 작성할 수 있을까요? 구글 스프레드시트에 설문조사를 통해 수집된 키워드를 입력하고, GPT( ) 함수를 사용해서 평가 문구를 작성해 보겠습니다.

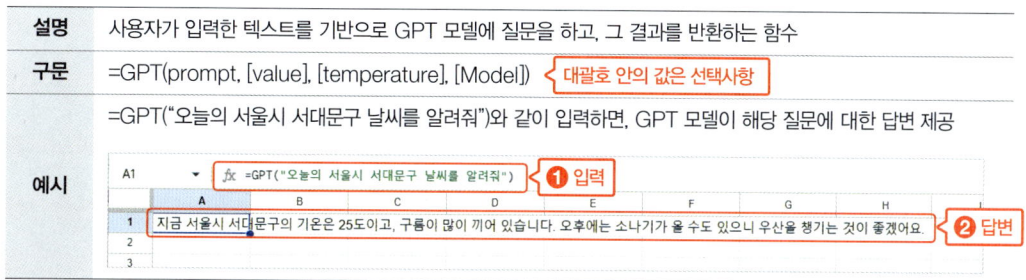

01 시트에 다음과 같이 이름과 수집된 키워드를 입력하고, 원하는 값을 얻기 위한 프롬프트를 작성했습니다.

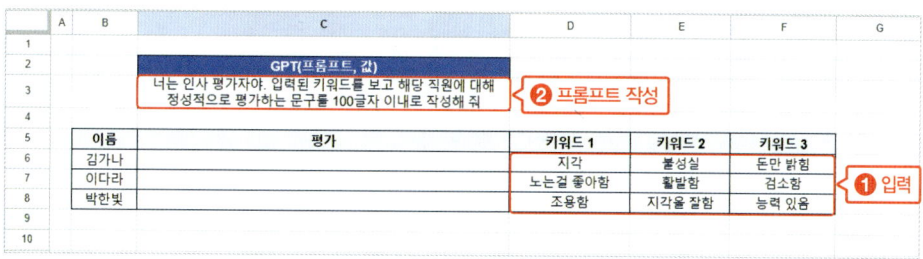

02 시트의 [C6] 셀을 선택하고 **=GPT($C$3, D6:F6)**을 입력합니다. $C$3에는 프롬프트가 작성되어 있고, [D6:F6] 범위는 세 가지 키워드를 포함하고 있습니다.

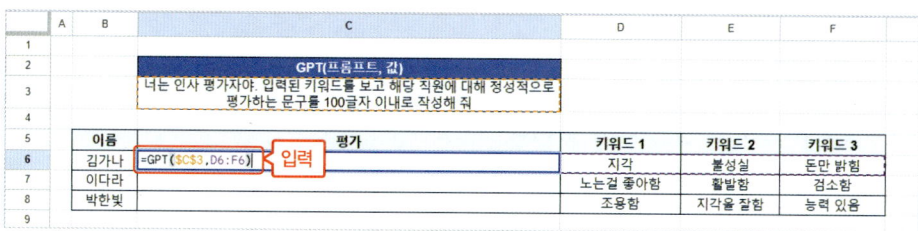

03 [C6] 셀과 같이 C열에 GPT() 함수를 입력하면 챗GPT가 작성해 준 평가 문구를 확인할 수 있습니다. 담당자는 이 문구를 수정하거나 보완해서 최종적인 평가 내용을 완성할 수 있습니다.

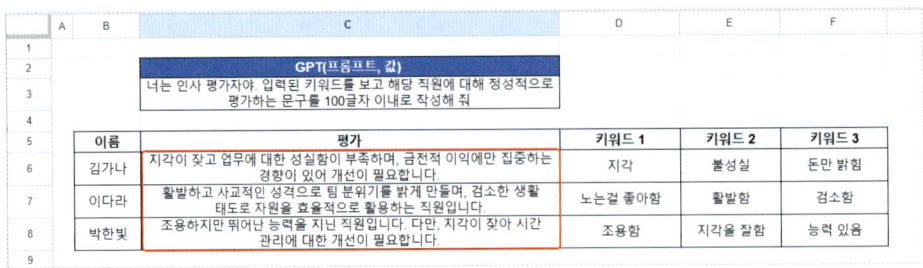

GPT_LIST( ) 함수

GPT_LIST 함수를 활용하면 창의적이고 매력적인 슬로건을 빠르게 만들어낼 수 있습니다. 빠르고 쉽게 회사 이미지를 돋보이게 할 수 있는 슬로건을 만들어 보겠습니다.

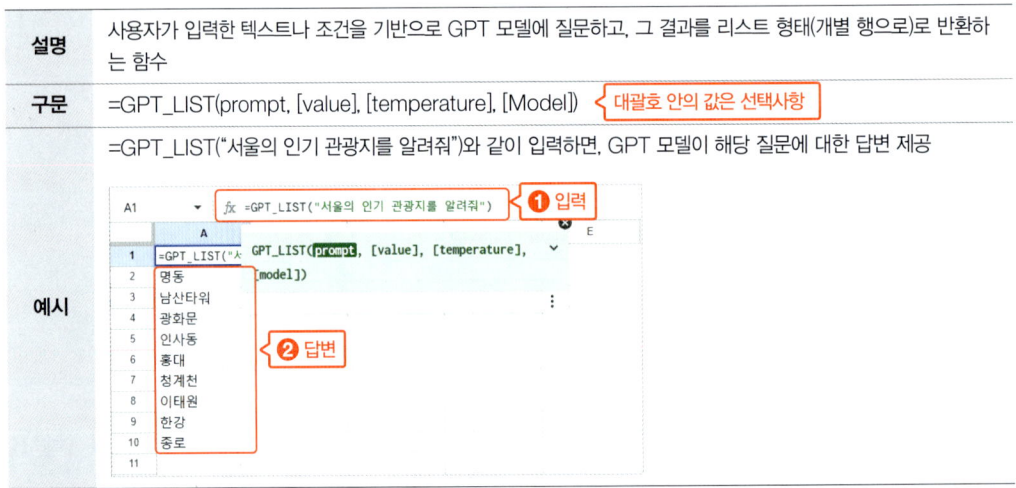

01 [B3] 셀에 챗GPT 페르소나를 부여하고, 원하는 답을 얻기 위한 프롬프트를 입력합니다. [C3] 셀에는 GPT가 반환할 결과의 개수(슬로건 개수)를 입력합니다.

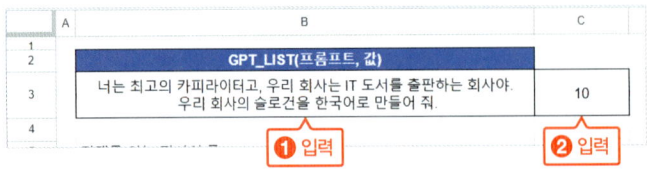

02 [B5] 셀을 선택하고 **=GPT_LIST(B3:C3)**을 입력합니다. [B3] 셀에 작성된 프롬프트를 기반으로, [C3] 셀에 지정된 10개의 결과 리스트를 반환하는 함수식입니다.

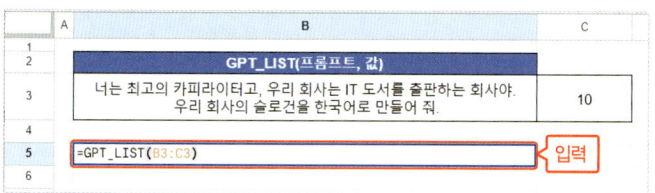

03 GPT_LIST( ) 함수를 입력한 것만으로 10개의 슬로건이 만들어졌습니다. 프롬프트 내용을 수정하며 다양한 슬로건을 제작해 보세요!

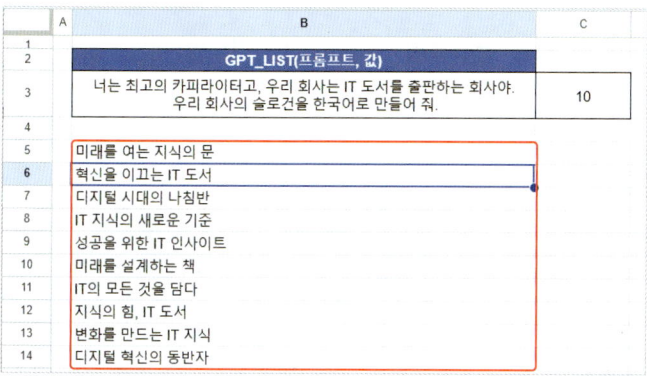

GPT_TABLE( ) 함수

데이터를 구조적으로 요약하거나 여러 항목에 대한 정보를 표 형식으로 반환해 주는 GPT_TABLE 함수는 제품 목록 정리, 매출 비교, 고객 피드백 분석, 보고서 생성 등 다양하게 활용할 수 있습니다.

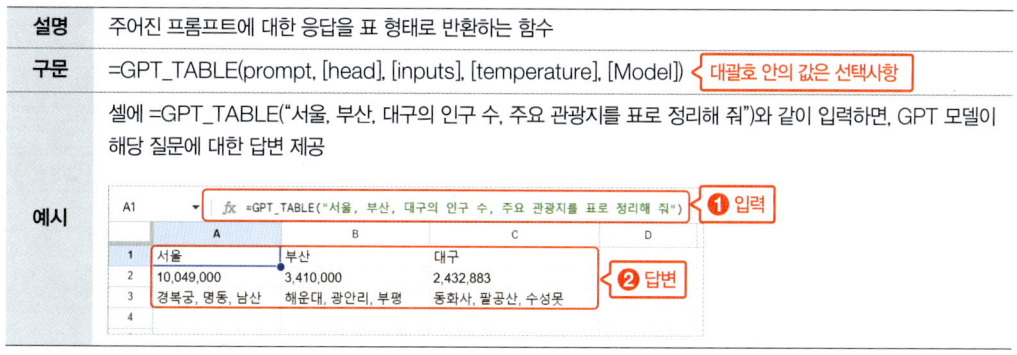

01 이번달 고객사와의 미팅 일정을 정리해 보려 합니다. 텍스트로 적어둔 미팅 일정을 스프레드시트에 복사하여 붙여 넣습니다.

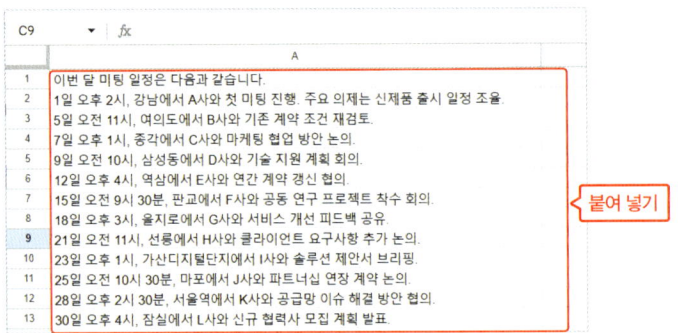

02 셀을 선택하고 **=GPT_TABLE("데이터를 표로 정리해줘", A2:A13)**를 입력합니다. 문장으로 되어 있던 미팅 일정이 표로 깔끔히 정리된 것을 확인할 수 있습니다.

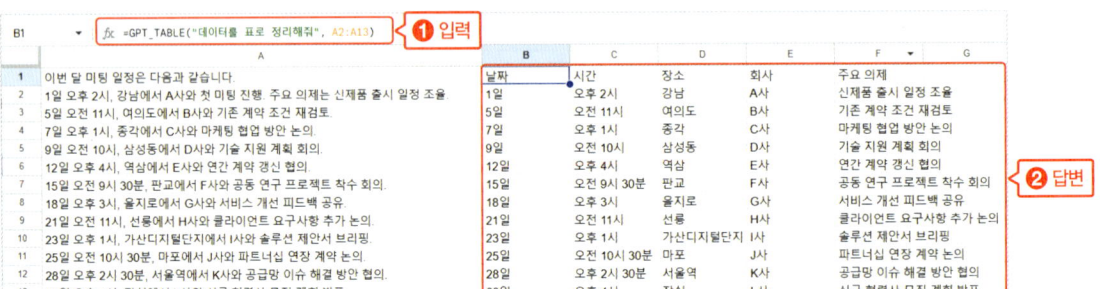

GPT_FORMAT( ) 함수

업무 일정 관리를 위해서는 날짜 형식을 일관되게 유지하는 것이 중요합니다. 데이터 가독성이 높아지고, 오류와 혼란을 방지할 수 있기 때문입니다. 다양한 날짜 형식을 통일된 형식으로 변환하기 위해 GPT_FORMAT 함수를 활용해 보겠습니다.

설명	사용자가 입력한 프롬프트와 데이터를 기반으로, 주어진 데이터를 지정한 형식에 맞게 변환하는 함수
구문	=GPT_FORMAT(input, target_format, [source_format], [temperature], [Model])

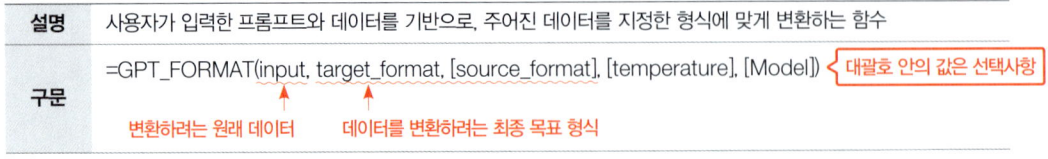

예시
=GPT_FORMAT("날짜를 YYYY-MM-DD 형식으로 변환해줘", "December 1st, 2024")와 같이 입력하면, GPT 모델이 해당 질문에 대한 답변 제공

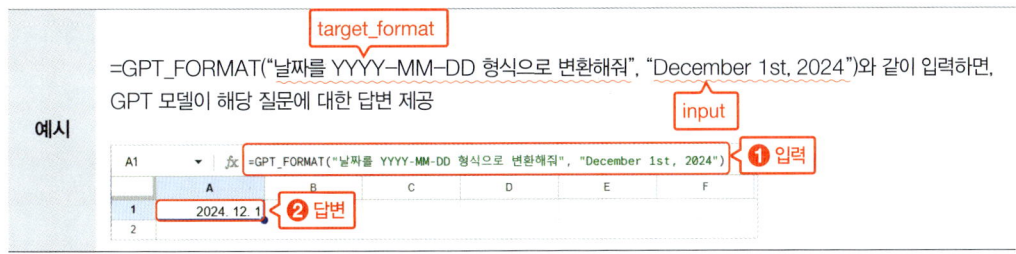

 **GPT_FORMAT 함수 구조**

FORMAT 함수의 예시를 보면 함수의 구문과 다르게 'target_format'이 앞에 오는 것을 알 수 있습니다. 이는 생성형 AI의 특성에 맞춘 것으로, 변환할 목적을 명확히 지시하는 프롬프트가 가장 중요하기 때문입니다. 사용자가 목적을 먼저 정의하고, 이를 어떤 데이터에 적용할지 지정하는 방식으로 설계된 것입니다.

01 구글 스프레드시트에 변환하고자 하는 데이터를 입력합니다. 현재 데이터는 표기 방식이 달라 한 눈에 파악하기 쉽지 않습니다.

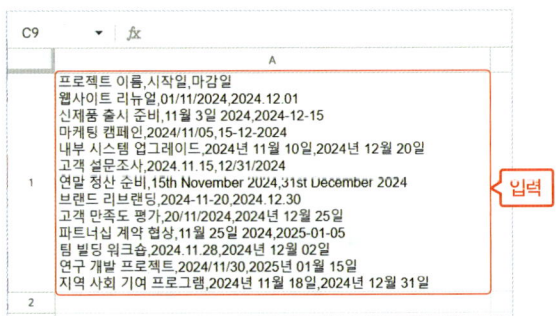

02 빈 셀을 선택하고 **=GPT_FORMAT("모든 날짜를 YYYY-MM-DD 형식으로 변환해 줘", A1)**를 입력합니다.

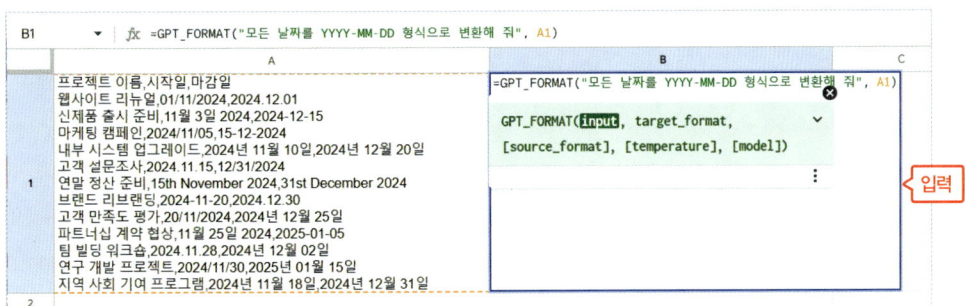

SECTION 7.2 스프레드시트에서 챗GPT API 활용하기   **215**

03 데이터 속의 날짜가 모두 YYYY-MM-DD 형식으로 변환되었습니다. 이 데이터는 앞에서 배운 GPT_TABLE 함수를 사용해 표로 변환할 수도 있습니다.

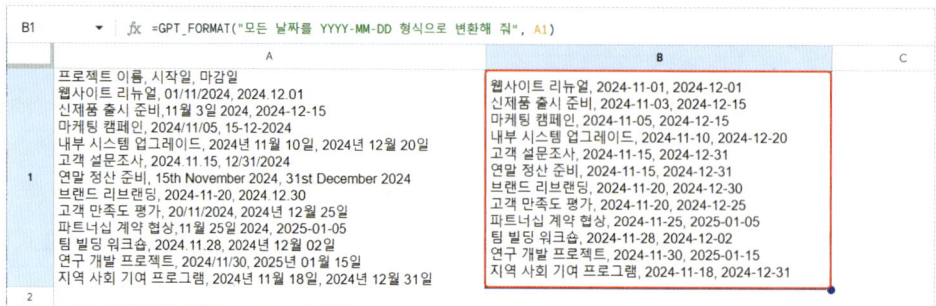

GPT_EXTRACT( ) 함수

회사에서는 여러 고객사나 부서별의 이메일 주소를 관리해야 할 때가 있습니다. 고객사에서 보내온 이메일을 도메인 기준으로 분류하면 각 회사와의 커뮤니케이션 기록을 쉽게 파악하고 관리할 수 있습니다. 이 작업을 수작업으로 진행한다면 많은 시간이 소요될 수 있으나, GPT_EXTRACT 함수를 활용하면 이메일의 도메인만 자동으로 추출하여 간편하게 분류할 수 있습니다.

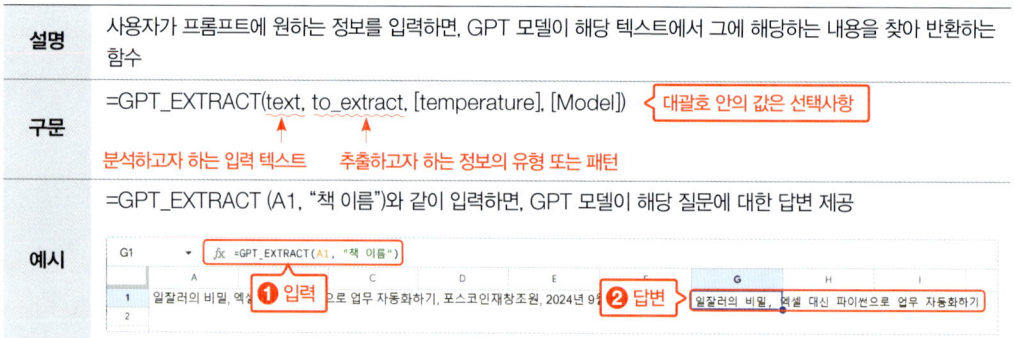

01 구글 스프레드시트에 추출하고자 하는 이메일 데이터를 입력합니다.

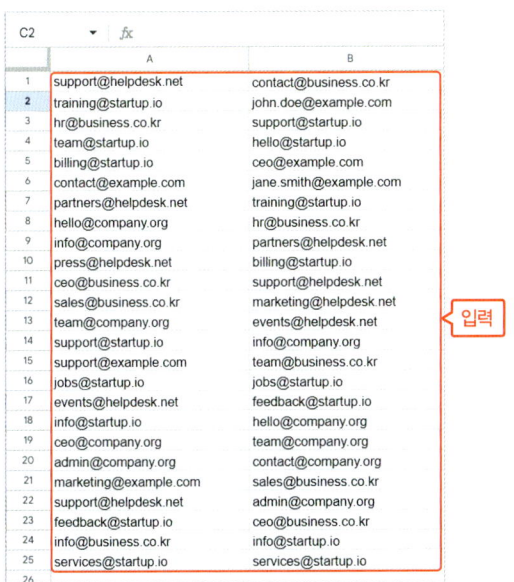

02 셀 하나를 선택하고 **=GPT_EXTRACT("같은 도메인 주소끼리 묶고, 주소마다 행갈이를 해 줘", A1:B25)**를 입력하면, 같은 도메인 주소끼리 묶어 보여줍니다.

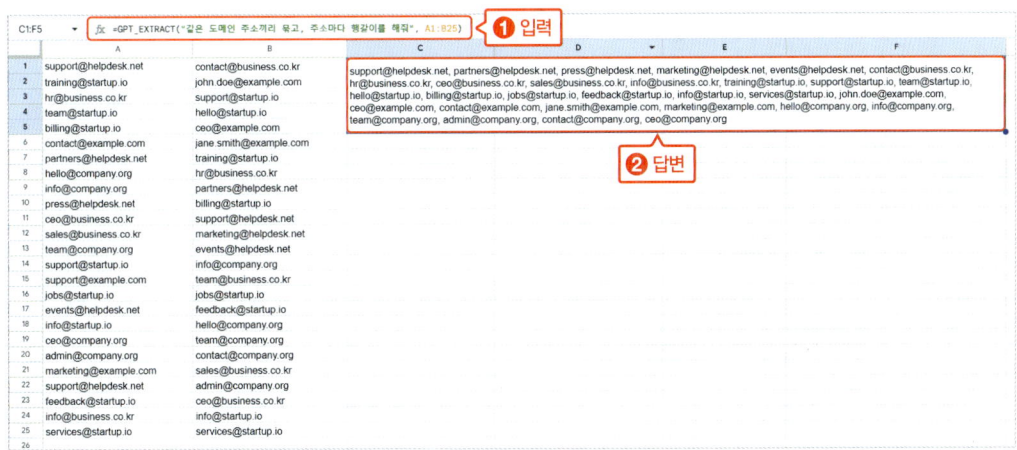

03 이때 사용된 도메인 주소만 알고 싶다면, **=GPT_EXTRACT("도메인 주소만"**, **A1:B25)**를 입력하면 됩니다. 여기서는 총 5개의 도메인 주소가 사용되었음을 알 수 있습니다.

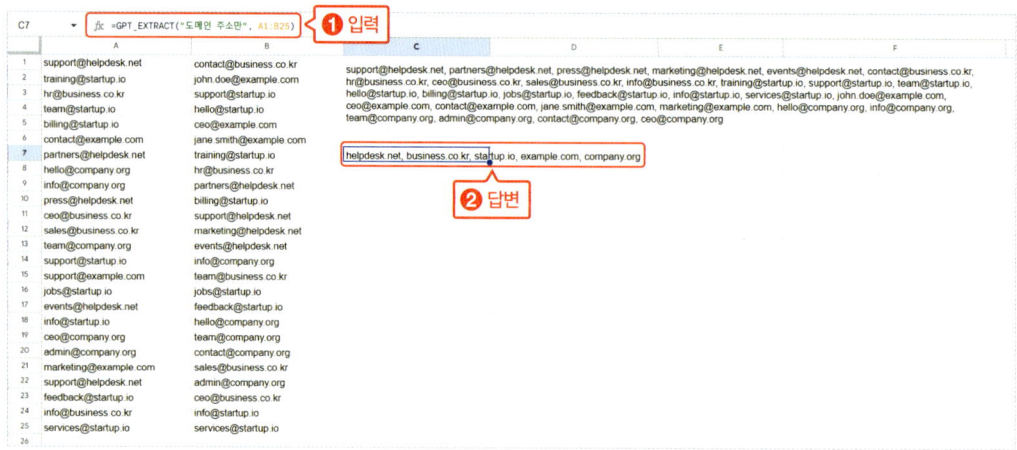

GPT_EDIT( ) 함수

회사에서는 여러 가지 문서를 체계적으로 정리하고 수정할 일이 자주 발생합니다. 특히 반복적이거나 규칙적인 수정 작업을 수작업으로 진행하면 많은 시간이 소요될 수 있습니다. 이때 GPT_EDIT 함수를 사용하면 시간과 노력을 절약할 수 있습니다. 작성한 회의록에 대해 '핵심 내용만 한 줄로 요약할 것'이라는 피드백을 받았다고 가정해 보겠습니다.

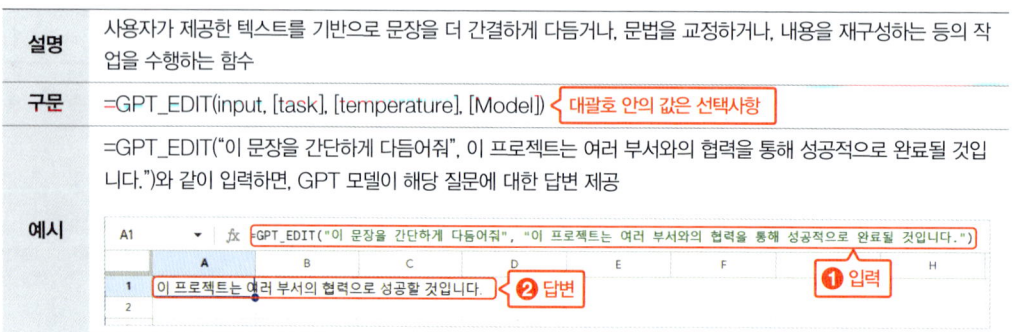

01 구글 스프레드시트에 작성한 회의록 초안을 입력합니다.

02 셀을 선택하고 피드백 받은 내용을 넣어 **=GPT_EDIT("이 회의록을 한 줄, 단답형으로 정리해 줘", A1:E5)**와 같이 입력합니다. 더 간결해 보이기 위해 단답형 조건을 추가했습니다. [A7] 셀을 보면 회의 내용이 전에 비해 간결히 정리되었음을 확인할 수 있습니다.

GPT_CLASSIFY( ) 함수

GPT_CLASSIFY 함수를 사용하면 텍스트 데이터를 자동으로 분석해서 적절한 카테고리로 분류할 수 있습니다. 신제품에 대한 고객 리뷰를 긍정적, 부정적, 중립적으로 분류하는 작업을 해보겠습니다.

설명	사용자가 제공한 텍스트를 주제나 카테고리별로 자동 분류하는 기능을 수행하는 함수
구문	=GPT_CLASSIFY(value, categories, [examples], [temperature], [Model]) ◀ 대괄호 안의 값은 선택사항
	=GPT_CLASSIFY("옷 재질도 두껍고 오버핏으로 청바지에 가볍게 연출하기 좋습니다.", "좋음, 나쁨, 중간")와 같이 입력하면, GPT 모델이 해당 질문에 대한 답변 제공
예시	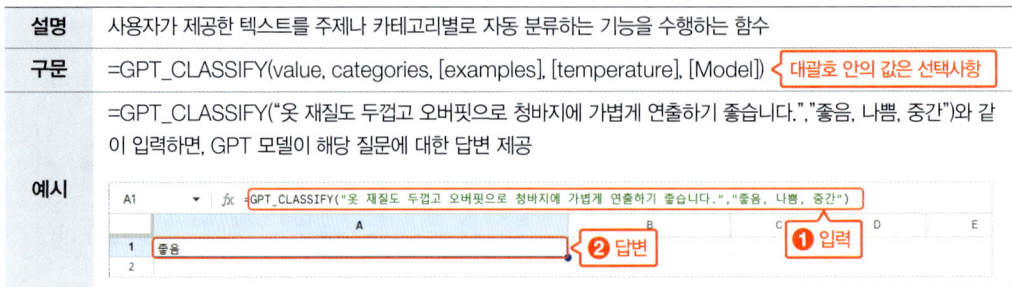

01 분류하고자 하는 리뷰를 구글 스프레드시트로 가져옵니다.

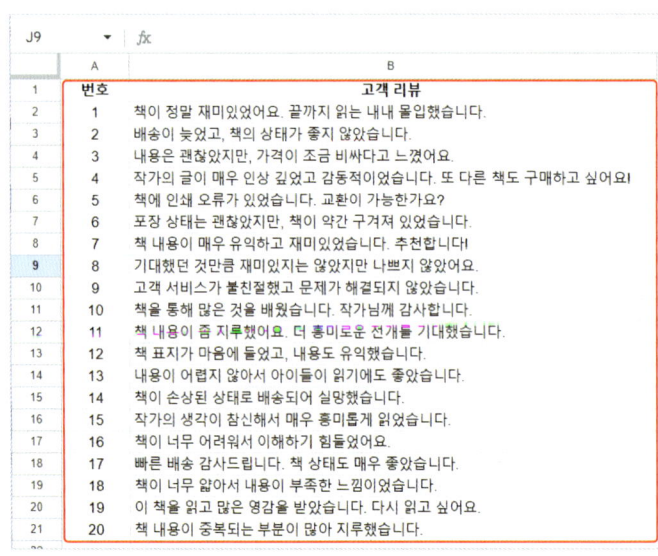

02 빈 셀을 선택하고 **=GPT_CLASSIFY(B2, "긍정적, 부정적, 중립적")**를 입력합니다. B2는 분류하고자 하는 텍스트입니다.

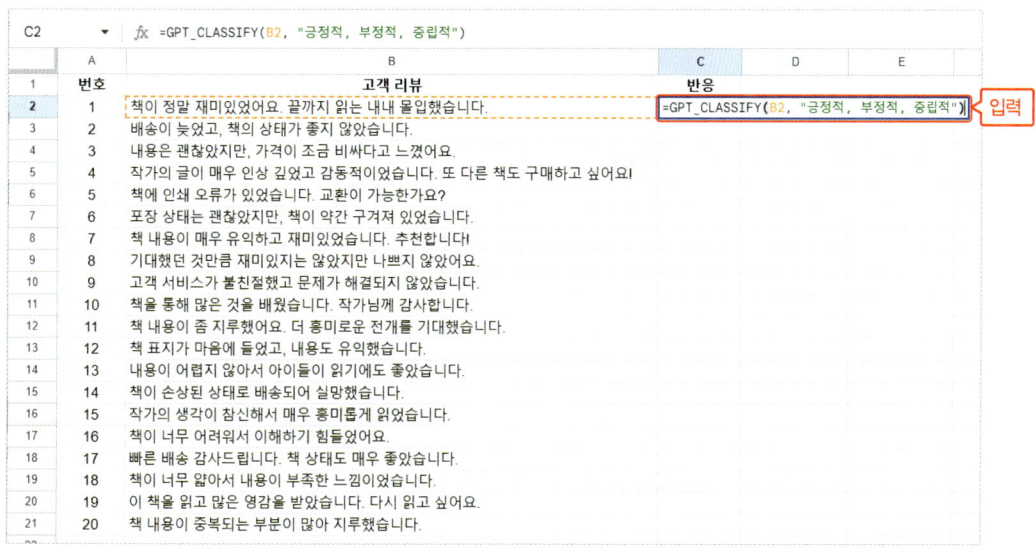

03 함수 입력 후 엔터 키를 누르면 고객 리뷰에 대한 반응을 확인할 수 있습니다. 셀마다 함수식을 입력하지 않고, 자동 채우기 기능을 사용하면 빠르게 반응을 확인할 수 있습니다.

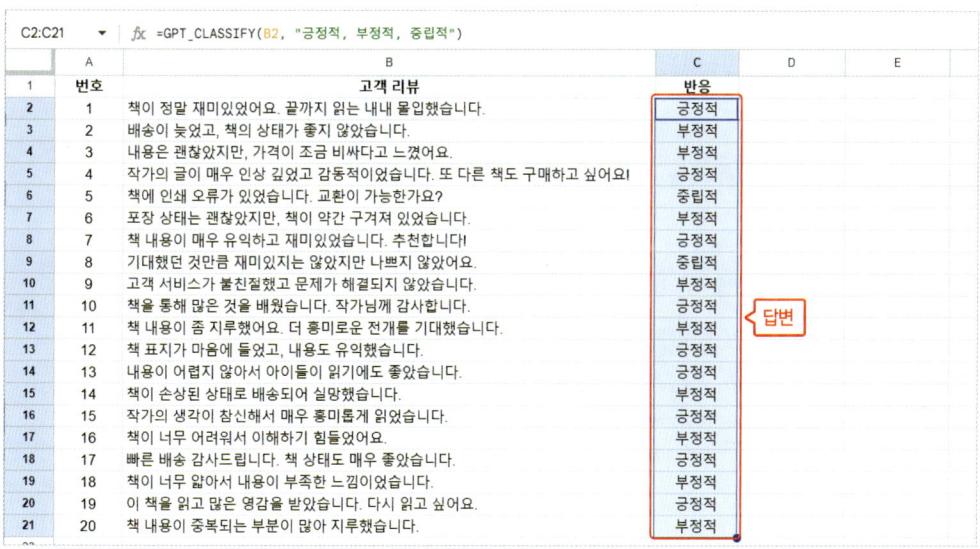

GPT_TAG( ) 함수

업무 중 발생한 이메일, 문서, 회의록 등에서 주요 키워드를 추출하여 태그를 부여하면 검색이나 관리가 편해집니다. GPT_TAG 함수를 사용하면 이 작업을 자동으로 수행할 수 있습니다. 마지막으로, 회사에서 받은 여러 이메일을 주제별로 자동 태그를 부여하는 작업을 해보겠습니다.

설명	텍스트의 주요 주제, 핵심 키워드, 또는 관련된 카테고리를 기반으로 적절한 태그를 자동으로 생성하는 함수
구문	=GPT_TAG(value, [tags], [examples], [top_k], [temperature], [Model]) ◀ 대괄호 안의 값은 선택사항
	물어보고자 하는 텍스트를 [A1] 셀에 입력 후 [B1] 셀에 =GPT_TAG("A1")와 같이 입력하면, GPT 모델이 해당 질문에 대한 답변 제공
예시	

01 태그를 부여하고자 하는 이메일을 구글 스프레드시트에 붙여 넣습니다.

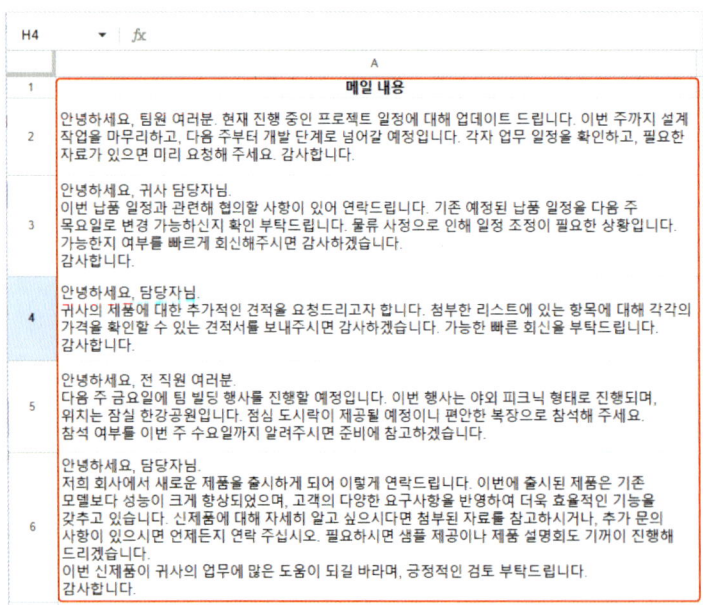

02 빈 셀을 선택하고 **=GPT_TAG(A2)**를 입력 후 엔터 키를 누르면 자동으로 태그가 부여됩니다.

03 자동 채우기 기능을 통해 남은 메일도 빠르게 태그를 부여할 수 있습니다. 이렇게 이메일 내용을 스프레드시트에 붙여넣고 GPT_TAG() 함수를 사용하면 각 이메일에 대해 자동으로 태그를 생성하여 문서나 정보를 체계적으로 관리할 수 있습니다.

CHAPTER  08

나만의 웹페이지 만들기

▶▶▶

챗GPT가 가져온 가장 큰 변화로 코딩의 접근성을 꼽을 수 있습니다. 챗GPT를 활용하면 코딩 경험이 없는 사람들도 HTML 코드를 사용해 쉽게 웹페이지를 만들 수 있습니다. 이를 통해 웹페이지 개발 아이디어를 빠르게 시각화하고 제품을 홍보할 수 있는 방법을 제공합니다.

SECTION 8.1 상품 상세 페이지 제작하기

▶▶ 챗GPT를 활용하면 초보자도 코딩을 할 수 있다고 했지만, 애플리케이션 제작이나 고수준의 서비스 개발까지 가능하다는 의미는 아닙니다. 그러나 프로토타이핑 수준의 웹사이트 정도는 챗GPT와의 대화만으로도 충분히 제작할 수 있습니다. 이번 절에서는 상품 정보를 생성하고 간단한 상품 상세 페이지를 제작해 보겠습니다.

상품 정보 생성하기

웹사이트에 연동될 상품 상세 페이지나 랜딩 페이지를 제작하는 것은 상당히 까다로운 일이었습니다. 이런 페이지는 단순히 정보만 나열하는 것이 아니라 사용자 경험을 고려하여 디자인 요소, 레이아웃, 반응형 설정 등을 정교하게 조합해야 하기 때문입니다. 그러나 이제는 챗GPT의 도움으로 상대적으로 간단하게 웹페이지를 제작할 수 있습니다. 이번에는 챗GPT로 '상품 페이지 제작'에 필요한 코드 작성부터 이를 웹사이트로 전환하는 과정까지 진행해 보겠습니다.

상품의 종류는 여러분의 직종에 따라 얼마든지 달라질 수 있습니다. 우리는 환경을 생각하며 제작한 '에코 스마트 텀블러'가 신상품으로 출시되었다고 가정해 보겠습니다. 실제로 회사에서 신상품이 출시된 경우에는 상품 정보를 그대로 사용하면 되지만, 우리는 상품 정보도 챗GPT에게 만들어 달라고 요청해 보겠습니다.

 이번에 회사에서 환경을 생각하며 제작한 '에코 스마트 텀블러'가 출시되었어. 상품 페이지를 만들 예정인데, 그 전에 상품 정보를 만들어 줘.

 상품명: 에코 스마트 텀블러

1. **친환경 인증**: 에코 스마트 텀블러는 친환경 소재로 제작되어 환경부로부터 공식 인증을 받았습니다. 사용된 소재는 생분해성 및 재활용이 가능하여 지구 환경 보호에 기여합니다.

2. **내구성**: 고급스러운 스테인리스 스틸 소재를 사용하여 오랜 기간 사용에도 변형이나 손상이 적으며, 내부는 이중 벽 구조로 설계되어 음료의 온도를 장시간 유지합니다.

3. **디자인:** 현대적이고 심플한 디자인에 초점을 맞추어, 일상에서 사용하기 적합하며, 사무실이나 야외 활동 시에도 어울리는 스타일리시한 외관을 자랑합니다.

4. **컬러 옵션:** 다양한 개성을 반영할 수 있도록 자연에서 영감을 받은 색상으로 구성되어 있습니다. 미니멀 화이트, 에코 그린, 스카이 블루, 얼스 브라운 등의 옵션이 제공되어 개인의 취향에 따라 선택할 수 있습니다.

5. **용량:** 일상 사용에 최적화된 500ml 용량으로 설계되어, 충분한 수분 섭취가 가능하며 휴대하기에도 편리합니다.

6. **스마트폰 연동 기능:** 전용 애플리케이션을 통해 스마트폰과 블루투스로 연동되며, 사용자의 수분 섭취량을 모니터링하고 건강 관리에 도움을 줍니다. 또한, 음료의 온도를 실시간으로 확인할 수 있는 기능과 일일, 주간 목표 달성을 위한 알림 기능을 제공합니다.

7. **가격:** 59,000원

8. **출시일:** 2024년 11월 26일

> **NOTE** 랜딩 페이지란 사용자가 특정 광고, 링크, 또는 검색 결과를 클릭한 후 처음으로 도착하는 웹페이지입니다.

웹페이지 제작하기

웹페이지 제작은 기본적으로 기획, 디자인, 콘텐츠 작성, 코딩의 단계가 필요합니다. 이러한 과정을 통해 웹페이지의 구조와 시각적 요소를 계획하고, HTML, CSS, JavaScript 등을 사용해 실제 페이지를 구현합니다. 하지만 각 단계를 모두 거치지 않고 바로 HTML 형식으로 코드를 요청하여 웹페이지의 기본 틀을 만드는 것도 가능합니다. 이는 챗GPT가 웹 개발과 관련된 다양한 지식과 디자인 원칙을 학습하고 있어, 간단한 설명만으로도 요구 사항을 자동으로 분석해 기본적인 웹페이지 구조를 코드로 구현할 수 있기 때문입니다.

 **여기서 잠깐 ▶** **웹페이지와 HTML**

HTML은 웹페이지의 구조를 정의하는 가장 기초적인 언어입니다. 배우기 쉽고 이해하기 간단하기 때문에, 초보자가 처음 웹페이지를 만들 때 많이 사용됩니다. HTML은 웹페이지의 기본적인 틀을 제공하며, 여기에 CSS와 JavaScript를 추가해 디자인과 기능이 완성됩니다. 따라서 HTML은 웹페이지 제작에서 필수적인 요소로, 챗GPT에 HTML 코드를 요청하면 빠르게 기본 구조를 잡을 수 있습니다.

코드 작성 요청하기

챗GPT에게 웹페이지 코드 작성을 요청합니다. 챗GPT는 상품의 상세 페이지를 생성하기 위한 코드 작성 작업을 시작하며, 이 코드는 HTML 형식으로 작성됩니다. HTML 문법을 알고 있다면 챗GPT가 제공한 코드를 바탕으로 수정 방향을 제시하는 것이 훨씬 편리합니다. 그러나 HTML 문법을 모른다 하더라도 크게 문제되지 않습니다.

 당신은 **경력 많은 웹 개발자**입니다[페르소나]. 다음 상품 정보를 바탕으로 1페이지짜리 상품 상세 페이지를 만들 수 있게 HTML 형식으로 답변해 주세요.

상품 정보
상품명: 에코 스마트 텀블러

... (중략) ...

7. 가격: 59,000원
8. 출시일: 2024년 11월 26일

다음은 상품 정보를 바탕으로 작성한 에코 스마트 텀블러 상세 페이지의 HTML 코드입니다. 필요에 따라 스타일이나 내용을 수정하시면 좋겠습니다.

```html
HTML                                             [HTML 형식으로 답변]        | 코드복사

<!DOCTYPE html>
<html lang="ko">
<head>
    <meta charset="UTF-8">
    <meta name="viewport" content="width=device-width, initial-scale=1.0">
    <title>에코 스마트 텀블러</title>
    <style>
        body { font-family: 'Arial', sans-serif; padding: 20px; line-height: 1.6; color: #333; }
        .container { max-width: 800px; margin: auto; }
        h1, h2 { color: #006699; }
        p { margin: 10px 0; }
        .features { margin: 20px 0; }
        .feature { margin-bottom: 10px; }
```

```html
            .price { font-size: 24px; font-weight: bold; color: #d35400; }
            .launch-date { font-style: italic; }
        </style>
    </head>
    <body>
        <div class="container">
            <h1>에코 스마트 텀블러</h1>
            <p>환경을 생각하는 당신에게 최적화된 선택, 에코 스마트 텀블러입니다. 친환경 소재로 제작되어 지구 환경 보호에 기여하며, 음료의 온도를 장시간 유지시켜주는 고급스러운 스테인리스 스틸 소재를 사용합니다. 현대적이고 심플한 디자인으로 일상 생활뿐만 아니라 어떤 환경에서도 완벽하게 어울립니다.</p>
            <h2>주요 특징</h2>
            <div class="features">
                <p class="feature"><strong>친환경 인증:</strong> 환경부로부터 공식 인증을 받은 친환경 소재 사용.</p>
                <p class="feature"><strong>내구성:</strong> 스테인리스 스틸 소재와 이중 벽 구조로 오랜 사용에도 변형이나 손상이 적음.</p>
                <p class="feature"><strong>디자인:</strong> 현대적이고 심플한 디자인으로 일상 사용에 적합.</p>
                <p class="feature"><strong>컬러 옵션:</strong> 미니멀 화이트, 에코 그린, 스카이 블루, 얼스 브라운 등 다양한 색상 제공.</p>
                <p class="feature"><strong>용량:</strong> 500ml 용량으로 일상 사용에 최적화.</p>
                <p class="feature"><strong>스마트폰 연동 기능:</strong> 전용 애플리케이션을 통한 스마트폰 블루투스 연동, 수분 섭취량 모니터링 및 음료 온도 실시간 확인 가능.</p>
            </div>
            <p class="price">가격: ₩59,000</p>
            <p class="launch-date">출시일: 2024년 8월 26일</p>
        </div>
    </body>
</html>
```

이 HTML 파일을 **index.html**로 저장한 후, 웹 브라우저에서 열면 상품 상세 페이지를 확인할 수 있습니다.

 **여기서 잠깐 ▶**   **HTML 코드 저장하기**

윈도우에서 HTML 파일을 저장하는 방법은 다음과 같습니다.

1. 메모장 또는 원하는 텍스트 편집기를 엽니다.

2. 챗GPT가 제공해 준 HTML 코드를 붙여넣기 합니다.

3. [파일] 메뉴에서 [다른 이름으로 저장]을 선택합니다.

4. [파일 이름]을 'index.html'로 입력합니다.

5. [파일 형식]을 '모든 파일(*.*)'로 선택합니다.

6. [인코딩]을 'UTF-8'로 설정합니다.

7. [저장 위치]를 선택하고 [저장] 버튼을 클릭합니다.

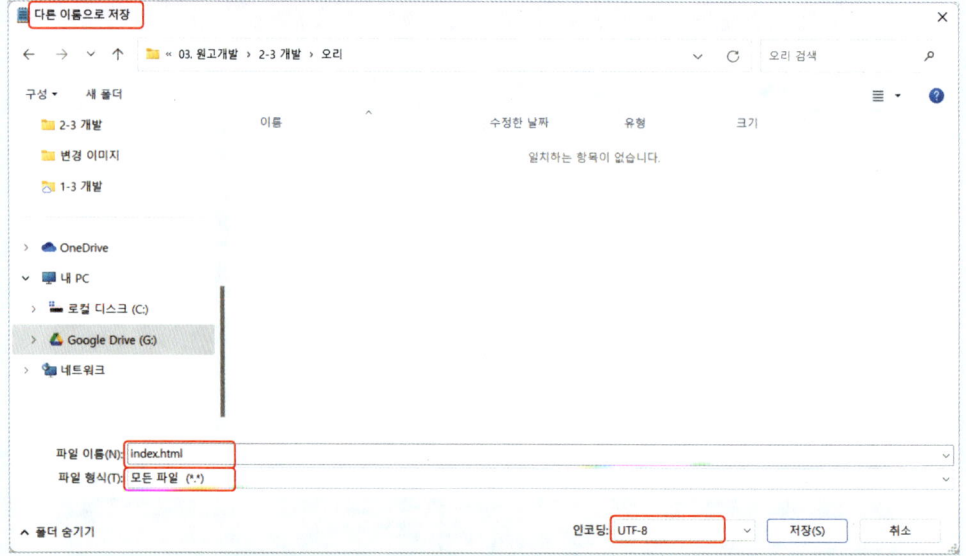

웹페이지 확인하기

'index.html' 파일을 저장한 후, 웹페이지의 시각적 결과를 보기 위해서는 해당 파일이 위치한 폴더에서 'index.html' 파일을 더블 클릭합니다. 기본 웹 브라우저가 열리고, 작성한 HTML 코드에 따른 웹페이지가 표시됩니다. 이 과정을 통해 작성한 웹페이지의 디자인과 기능이 올바르게 구현되었는지 확인할 수 있습니다.

SECTION 8.2 상품 상세 페이지 개선하기

▶▶ 8.1절에서 챗GPT의 도움으로 간단한 틀을 갖춘 상품 상세 페이지를 만들었습니다. 기본적인 구조는 상품의 핵심 정보를 빠르게 전달하기에는 적합하지만, 시각적인 매력을 더하기 위해서는 개선이 필요합니다.

웹페이지 개선하기

챗GPT가 제공한 코드를 단순히 복사하여 붙여 넣음으로써 상품 상세 페이지가 생성되었지만, 여전히 개선해야 할 부분이 많습니다. 현재는 기본적인 디자인만 되어있고 참고할 수 있는 제품 이미지가 없으며, 제공되는 정보도 충분하지 않습니다. 이 상태로는 제품을 성공적으로 판매하기 어려워 보입니다. 챗GPT와의 대화를 통해 상품 상세 페이지를 개선해 보겠습니다.

이미지 추가하기

상품을 효과적으로 홍보하기 위해서 매력적인 상품 이미지는 필수입니다. 실제 상품 이미지를 첨부할 수도 있지만, 우리는 상품 정보에 적절하게 챗GPT에 이미지를 생성을 요청해 보겠습니다.

01 '에코 스마트 텀블러'라는 상품에 맞게 친환경이 강조되는 이미지를 요청합니다. 챗GPT는 요청에 맞춰 이미지를 생성해 주었으며, 이미지에 글자가 포함되어 있는 것을 확인할 수 있습니다.

 '에코 스마트 텀블러' 상품에 어울리는 텀블러 이미지를 추가하고 싶어. 친환경을 강조한 스튜디오에서 촬영한듯한 상품 이미지를 생성해 줘.

친환경을 강조한 상품 이미지를 추가하였습니다. 이제 이 이미지를 사용하여 HTML 코드에 포함시킬 수 있습니다.

02 DALL·E 3가 이전 버전에 비해 텍스트 표현 능력이 개선되기는 했지만, 아직 글자를 만족스럽게 표현하기에는 부족함이 있습니다. 따라서, 이미지를 생성할 때는 가능한 글자를 포함하지 않는 것이 좋습니다. 이에, 글자를 제외하고 이미지를 다시 생성해 달라고 요청합니다. 원하는 배경이나 강조하고 싶은 부분이 있다면 함께 작성합니다.

로고와 글자는 모두 삭제하고, 숲속에서 촬영한 것처럼 배경을 변경해 줘. 아침 이슬을 맞은 텀블러를 아웃포커싱 효과를 주어 강조하고, 이 이미지가 포함된 HTML 코드를 보내줘.

요청하신 숲속 배경과 아침 이슬을 맞은 텀블러 이미지를 포함한 HTML 코드입니다.

```html
<!DOCTYPE html>
<html lang=" ">
<head>
    <meta charset=" ">
    <meta name=" " content="                    ">
    <title>에코 스마트 텀블러</title>
    <link rel=" " href=" ">
    <style>
        body {
            font-family: Arial, sans-serif;
            line-height: 1.6;
            background-color: #f0f0f0;
            color: #333;
            margin: 0;
            padding: 0;
        }
        .container {
            max-width: 800px;
            margin: 50px auto;
            padding: 20px;
            background-color: #fff;
            border-radius: 8px;
            box-shadow: 0 4px 8px rgba(0, 0, 0, 0.1);
        }
        .header {
            text-align: center;
            margin-bottom: 20px;
        }
        .header h1 {
            color: #2e7d32;
        }
        .features {
            margin-bottom: 20px;
        }
        .feature-item {
            margin-bottom: 10px;
        }
        .colors {
            display: flex;
            gap: 10px;
            margin-bottom: 20px;
```

```css
        }
        .color-option {
            flex: 1;
            padding: 20px;
            border-radius: 4px;
            text-align: center;
            color: #fff;
        }
        .white { background-color: #e0e0e0; color: #000; }
        .green { background-color: #4caf50; }
        .blue { background-color: #64b5f6; }
        .brown { background-color: #8d6e63; }
        .cta {
            text-align: center;
            margin-top: 20px;
        }
        .cta button {
            padding: 10px 20px;
            background-color: #2e7d32;
            color: #fff;
            border: none;
            border-radius: 4px;
            cursor: pointer;
            font-size: 16px;
        }
        .cta button:hover {
            background-color: #256628;
        }
        .product-image {
            text-align: center;
            margin-bottom: 20px;
        }
        .product-image img {
            max-width: 100%;
            border-radius: 8px;
        }
    </style>
</head>
<body>
    <div class="container">
        <div class="header">
            <h1>에코 스마트 텀블러</h1>
            <p>환경을 생각하는 당신의 스마트한 선택</p>
```

```html
        </div>
        <div class=            >
            <img src=
            alt=                    >
        </div>
        <div class=         >
            <h2>주요 특징</h2>
            <div class=              ><strong>친환경 인증:</strong> 친환경 소재로 제작되어 환경부 공식 인증을 받았습니다. 생분해성 및 재활용 가능한 소재를 사용하여 지구 환경 보호에 기여합니다.</div>
            <div class=              ><strong>내구성:</strong> 고급 스테인리스 스틸 소재와 이중 벽 구조로 음료의 온도를 장시간 유지하며, 오랜 기간 사용에도 변형이 적습니다.</div>
            <div class=              ><strong>디자인:</strong> 현대적이고 심플한 디자인으로 일상, 사무실, 야외 활동 모두에 잘 어울립니다.</div>
            <div class=              ><strong>컬러 옵션:</strong> 자연에서 영감을 받은 다양한 색상으로 제공됩니다.</div>
            <div class=              ><strong>용량:</strong> 500ml로 일상적인 수분 섭취에 최적화되어 있습니다.</div>
            <div class=              ><strong>스마트폰 연동 기능:</strong> 전용 앱을 통해 블루투스로 연동되어 수분 섭취량을 모니터링하고, 음료의 온도를 실시간으로 확인할 수 있습니다.</div>
            <div class=              ><strong>가격:</strong> 59,000원</div>
            <div class=              ><strong>출시일:</strong> 2024년 11월 26일</div>
        </div>
        <div class=         >
            <div class=                     >미니멀 화이트</div>
            <div class=                     >에코 그린</div>
            <div class=                     >스카이 블루</div>
            <div class=                     >얼스 브라운</div>
        </div>
        <div class=         >
            <button>지금 구매하기</button>
        </div>
    </div>
</body>
</html>
```

이미지 경로(path/to/your/image.png)를 실제 이미지 파일 경로로 변경해 주세요.

03 이미지를 웹페이지에 추가하기 위해서는 먼저 이미지를 다운로드해야 합니다. 이미지의 우측 상단으로 마우스를 가져가면 다운로드(↓) 아이콘이 나타납니다. 다운로드 받은 이미지는 'WEBP' 형식으로 저장되는데, 이 이미지를 'index.html' 파일과 같은 폴더 내에 저장합니다.

04 이미지 저장 후 다시 'index.html' 파일을 더블 클릭하여 웹페이지를 열었을 때 아직 이미지가 로드되지 않은 것을 확인할 수 있습니다.

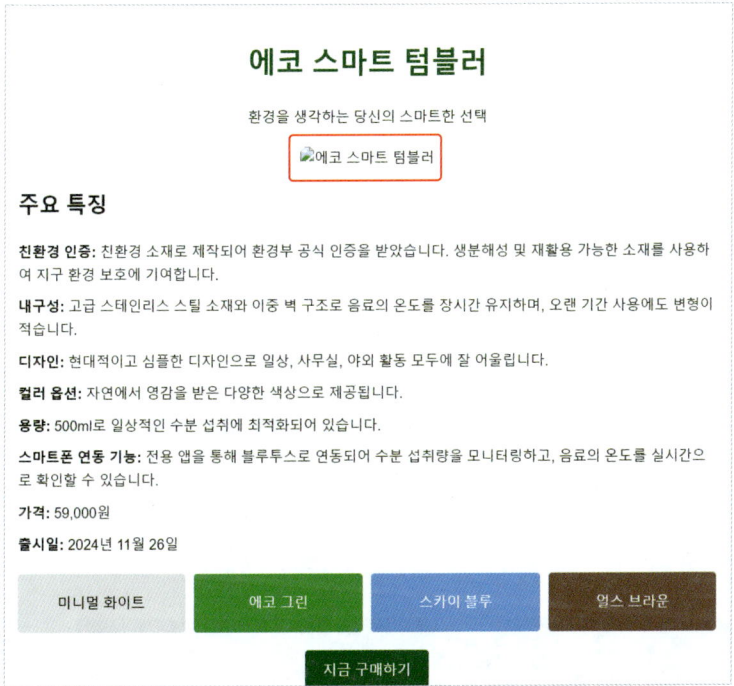

05 챗GPT에 오류 내용을 설명하고, 수정된 HTML 코드를 요청합니다.

 이미지와 HTML 파일을 같은 위치에 저장했는데, 이미지가 웹페이지에 나타나지 않아.

 이미지가 나타나지 않는 문제는 이미지 경로가 잘못되었기 때문일 수 있습니다. 몇 가지 확인해 보세요:

1. **이미지 경로 확인**: 현재 HTML 코드에서 이미지 경로가 /mnt/data/A_photo_of_an_eco-friendly_stainless_steel_tumbler.png로 설정되어 있습니다. 이 경로는 실제 서버 파일 경로일 가능성이 높으므로 웹 브라우저가 접근할 수 없을 수 있습니다. 웹페이지에서는 상대 경로나 서버 내 URL로 접근 가능한 위치에 이미지를 저장해야 합니다.

   > 앞서 우리는 이미지를 'webp' 형식으로 저장했었기 때문에 오류가 발생한 것을 알 수 있습니다.

2. **이미지 위치 조정**: 이미지 파일을 웹 서버의 접근 가능한 위치로 옮기고, 경로를 그에 맞게 변경해 보세요.

3. **이미지 파일 경로 설정 방법**:
   - 상대 경로 사용: HTML 파일과 이미지가 동일한 폴더에 있다면 경로를 src="tumbler.png"로 설정해야 합니다.
   - 절대 경로 사용: 웹 서버에서 접근 가능한 URL로 설정해야 합니다.

 지금 이미지 파일은 'webp' 형식으로 저장되어 있어. HTML 코드를 어떻게 수정해야 해?

 이미지 파일이 .webp 형식으로 저장되어 있다면, HTML 코드에서 파일 확장자를 .webp로 지정해 주기만 하면 됩니다. 확장자는 파일의 형식을 명시하기 때문에 정확히 일치해야 브라우저가 이미지를 제대로 로드할 수 있습니다.

> 기존 저장한 파일명이 길었으므로, 따라하기 쉽도록 파일명도 변경해 보세요.

예를 들어, 이미지 파일이 HTML과 같은 폴더에 있고, 파일명이 tumbler.webp인 경우, HTML 코드를 다음과 같이 수정하면 됩니다:

```html
<img src="tumbler.webp" alt="에코 스마트 텀블러">
```

NOTE HTML 코드 작성 시 중요한 점은 파일의 확장자와 실제 파일의 형식이 일치해야 한다는 것입니다. .webp는 이미지 파일의 효율적인 압축 형식 중 하나로, 파일 크기를 줄이면서도 이미지 품질을 유지할 수 있는 장점이 있습니다. 따라서 HTML 코드에서도 파일의 정확한 이름과 확장자를 사용해야 합니다.

06 기존 HTML 코드에서 파일 확장자를 수정 후 재저장하여 웹페이지를 열어보면 다음과 같이 이미지가 추가된 것을 확인할 수 있습니다.

07 이번에는 이미지를 웹페이지에 적절하게 배치해 보겠습니다. 챗GPT에게 이미지를 웹페이지 내에 삽입하는 코드 작성과 디자인을 개선하여 보다 세련된 스타일로 변경해 줄 것을 요청합니다. 이후 챗GPT가 제공한 새로운 코드를 기존 'index.html' 파일에 덮어씁니다.

 상품 이미지는 웹페이지의 상단, 가장 잘 보일 수 있는 곳에 위치시켜 줘. 이미지 크기는 조금 줄이고, 지금은 스타일이 투박해 보이니까 Apple Inc. 회사의 아이폰 상세 페이지처럼 디자인을 변경해 줘.

 이미지를 웹페이지 상단에 위치시키고 크기를 줄여 상품이 잘 보이도록 했습니다. 또한 전체적인 디자인을 Apple Inc.의 아이폰 상세 페이지 느낌을 참고하여 깔끔하고 현대적인 스타일로 변경했습니다. 더 필요하신 사항이 있으시면 말씀해 주세요!

```html
<!DOCTYPE html>
<html lang=" ">
<head>
    <meta charset=" ">
    <meta name="        " content="                    ">
    <title>에코 스마트 텀블러</title>
    <link rel="        " href="        ">
    <style>
        body {
            font-family: -apple-system, BlinkMacSystemFont,       ,
Roboto,            , Arial, sans-serif;
            line-height:    ;
            background-color: #f9f9f9;
            color: #333;
            margin:  ;
            padding:  ;
        }

                        ... (중략) ...

        <div class="        ">
            <div class="                    "></div>
            <div class="                    "></div>
            <div class="                    "></div>
            <div class="                    "></div>
        </div>
        <div class="    ">
            <button>지금 구매하기</button>
        </div>
    </div>
</body>
</html>
```

08 웹페이지를 살펴보면, 이미지가 축소되어 상단에 배치되고, 상세 페이지의 내용도 이전에 비해 조금 더 정돈된 모습으로 개선되었습니다. 그럼에도 불구하고 여전히 개선이 필요한 부분이 있다고 느껴지지는 않으신가요?

HTML 태그 활용하기

이미지 하단 각 섹션의 내용을 좀 더 상세히 수정하기 위해 HTML 코드 내에 각 태그별로 수정을 요청해 보겠습니다.

01 이번에는 〈h2〉, 〈p〉 태그별로 구분하여 구체적으로 수정 방향을 제시했습니다. 이 같은 작업은 사이트의 전반적인 이해도와 사용자 경험을 크게 향상시킬 수 있습니다.

 〈h2〉 태그의 문구를 잠재적인 고객의 관심을 끌 수 있도록 변경하고, 어울리는 이모지도 추가해 줘. 또 〈p〉 태그에 들어가는 설명도 최소 3문장 이상 작성해 줘. 최대한 창의성을 발휘해서 신선하고, 고객의 관심을 끌어 구매를 유도할 수 있었으면 좋겠어.

어울리는 해시태그를 추가해 줘도 좋아! 마지막으로 페이지 양쪽에는 여백을 두고 글자는 가운데 정렬로 작성하고 싶어.

아래에 잠재적인 고객의 관심을 끌 수 있는 문구로 변경하고, 어울리는 이모지를 추가했으며, 각 설명을 최소 3문장 이상으로 작성한 HTML 코드를 제공합니다. 또한 페이지의 스타일을 조정하여 글자를 가운데 정렬하고 양쪽에 여백을 두었습니다.

```html
<!DOCTYPE html>
<html lang="ko">
<head>
    <meta charset="UTF-8">
    <meta name="viewport" content="width=device-width, initial-scale=1.0">
    <title>에코 스마트 텀블러</title>
    <link rel="stylesheet" href="styles.css">
    <style>

                      ... (중략) ...

    <div class="features">
        <div class="feature-item">
            <h2>🌟 우리 모두의 미래를 위한 스마트한 선택</h2>
            <strong>친환경 인증</strong>
            친환경 소재로 제작되어 환경부 공식 인증을 받았습니다.
생분해성 및 재활용 가능한 소재를 사용하여 지구 환경 보호에 기여합니다. 이
텀블러 하나로 당신은 지속 가능한 생활을 실천할 수 있습니다.
        </div>
        <div class="feature-item">
            <h2>🔥 하루 종일 신선함 유지</h2>
            <strong>내구성</strong>
            고급 스테인리스 스틸 소재와 이중 벽 구조로 음료의 온도를
장시간 유지하며, 오랜 기간 사용에도 변형이 적습니다. 언제 어디서나 최적의
온도로 당신의 음료를 즐겨보세요.
        </div>
        <div class="feature-item">
            <h2>✨ 모든 순간에 어울리는 세련된 디자인</h2>
            <strong>디자인</strong>
            현대적이고 심플한 디자인으로 일상, 사무실, 야외 활동 모두에
잘 어울립니다. 심플하면서도 세련된 디자인으로 어디서든 돋보이는 스타일을
연출하세요.
        </div>
        <div class="feature-item">
            <h2> 당신의 개성을 표현하세요</h2>
            <strong>컬러 옵션</strong>
```

```
                    자연에서 영감을 받은 다양한 색상으로 제공됩니다. 미니멀
    화이트, 에코 그린, 스카이 블루, 얼스 브라운 중에서 당신의 개성을 가장 잘
    표현할 수 있는 컬러를 선택해보세요.
            </div>
            <div class="feature-item">
                <h2>💧 언제나 충분한 수분 섭취</h2>
                <strong>용량</strong>
                500ml로 일상적인 수분 섭취에 최적화되어 있습니다. 적당한
    크기와 용량으로 휴대하기 편리하면서도 충분한 수분을 공급해 줍니다.
            </div>

                        ... (중략) ...
```

여기서 잠깐 ▶   HTML 태그

태그란 웹페이지를 구성하는 요소들을 정의하기 위한 일종의 '마크업'입니다. 태그는 보통 '〈 〉' 안에 작성되며, 페이지의 구조를 나타내는 역할을 합니다. 예를 들면, 제목을 정의하는 'h1', 'h2' 태그나, 단락을 정의하는 'p' 태그 등이 있습니다.

```
<div class="header">
    [헤더 1(제목)] <h1>에코 스마트 텀블러</h1>
    [단락] <p>환경을 생각하는 당신의 스마트한 선택</p>
</div>
```

02 챗GPT가 제시해 준 코드를 [코드복사]를 클릭해 'index.html' 파일에 덮어쓴 후 저장합니다. 그 다음 'index.html' 파일을 열어 변경사항을 브라우저에서 확인합니다.

03 이번에는 하단에 위치한 상품의 색상을 표현하기 위한 이미지 생성을 진행해 보겠습니다. 상품의 대표 색상은 4가지로, 이를 시각적으로 표현하기 위한 이미지 생성을 요청합니다.

 상품 페이지에서 언급한 컬러를 고객들에게 보여줘야 하니까 4가지 색상(미니멀 화이트, 에코 그린, 스카이 블루, 얼스 브라운)을 1개의 이미지에 보이게 만들어 줘. 이미지는 스튜디오에서 촬영한 모던한 느낌이 났으면 좋겠고, 1개의 이미지를 4분할해서 각각의 영역에 4가지 색상이 표현될 수 있도록 해 줘.

 여기 요청하신 네 가지 색상(미니멀 화이트, 에코 그린, 스카이 블루, 얼스 브라운)을 표현한 텀블러 이미지가 생성되었습니다. 각 색상이 잘 보이도록 이미지가 4분할되어 있습니다. 상품 상세 페이지에 잘 활용되길 바랍니다. 다른 요청 사항이 있으시면 언제든 말씀해 주세요!

04 챗GPT가 생성해 준 이미지가 내가 원했던 스타일과 맞지 않을 수 있습니다. 따라서 원하는 제품 이미지를 얻을 수 있을 때까지 프롬프트를 조정하며 여러 번 수정하는 과정이 필요합니다. 마음에 드는 이미지가 생성되었다면 'product-image.webp' 파일로 저장합니다.

 텀블러 색상이 잘 보이도록 배경의 색상은 대비되는 색으로 변경해 줘. 글씨는 이미지에 포함시키지 말고 배경에 보이게 해 줘.
색상: MINIMAL WHITE, ECO GREEN, SKY BLUE, EARTH BROWN

요청하신 네 가지 색상의 텀블러 이미지가 대비되는 배경 위에 잘 보이도록 생성되었습니다. 상품 홍보에 도움이 되길 바랍니다. 추가 요청이 있으면 말씀해 주세요!

05 파일 이름과 경로를 챗GPT에게 알려 주고 HTML 코드를 수정해 달라고 요청해 'index.html' 파일을 새로 저장합니다. 웹페이지를 열어보니, 상세 페이지가 훨씬 더 개선된 것처럼 보이지 않나요?

세부 요소 추가하기

웹페이지에는 여러 가지 세부 요소를 추가할 수 있습니다. 세부 요소를 추가하는 이유는 웹페이지의 사용 편리성과 접근성을 높이기 위해서입니다. 고객들이 필요한 정보를 빠르고 쉽게 찾을 수 있도록 몇 가지 세부 요소를 추가해 보겠습니다.

① 플로팅 버튼

플로팅 버튼은 웹페이지에서 사용자가 스크롤을 해도 항상 화면 특정 위치에 고정되어 떠 있는 버튼입니다. 보통 화면의 오른쪽 하단에 위치합니다. URL을 활용한 '출시 알림 신청' 버튼을 추가해 보겠습니다. 원하는 링크 연결 방법과 버튼 형식을 챗GPT에게 요청합니다. 챗GPT의 답변처럼 플로팅 버튼의 링크는 제작자가 직접 값을 변경해야 합니다. 챗GPT가 **YOUR_GOOGLE_FORMS_URL_HERE**로 작성한 부분을 구글 설문지나 기타 신청 링크와 같은 실제 링크로 변경해 주면 됩니다.

페이지 우측 하단에 '출시 알림 신청' 버튼을 추가하고 싶어.

버튼 링크는 Google Forms URL로 연결할 예정이고, 링크는 내가 직접 입력해서 완성할거야.

버튼은 사용자가 클릭하기 편한 플로팅 버튼으로 만들어 줘.

오른쪽 하단에 사용자가 쉽게 클릭할 수 있는 '출시 알림 신청' 플로팅 버튼을 추가했습니다. 버튼의 링크 부분에 Google Forms URL을 입력하여 완성하시면 됩니다. 추가적인 수정이나 요청이 있으면 언제든 말씀해 주세요!

```html
HTML                                           | 코드복사
<!DOCTYPE html>
<html lang="ko">
<head>
    <meta charset="UTF-8">
    <meta name="viewport" content="width=device-width, initial-scale=1.0">
    <title>에코 스마트 텀블러</title>
    <link rel="stylesheet" href="styles.css">
    <style>
        body {
            font-family: -apple-system, BlinkMacSystemFont, "Segoe UI",
Roboto, "Helvetica Neue", Arial, sans-serif;
            line-height: 1.6;
            background-color: #f9f9f9;
            color: #333;
            margin: 0;
            padding: 0;
```

```
            text-align: center;
        }

                ... (중략) ...

        <div class="colors">
            <div class="color-option white"></div>
            <div class="color-option green"></div>
            <div class="color-option blue"></div>
            <div class="color-option brown"></div>
        </div>
        <div class="cta">
            <button>지금 구매하기</button>
        </div>
    </div>
    <button class="floating-button" onclick="location.href='YOUR_GOOGLE_FORMS_URL_HERE';">출시 알림 신청</button>
</body>
</html>
```

'YOUR_GOOGLE_FORMS_URL_HERE'를 실제 링크로 바꾼 다음 'index.html' 파일을 새로 저장해 웹페이지를 열면 다음과 같이 '출시 알림 신청' 플로팅 버튼이 생긴 것을 확인할 수 있습니다.

② 내비게이션 바 & 페이지 하단 섹션 버튼

웹페이지의 상단에는 웹페이지 내 링크로 연결하는 내비게이션 바를, 하단에는 정보를 기입하는 버튼을 추가해 보겠습니다. 웹페이지의 하단에 위치하는 영역을 푸터(footer)라고 말하며, 일반적으로 회사명, 연락처, 이메일, 주소 등의 정보를 포함합니다.

페이지 상단에 내비게이션 바를, 하단에는 footer를 추가해 줘.

footer에는 다음 정보를 추가해 줘.

회사명: ㈜한빛에코

이메일: hanbiteco@hanbit.gpt

연락처: 010-0000-0000

내비게이션 바와 푸터를 추가했습니다. 푸터에는 회사명, 이메일, 연락처와 같은 정보를 포함했습니다.

```html
.header {
    margin-bottom: 30px;
}
.header h1 {
    font-size: 2.5rem;
    font-weight: bold;
    color: #333;
}
.header p {
    font-size: 1.2rem;
    color: #666;
    margin: 0 auto;
    max-width: 800px;
}
.nav {
    background-color: #007bff;
    padding: 10px 0;
    color: #fff;
}
.nav ul {
    list-style: none;
    padding: 0;
    display: flex;
    justify-content: center;
```

```
        gap: 20px;
    }

            ... (중략) ...

    <button class="floating-button" onclick="location.href='YOUR_GOOGLE_FORMS
_URL_HERE';">출시 알림 신청</button>
    <footer>
        <p>회사명: (주)한빛에코</p>
        <p>이메일: hanbiteco@hanbit.gpt</p>
        <p>연락처: 010-0000-0000</p>
    </footer>
</body>
</html>
```

챗GPT가 작성한 코드를 index.html에 업데이트 후 페이지를 열면, 상단 내비게이션 바와 footer가 추가된 것을 확인할 수 있습니다.

피드백 요청하기

챗GPT는 사용자 피드백을 바탕으로 자신의 답변을 개선할 수 있습니다. 상품의 상세 페이지는 디자인적 개선이 필요할 수 있으며, 사람들의 관심을 끌기 위해 문구를 변경할 필요도 있습니다. 이러한 개선 사항을 고객이 직접 판단하는 대신, 챗GPT에게 '웹 디자인 전문가' 또는 '마케팅 전문가'라는 페르소나를 부여하여 자가 비판을 하도록 요청할 수 있습니다. 이 과정을 통해 통찰력 있는 개선사항을 도출할 수 있습니다.

 뛰어난 실력의 웹 디자이너로써 '상품 상세 페이지'에 대해 디자인적으로 비판/수정이 필요한 요소 3가지를 알려줘.

디자인적인 개선이 필요한 3가지 요소에 대한 비판 및 수정 의견을 추가했습니다. 각 요소가 더 매력적이고 사용자 친화적으로 보이도록 제안드린 수정사항들을 검토해 주세요.

```html
... (중략) ...
<body>
    <div class="nav">
        <ul>
            <li><a href="#">홈</a></li>
            <li><a href="#">특징</a></li>
            <li><a href="#">컬러 옵션</a></li>
            <li><a href="#">구매하기</a></li>
            <li><a href="#">문의하기</a></li>
        </ul>
    </div>
```
> 내비게이션 바의 디자인이 단조로워 보입니다. 브랜드 컬러와 로고를 추가하거나 배경에 그라데이션을 사용하여 시각적 매력을 높일 수 있습니다.

```html
    ... (중략) ...

    <div class="features">
        <div class="feature-item">
            <h2>🌟 우리 모두의 미래를 위한 스마트한 선택</h2>
            <strong>친환경 인증</strong>
            친환경 소재로 제작되어 환경부 공식 인증을 받았습니다. 생분해성 및 재활용 가능한 소재를 사용하여 지구 환경 보호에 기여합니다. 이 텀블러 하나로 당신은 지속 가능한 생활을 실천할 수 있습니다.
        </div>
```
> 주요 특징 섹션이 너무 많이 나열되어 있어 사용자에게 과도한 정보로 느껴질 수 있습니다. 각 특징을 아이콘과 함께 짧고 간결한 텍스트로 요약하여 시각적 흥미를 더하는 것을 추천합니다.

```
    ... (중략) ...
```

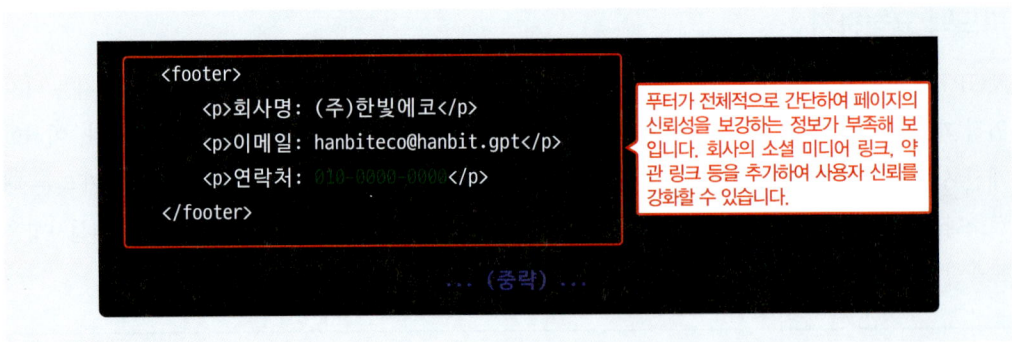

개선사항을 도출만 하고 끝나는 것이 아니라 개선사항을 토대로 수정을 요청할 수 있습니다. 원하는 개선사항을 요청해서 받은 HTML 코드를 index.html에 업데이트하면 다음과 같이 수정된 웹페이지를 확인할 수 있습니다.

 내비게이션 바 배경에 그라데이션 효과를 줘서 시각적 매력을 높일 수 있게 해 줘. 하단의 주요 특징 섹션은 각 특징을 아이콘을 사용해서 짧고 간결한 텍스트로 요약해서 보여주고, 푸터에는 다음 정보를 추가해 줘.

대표이사: 이경록, 김정욱

주소: 서울 서대문구 연희로2길 62

[웹페이지 상단]

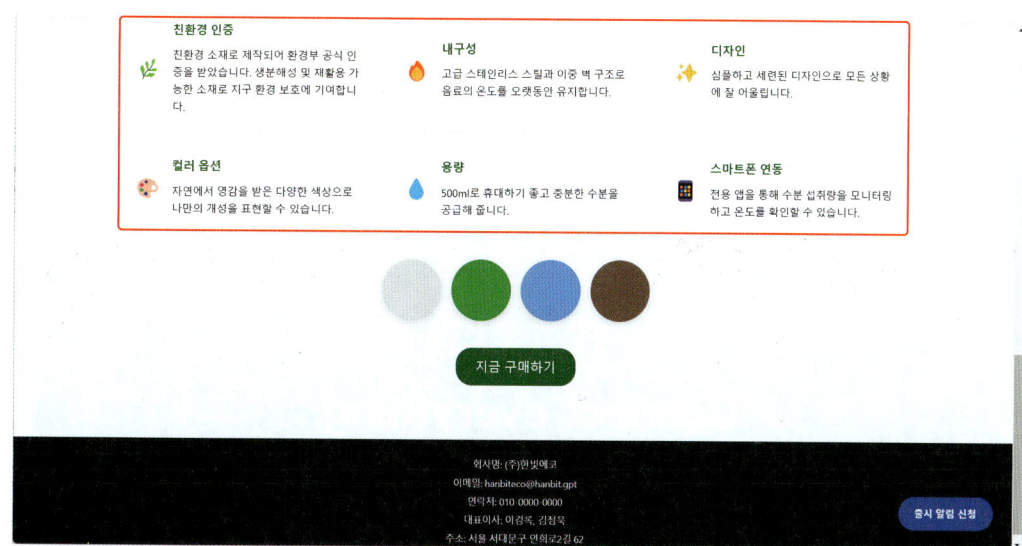

[웹페이지 하단]

이와 같은 방식으로 F&Q 게시판이나 고객 후기와 같은 게시판도 만들어 볼 수 있습니다. 상품별로 필요한 부분들을 챗GPT와 함께 만들어 보세요!

웹페이지 배포하기

이제 챗GPT의 도움으로 작성한 웹페이지를 인터넷에 배포할 시간입니다. 이 작업은 Netlify와 같은 간편한 호스팅 서비스를 통해 손쉽게 진행할 수 있습니다. Netlify는 사용자 친화적인 인터페이스와 간단한 배포 과정으로 많은 개발자들에게 인기가 높습니다.

01 웹페이지를 Netlify에 배포하기 위한 첫 단계로, https://www.netlify.com/에 접속한 후 우측 상단에 있는 'Sign up' 버튼을 클릭하여 회원가입 과정을 진행합니다. 회원가입 과정은 간단하며, 이메일 주소나 GitHub, GitLab, Bitbucket 계정을 통해 가입할 수 있습니다.

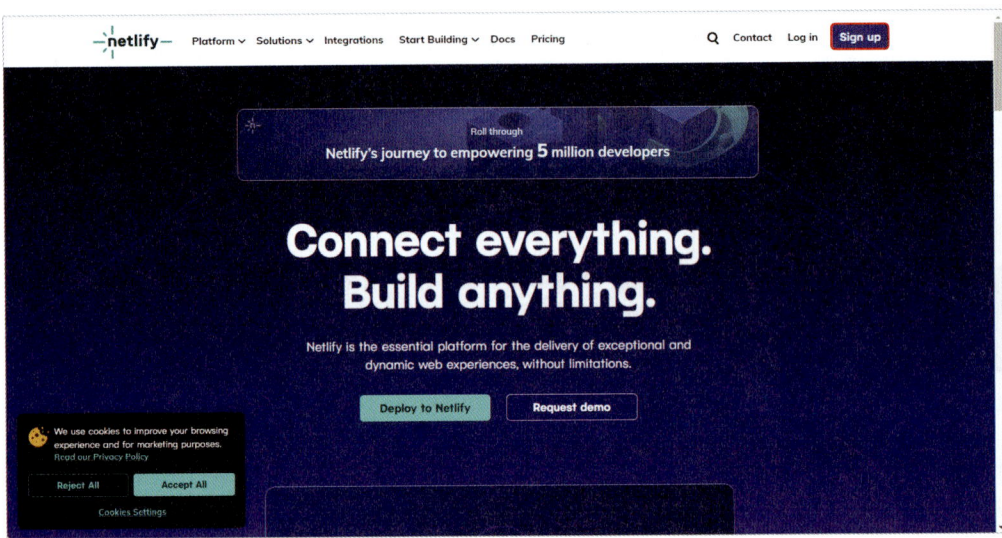

02 로그인을 하면 다음과 같은 화면이 나타납니다. 이때 하단 대시보드의 '…or deploy manually'에 우리가 만든 파일을 업로드 하여 배포를 진행하게 됩니다. 업로드 할 파일의 폴더명은 'webpage'로 저장하겠습니다.

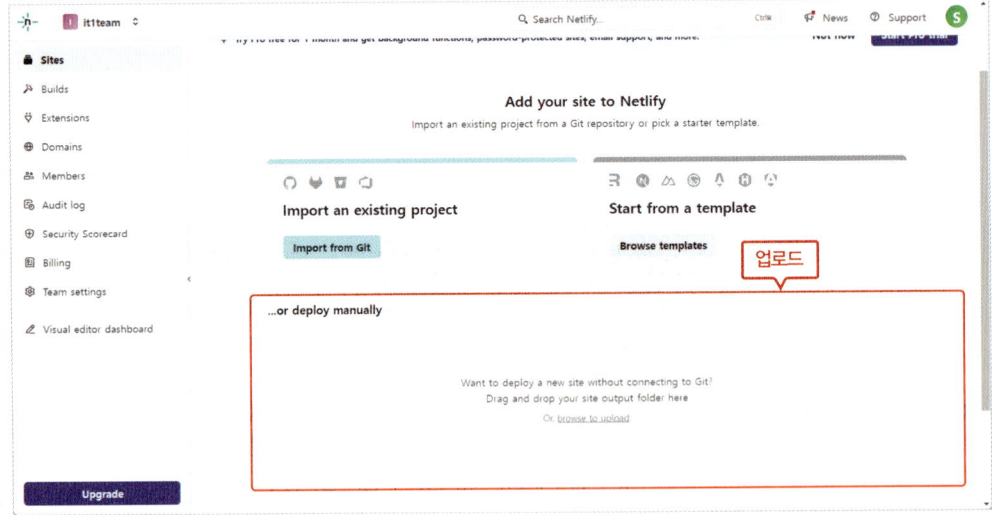

 **여기서 잠깐 ▶**　　　　　　　　　　　　　　　　　　　　　　　　　　**파일 업로드**

'index.html' 파일과 웹페이지 내에 들어갈 이미지를 준비했다면, 이 파일들을 폴더에 넣어 한 번에 업로드해야 합니다. 폴더의 이름은 크게 중요하지 않습니다. 'index.html' 파일을 웹 브라우저에서 열어, 이미지 경로 설정이 올바르게 되어 있어 깨진 이미지나 누락된 이미지가 없는지 최종 확인을 합니다.

03 이제 'webpage' 폴더를 Netlify에 업로드하면 됩니다. 'webpage' 폴더 전체를 Netlify의 'Manually Deploy' 영역으로 드래그 앤 드롭하세요. 업로드가 시작되면 짧은 시간 내에 업로드가 완료됩니다. 업로드가 마무리되면 배포가 성공적으로 이루어졌다는 메시지가 표시되며, 이는 인터넷에 웹페이지 배포가 완료되었음을 의미합니다.

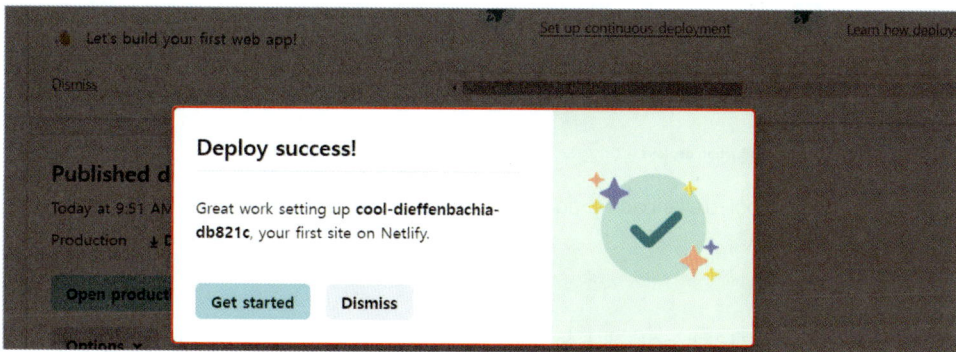

04 'Get Started'를 클릭하면 대시보드에서도 1개의 새로운 사이트가 추가된 것을 확인할 수 있습니다.

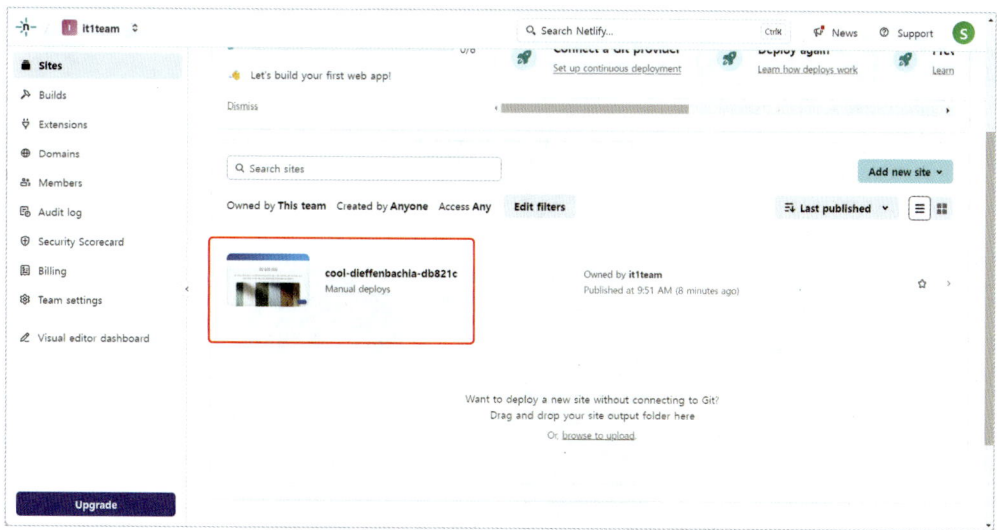

05 배포가 완료되면 상단에 배포된 사이트의 주소가 나타납니다. 이 주소를 클릭하면 배포한 웹사이트를 직접 확인할 수 있습니다. 이 주소는 공개 URL이므로, 누구나 접속하여 상세 페이지를 볼 수 있습니다.

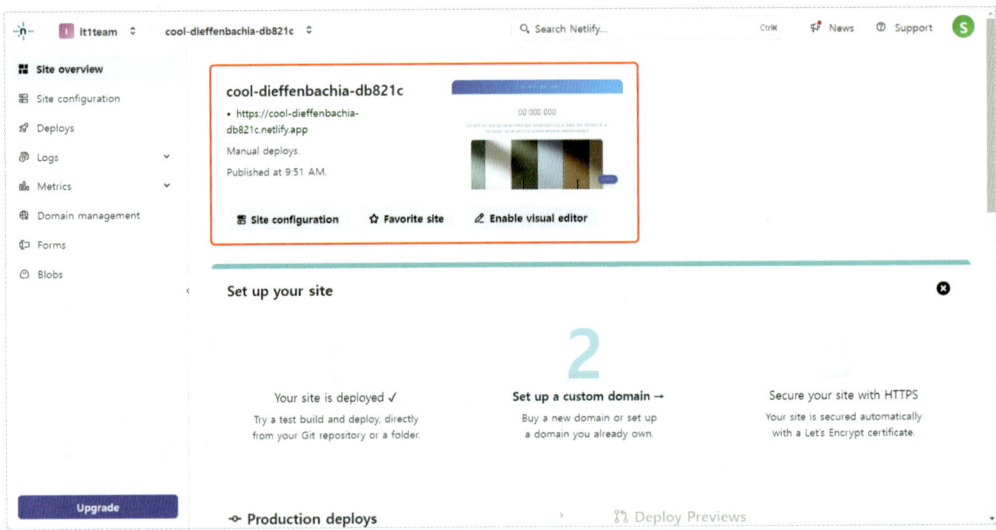

• 예제 사이트 주소: https://cool-dieffenbachia-db821c.netlify.app/

06 사이트에 접속하여 모든 기능이 정상 동작하는지 확인합니다. 웹페이지에 새로운 업데이트 내용을 반영하고 싶다면, 업데이트된 index.html 파일을 배포 폴더 안에 덮어쓰기합니다. 그 후, 폴더 전체를 다시 Netlify에 업로드하면 됩니다. 이 과정을 통해 새로운 변경사항이 배포된 사이트에 반영됩니다.

이번 장에서는 챗GPT의 도움을 받아 HTML 코드를 작성하고, 그 결과물을 웹사이트로 배포하는 과정을 경험해 보았습니다. 코딩은 매우 넓고 다양한 분야를 아우르기 때문에, 한 번의 실습으로 모든 것을 배울 수는 없습니다. 그러나 중요한 것은 챗GPT와의 대화를 통해 코딩 기술을 발전시키고, 새로운 프로그래밍 영역에 대한 접근 방식을 배우는 것입니다. 이 과정에 익숙해지면, 처음 접하는 프로그래밍 분야에도 두려움 없이 도전할 수 있게 됩니다.

초기에는 간단한 프로젝트부터 시작해 점차 챗GPT의 활용법을 익히는 것이 좋습니다. 작은 성공을 쌓아가며 점점 더 크고 복잡한 프로젝트에 도전해 보세요. 이렇게 하면 프로그래밍 실력을 향상시키는 동시에, 챗GPT를 효과적인 도구로 활용하는 방법도 자연스럽게 배울 수 있을 것입니다.

PART 04

GPTs로 나만의 AI 챗봇 만들기

CHAPTER 09. **GPTs로 나만의 챗봇 제작하기**
CHAPTER 10. **GPTs 기능 업그레이드하기**

이번 파트에서는 직장인들이 업무에 유용한 맞춤형 챗봇을 만들 수 있도록 GPTs의 활용 방법에 대해 알아봅니다. GPT 스토어부터 챗봇 제작, 외부 서비스와의 연동을 통한 기능 업그레이드까지 살펴보겠습니다.

CHAPTER 09

GPTs와 GPT 스토어

2023년 11월, OpenAI DevDay에서 GPTs를 발표하면서 개인이 직접 맞춤형 챗봇을 만들고 공유할 수 있게 되었습니다. GPTs는 코딩 없이 프롬프트만으로 개인화된 챗봇을 개발할 수 있으며, 다른 사람이 제작한 챗봇을 GPT 스토어에서 사용해 볼 수도 있습니다.

SECTION 9.1 GPTs와 GPT 스토어 시작하기

▶▶ GPTs는 개인화된 GPT 시스템이라고 볼 수 있습니다. 어떤 프롬프트를 입력하느냐에 따라 사용자가 의도하는 대로 동작하는 챗봇을 만들 수 있습니다.

GPTs와 GPT 스토어란?

GPTs(GPT Systems)는 사용자들이 직접 맞춤형 AI 시스템을 만들 수 있게 해주는 기능입니다. 기본적으로 GPT는 자연어를 이해하고 생성하는 언어 모델이고, GPTs는 이 모델을 활용하여 사용자가 원하는 목적에 맞게 설정된 지침과 프롬프트에 따라 동작하는 맞춤형 챗봇을 만들 수 있는 기능입니다. GPTs에는 GPT 스토어가 포함되어 있으며, 사용자들은 이 스토어를 통해 이미 개발된 다양한 챗봇을 찾아보고, 자신의 필요에 맞게 사용할 수 있습니다.

챗GPT의 왼쪽 사이드바에서 [GPT 탐색]을 클릭하면 GPT 스토어 화면이 나타나고, 원하는 GPT를 카테고리별로 찾아볼 수 있습니다. GPT 스토어에 공개된 GPT들은 대부분 무료 사용자도 이용할 수 있습니다. 다만, 일부 GPT는 특정 기능이나 플러그인을 사용하면 유료 플랜에서만 사용할 수도 있으므로, 각 GPT의 사용 조건을 확인하는 것이 필요합니다.

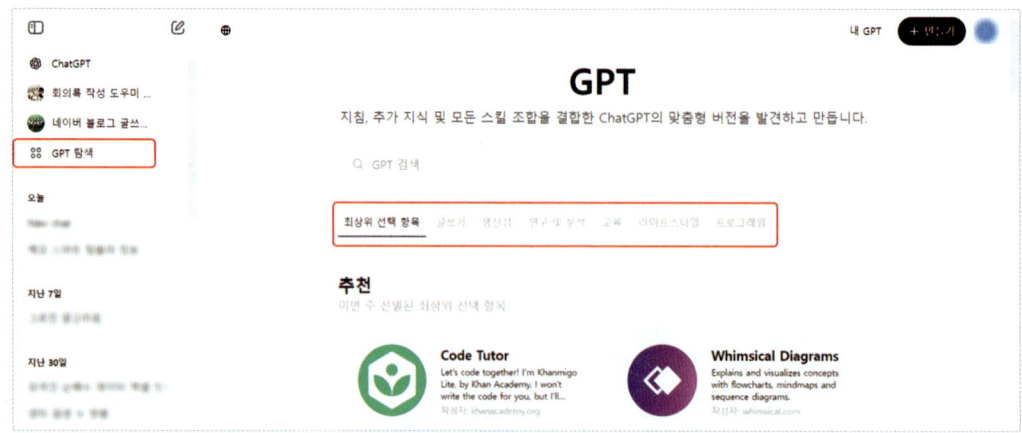

GPTs 살펴보기

챗봇을 제작할 때 필요한 GPTs의 기능에 대해 살펴보겠습니다. [GPT 탐색]에서 우측 상단의 [+만들기] 버튼을 클릭하면 기본 화면이 나타납니다. GPT 스토어에 공개된 GPT 사용은 대부분 무료이지만, 만들기 기능은 유료 플랜을 구독해야만 사용 가능합니다.

만들기

GPT와 대화를 통해 챗봇을 제작하는 기능입니다. 만들기를 통해 챗봇의 기능, 특징, 이름, 작동하는 방법, 대화의 톤 등을 정할 수 있습니다. 챗봇 제작이 완료되면 배포하기 전 [미리 보기] 창에서 테스트가 가능합니다.

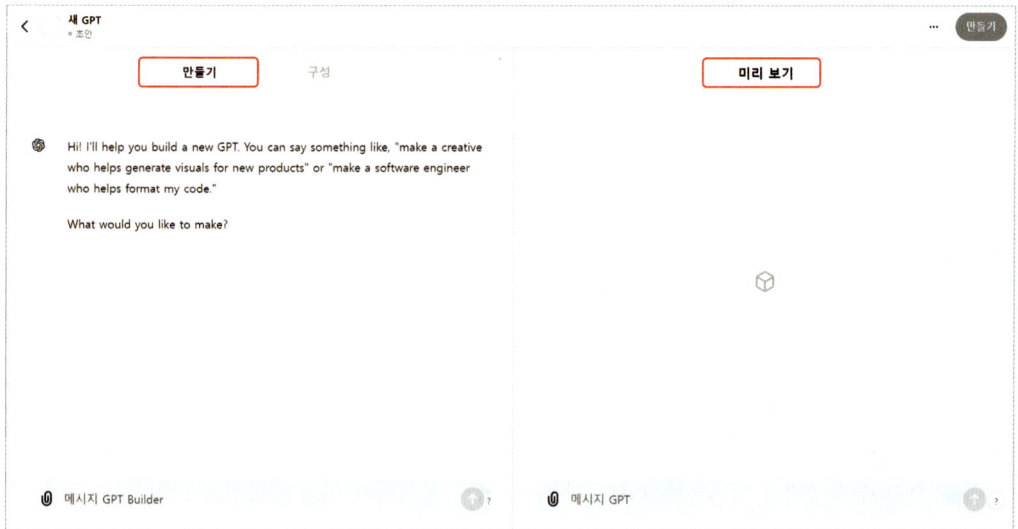

구성

'만들기' 기능으로 쉽게 챗봇을 제작할 수 있지만, GPT와의 대화만으로 우리가 원하는 대로 디테일하게 동작하도록 만들기에는 한계가 있습니다. 이때 '구성' 기능을 이용하면 프롬프트를 각 요소별로 체계적으로 문서화하여 맞춤형 챗봇을 만들 수 있습니다.

구성 요소 중 이름, 설명, 대화 스타터가 사용자의 편의성을 위해 작성하는 것이라면, 지침, 지식, 기능, 작업은 챗봇을 제작할 때 GPT가 이해하고 반영할 내용들을 작성하는 옵션입니다.

따라서, 사용자 목적에 정확히 부합하도록 설계할 수 있기 때문에 나만의 요구사항에 최적화된 챗봇을 갖게 됩니다.

1 **이름**: 이름을 작성하는 영역으로, GPT 사용자들에게 공개되어 어떤 챗봇인지 파악할 수 있게 합니다.

2 **설명**: 챗봇에 대한 짧은 설명을 작성하는 영역으로, 이름과 마찬가지로 GPT 사용자들에게 공개되어 있습니다.

3 **지침**: 챗봇의 용도, 작동 원리 등을 작성합니다. 사용자들이 챗봇을 이용할 때 지침에 작성된 프롬프트대로 작동합니다.

4 **대화 스타터**: 예시 질문들을 입력해 두면 사용자들이 어떤 질문으로 대화를 시작하면 좋을지 알려줍니다. 최대 12개까지 작성 가능합니다.

5 **지식**: 챗봇이 동작할 때 활용할 파일을 업로드합니다. 사용자의 질문에 대답할 때 업로드한 파일을 기반으로 대답할 수 있으므로, 할루시네이션을 줄이고 특정 데이터를 기반으로 대답을 원하는 경우에 활용합니다.

❻ 기능

- **웹 브라우징**: 웹의 데이터를 검색해서 GPT의 답변에 반영합니다.
- **DALL·E 이미지 생성**: 이미지를 생성해야 할 때 사용합니다.
- **코드 인터프리터 및 데이터 분석**: 코드를 실행해야 할 때 사용합니다. 데이터 분석, 코드 작성, 수학 계산 등과 같은 분야의 챗봇을 제작할 때 활용할 수 있습니다.

> **NOTE** 할루시네이션이란 AI 모델이 실제로 존재하지 않는 정보를 생성하거나 잘못된 답변을 제공하는 현상입니다. 이는 AI 모델이 학습한 데이터에 기반하여 유사한 답변을 만들어 내지만, 정확성을 보장하지 못할 때 발생합니다.

GPTs의 여러 구성 요소들에 대해 설명했지만, 이것만으로는 어떻게 구성 요소를 작성해야 하는지 감이 잘 오지 않을 것입니다. 다음 섹션에서 다양한 챗봇을 함께 만들어 보며 쉽게 익혀보도록 하겠습니다.

여기서 잠깐 ▶ 내 GPT

GPT 스토어의 오른쪽 상단을 보면 [+ 만들기] 버튼 왼쪽에 [내 GPT]가 있습니다. [내 GPT]는 내가 제작한, 즉 나만의 맞춤형 챗봇 리스트를 볼 수 있는 메뉴입니다. 만약 Plus 플랜 구독 중이 아니라면 아래와 같은 창이 나타납니다.

연필 아이콘 [✏️] 을 클릭하면 해당 GPT를 편집(edit)할 수 있고, [⋯] 아이콘을 클릭하면 해당 GPT를 삭제할 수 있습니다.

SECTION 9.2 나만의 챗봇 만들기

▶▶ GPTs 기능에 대한 기본적인 내용을 배워 보았으니, 이번 섹션에서는 다양한 GPT를 활용해 직접 챗봇을 만들면서 제작 방법을 익혀 보겠습니다. 내가 원하는 기능과 성격을 가진 맞춤형 챗봇을 직접 설계하고 구현해보며, 이를 실제로 필요한 곳에 활용할 수 있는 능력을 키우게 될 것입니다.

연말정산 도우미 챗봇 만들기

예제 | chapter10\원천징수의무자를 위한 연말정산 신고안내.pdf

회계 및 재무에 익숙하지 않은 직장인들은 매년 연말이면 다가오는 연말정산으로 스트레스를 받기 일쑤입니다. 회사에서 기본적인 자료를 제공해 주긴 하지만 연말정산 과정은 늘 복잡하고 어렵게 느껴지지 않았나요?

이에 매년 국세청에서 발간하는 '원천징수의무자를 위한 연말정산 신고안내.pdf' 파일을 기반으로 간단한 질문을 통해 필요한 서류 목록, 공제 항목, 절차 등을 쉽게 이해할 수 있도록 도와주는 연말정산 도우미 챗봇을 제작해 보겠습니다. 이 챗봇은 세금 관련 지식이 부족하고 업무로 바쁜 직장인들에게 도움이 될 것입니다.

01 챗봇 제작을 위해 [+만들기] 버튼을 클릭하고 [구성] 탭을 클릭 후 구성 요소를 작성합니다. [지침]은 개개인의 필요에 맞게 작성되어야 하므로, 예제의 지침을 참고해서 나의 목적에 맞게 작성해 보세요.

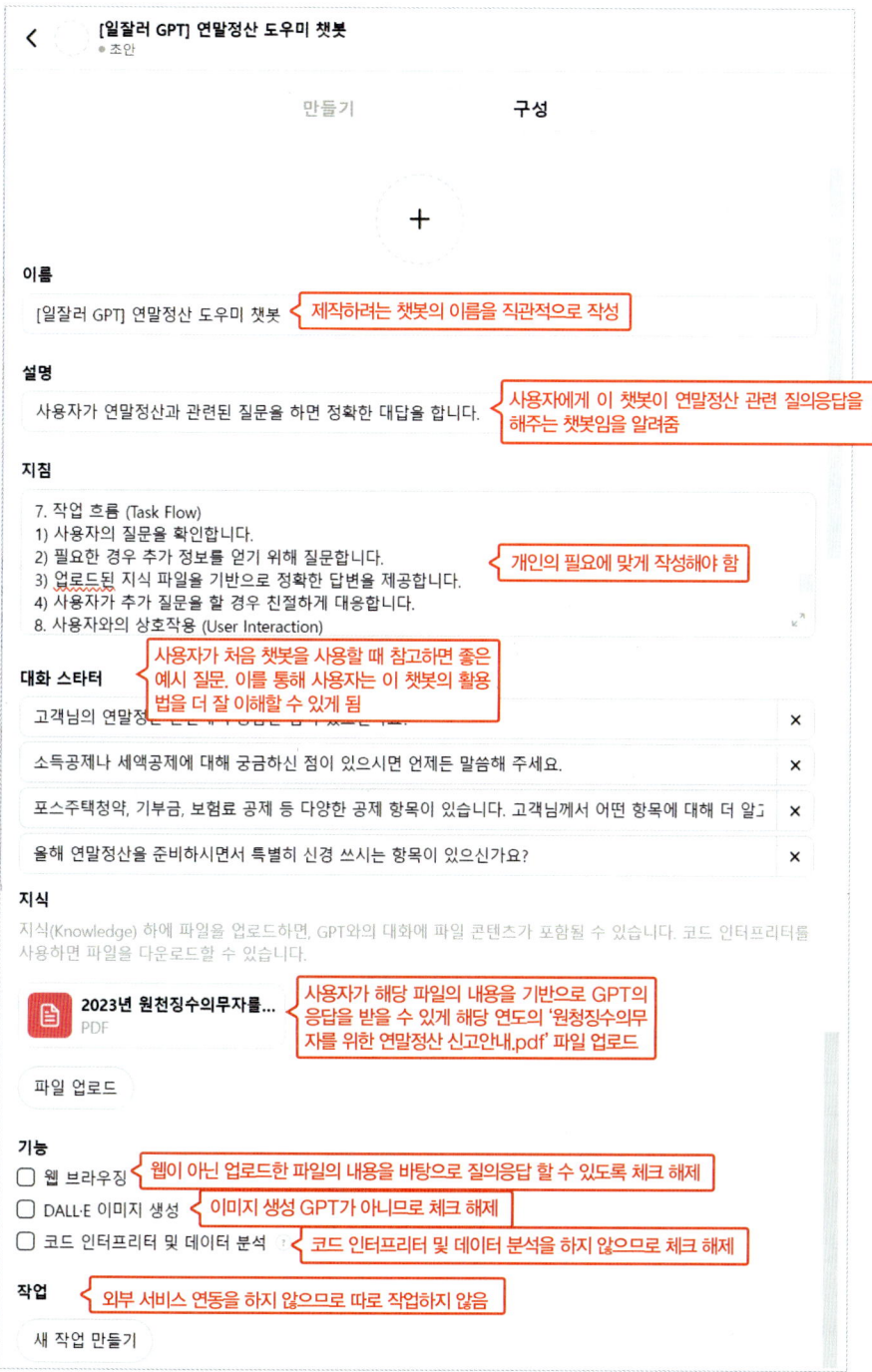

> NOTE '코드 인터프리터 및 데이터 분석'은 사용자가 파일을 업로드하고 그 파일의 데이터를 분석, 처리, 또는 시각화할 때 체크합니다.

 **여기서 잠깐 ▶**   **지침 작성 방법**

'지침'은 GPTs의 여러 구성 요소 중에서 가장 중요한 영역입니다. GPTs는 지침에 작성된 프롬프트를 기반으로 동작하기 때문입니다. 지침은 이어지는 문장으로 작성하기보다는 템플릿 형식으로 작성하는 것이 훨씬 편리하고, 챗봇이 이해하기도 좋습니다. '연말정산 도우미 챗봇'에 작성한 지침을 토대로 살펴보겠습니다.

1. 지침의 목적(Purpose)
- 목표 정의: 이 지침의 목적은 한국의 연말정산에 대해 상세한 정보를 제공하는 세무 전문가로서의 역할을 수행하는 것입니다. 이를 통해 사용자가 개인별 상황에 맞는 정확한 세무 조언을 받아 추가 세금 납부나 환급 절차를 원활하게 진행하도록 돕는 것이 최종 목표입니다.

➡ GPT가 수행해야 할 역할과 목표를 명확하게 설정합니다.

2. 작업 설명(Task Description)
1) 작업의 본질: GPT는 사용자가 처한 상황을 이해하고, 그에 따른 연말정산 관련 질문에 전문적인 답변을 제공합니다.

➡ GPT가 수행해야 할 작업을 정확하게 설명합니다. 작업의 범위와 핵심 요소를 명확하게 설정합니다.

2) 세부사항: 사용자의 상황을 명확히 파악하기 위해 필요한 추가 질문을 충분히 합니다. 답변은 업로드된 지식 파일 내의 정확한 정보를 기반으로 제공됩니다.

➡ 작업을 수행하는 데 필요한 구체적인 절차나 메커니즘을 포함할 수 있습니다.

3. 기대 결과(Expected Output)
1) 결과의 형식과 구조: 전문적인 어투로 한국어로 대화하며, 고객 응대 스타일로 친절하고 명확하게 답변합니다.

➡ 기대하는 결과물의 구체적인 형식, 길이, 표현 방식 등을 명시합니다.

2) 결과의 품질 기준: 답변은 정확하고 신뢰할 수 있어야 하며, 사용자가 이해하기 쉽도록 구체적이고 상세하게 제공합니다.

➡ 결과물이 충족해야 하는 기준이나 품질 수준을 설명합니다.

4. 조건 및 제한(Conditions and Constraints)
1) 작업 수행 시 고려해야 할 조건: 사용자의 개인별 상황(가족 수, 주택 보유 여부 등)에 따라 답변이 달라질 수 있으므로, 이를 충분히 고려합니다.

➡ 특정 작업을 수행하는 동안 GPT가 고려해야 하는 조건이나 제약 사항을 상세히 설명합니다.

2) 제한 사항: 만약 사용자의 질문에 대해 정확한 답변을 제공하기 어려운 경우, "죄송합니다. 해당 질문에 대한 답변을 하기 어렵습니다. 정확한 답변은 국세청에 문의하세요."라고 답변합니다.

➡ 특정한 경우나 상황에서 피해야 할 행동이나 방법에 대해 명시합니다.

5. 예시 제공(Examples)
1) 모범 예시:
- 질문: "의료비 공제는 어떻게 받나요?"
- 답변: "의료비 공제는 본인과 가족의 의료비를 기준으로 공제받을 수 있습니다. 관련 영수증과 진료 기록을 준비하셔서 연말정산 시 제출하시면 됩니다."

➡ 기대하는 출력의 구체적인 예시를 제공하여 GPT가 목표로 해야 할 결과물을 명확히 이해하도록 합니다.

2) 부정적 예시:
- 답변: "그냥 의료비 공제 받으세요." (불친절하고 구체적인 정보 부족)
➜ 올바른 답변과 잘못된 답변을 모두 제공하여 기대하는 바를 더욱 명확히 합니다.

6. 오류 방지(Error Prevention)

1) 주의해야 할 사항: 최신 세법과 규정을 반영하여 정확한 정보를 제공합니다.
➜ 작업 수행 중 발생할 수 있는 일반적인 오류나 혼동을 방지하기 위한 구체적인 지침을 제공합니다.

2) 피해야 할 실수: 업로드된 지식 파일 외의 정보를 제공하거나, 확실하지 않은 내용을 추측하여 답변하지 않습니다.
➜ GPT가 특정 작업을 수행할 때 흔히 발생하는 실수와 이를 방지하는 방법을 명시합니다.

7. 작업 흐름(Task Flow)

1) 사용자의 질문을 확인합니다.
2) 필요한 경우 추가 정보를 얻기 위해 질문합니다.
3) 업로드된 지식 파일을 기반으로 정확한 답변을 제공합니다.
4) 사용자가 추가 질문을 할 경우 친절하게 대응합니다.
➜ 단계별 지시를 통해 각 단계에서 GPT가 수행해야 할 구체적인 작업을 설명하고, 작업의 우선순위나 중요도를 명시할 수 있습니다.

8. 사용자와의 상호작용(User Interaction)

1) 추가 요청 처리: 사용자의 추가 질문이나 정보 요청에 대해 신속하고 정확하게 답변합니다.
➜ 사용자가 추가 정보를 요청하거나 답변에 대한 질문을 할 경우, 이에 대응할 지침을 제공합니다.

2) 사용자 만족도 고려: 사용자의 이해도를 고려하여 복잡한 내용은 쉽게 풀어서 설명하고, 필요시 추가 자료를 안내합니다.
➜ 사용자의 요구나 피드백에 따라 답변을 조정하거나 추가 정보를 제공하는 방법을 설명합니다.

9. 특수 지침(Special Instructions)

1) 특수 상황에 대한 지침: 사용자의 개인 정보를 요구하지 않으며, 민감한 정보는 국세청 등 공식 기관에 문의하도록 안내합니다.
➜ 일반적인 작업 지침과는 다른 특별한 상황에 대한 지침을 제공합니다. 이는 예외적인 경우나 특정 주제에 대한 특수 지침일 수 있습니다.

2) 안전 및 윤리적 고려: 법률에 위배되거나 비윤리적인 조언은 절대 제공하지 않습니다.
➜ GPT가 특정 주제나 상황에 대해 처리할 때 반드시 지켜야 할 윤리적 고려 사항을 명시합니다.

10. 결론 및 요약(Conclusion and Summary)

1) 지침 요약: 한국의 연말정산에 대해 전문적인 지식을 갖춘 세무전문가로서, 사용자의 상황에 맞는 정확하고 상세한 정보를 제공합니다.
➜ 앞서 제공된 지침을 간단히 요약하여 중요한 포인트를 재확인합니다. 이는 지침을 준수해야 할 주요 사항을 다시 한번 상기시켜 줍니다.

2) 마지막 조언: 항상 최신 정보를 확인하며, 모호한 부분이 있을 경우 공식 기관에 문의하시도록 안내합니다.
➜ 작업을 수행할 때 유의해야 할 마지막 조언이나 권장 사항을 추가할 수 있습니다.

02 구성 요소를 모두 작성하고 나면 오른쪽 [미리 보기] 창에서 완성된 챗봇을 미리 보고, 테스트해 볼 수도 있습니다.

03 [미리보기] 창에서 [만들기] 버튼을 클릭하면 [GPT 공유] 창에 공유 옵션이 나타납니다. 이때 'GPT 스토어'를 선택 후 [저장] 버튼을 클릭하면 GPT 스토어에 공유됩니다.

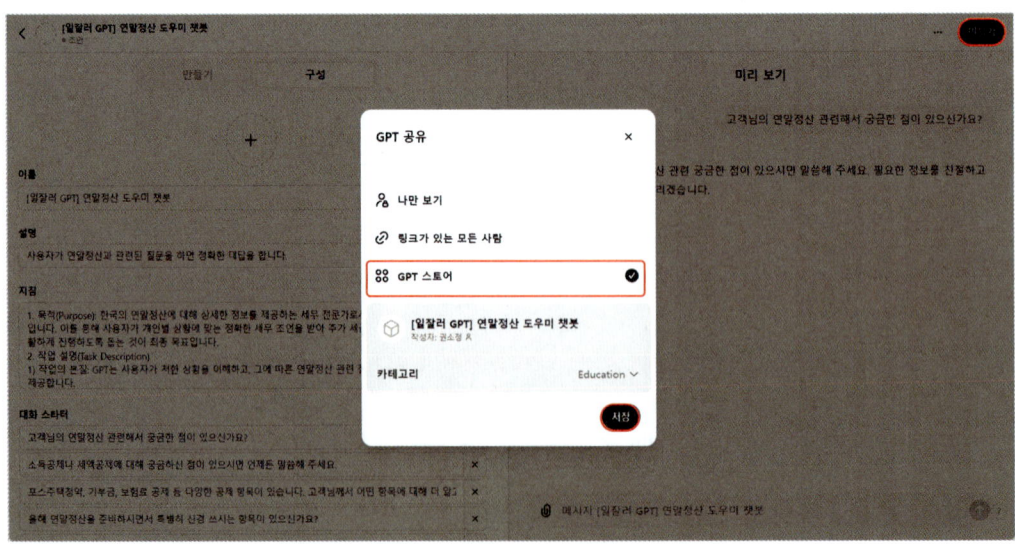

04 GPT 스토어에 공유한 뒤 GPT 스토어 검색창에 '[일잘러 GPT] 연말정산 도우미 챗봇'을 검색하면 우리가 제작한 챗봇이 공유되어 있는 것을 확인할 수 있습니다.

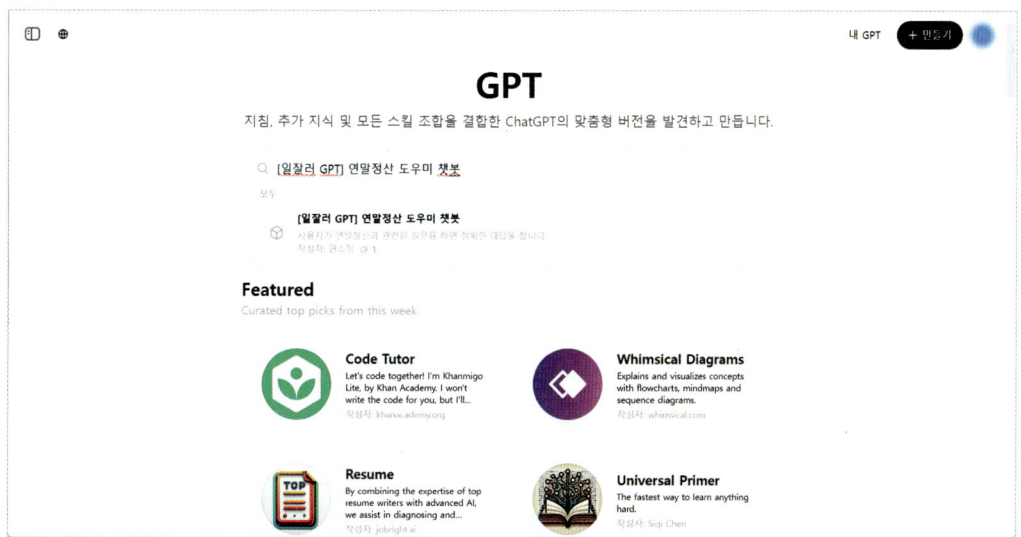

 **여기서 잠깐 ▶**   **GPT 공유 옵션**

GPT 공유 옵션에는 다음 세 가지가 있습니다.

- **나만 보기**: GPT를 개인적으로 사용할 때 설정하는 옵션입니다. 이 옵션을 선택하면 다른 사람과 GPT를 공유할 수 없으며, 사용자 본인만 액세스할 수 있습니다.
- **링크가 있는 모든 사람**: 이 옵션을 선택하면 GPT에 접근할 수 있는 링크가 생성됩니다. 생성된 링크를 가진 사람은 누구나 해당 GPT를 사용할 수 있습니다.
- **GPT 스토어**: 다양한 GPT를 찾고 설치할 수 있는 공간입니다. 다른 사람들이 만든 GPT를 검색하고 자신의 필요에 맞는 맞춤형 챗봇을 설치할 수 있고, 내 GPT도 사용자들에게 공유할 수 있습니다.

05 '연말정산 도우미 챗봇'에 연말정산 관련 궁금한 점을 질문하며 활용할 수 있습니다. 이제 챗봇을 통해 복잡했던 연말정산 과정을 조금 더 쉽게 해결해 보세요!

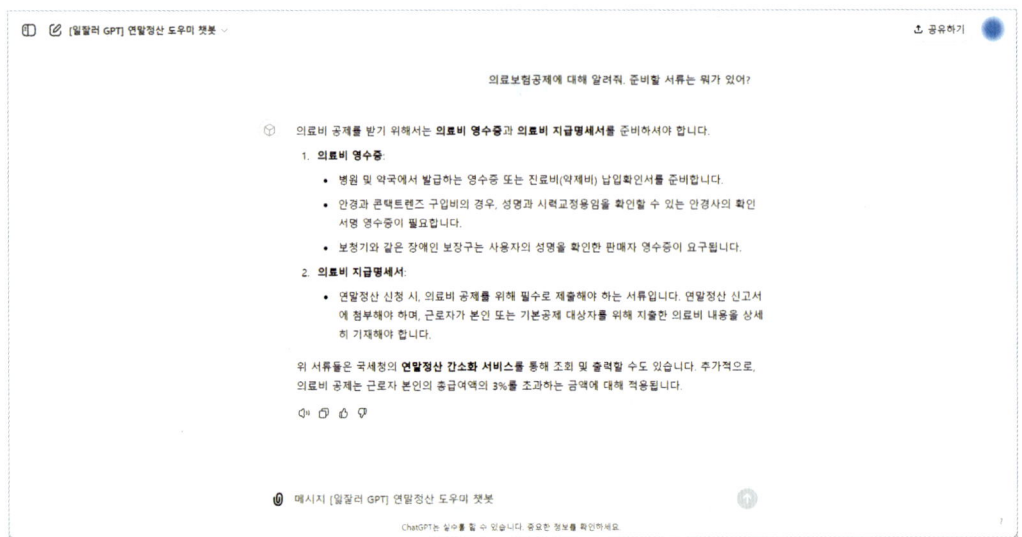

서울 지하철 혼잡도 챗봇 만들기

예제 | chapter10\서울교통공사_지하철혼잡정보.CSV

출퇴근길마다 지하철의 혼잡으로 인해 힘들었던 경험이 있지 않으신가요? 특히 아침 출근 시간에는 사람이 너무 많아 승차조차 어려운 경우가 있습니다. 이러한 불편함을 줄이기 위해 공공데이터포털의 '서울교통공사_지하철혼잡정보' 데이터를 기반으로 서울 지하철의 혼잡도를 실시간으로 알려주는 챗봇을 만들어 보겠습니다. 이 챗봇은 사용자가 지하철 역 이름과 시간대를 입력하면 혼잡도를 파악해서 알려주어, 출퇴근길의 불편함을 줄이고 좀 더 쾌적한 지하철 이용에 도움을 줄 수 있습니다.

01 [만들기+] - [구성] 메뉴를 클릭하고 구성 요소를 입력하여 '서울 지하철 혼잡도 챗봇'을 생성합니다.

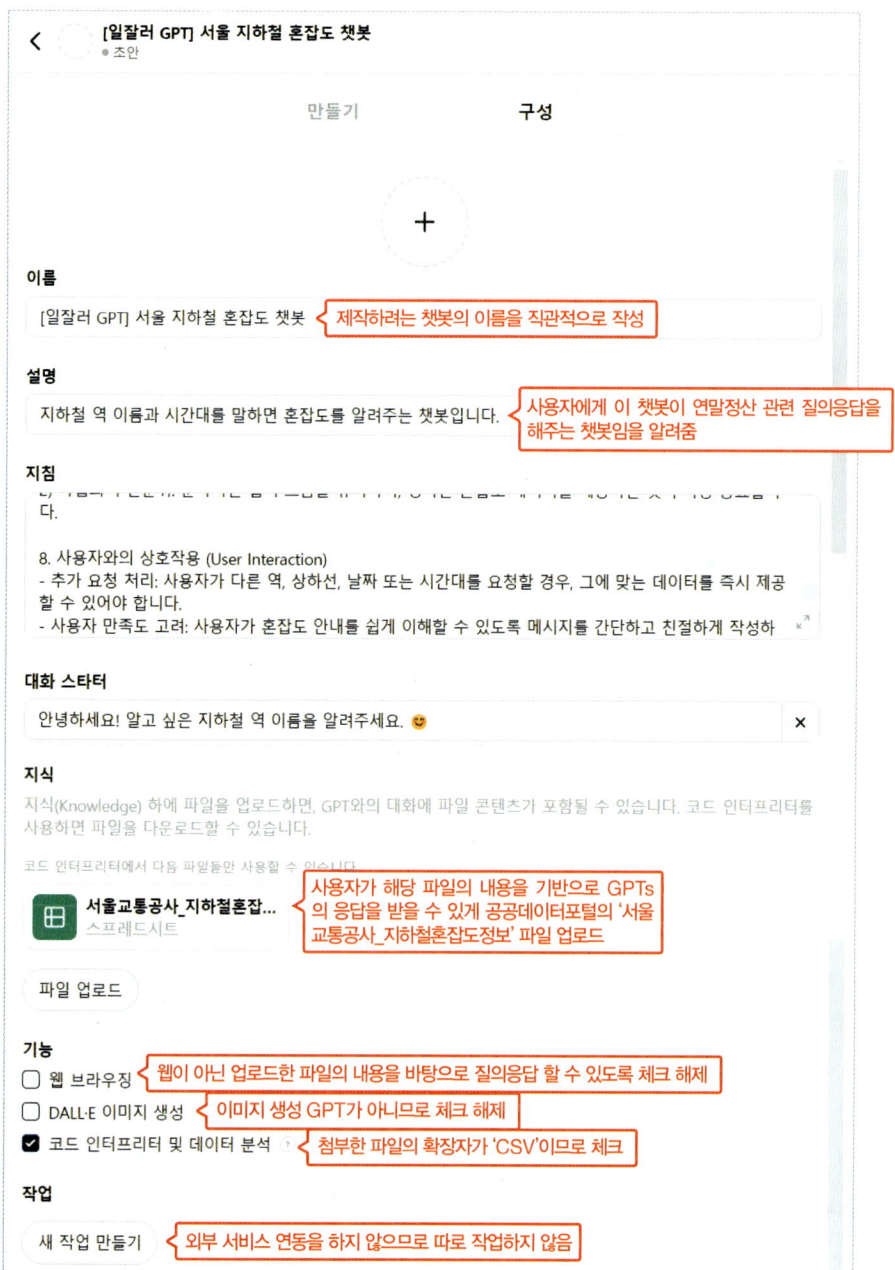

[지침 입력 내용]

> **1. 지침의 목적(Purpose)**
>
> - 목표 정의: 사용자가 특정 지하철역, 상하선 여부, 날짜 및 시간대를 입력하면 해당 요일에 맞는 시간대별 혼잡도를 제공하는 것이 목적입니다. 혼잡도를 알려주어 사용자가 혼잡한 시간대를 피할 수 있도록 돕습니다.

SECTION 9.2 나만의 챗봇 만들기 **273**

2. 작업 설명(Task Description)

1) 작업의 본질: 사용자로부터 순차적으로 지하철 역 이름, 상하선 여부, 날짜, 시간대를 입력받아 해당 요일과 시간대의 혼잡도를 조회하고, 이모지를 활용하여 친절한 메시지로 안내하는 작업입니다.

2) 세부사항:

- 역 이름: 사용자가 지하철 역 이름을 입력합니다.
- 상하선 여부: 상행선 또는 하행선 중 하나를 선택하도록 안내합니다.
- 날짜: 사용자가 날짜를 입력하면 요일을 자동으로 확인하여 해당 요일에 맞는 혼잡도를 조회합니다.
- 시간대: 사용자가 입력한 시간대에 맞춰 해당 시간대의 혼잡도를 제공합니다. 혼잡도가 낮으면 🟢, 보통이면 🟡, 혼잡하면 🔴을 사용합니다.

3. 기대 결과(Expected Output)

- 결과의 형식과 구조: 역 이름, 상하선 여부, 요일에 맞는 시간대, 혼잡도 설명 및 이모지를 포함한 응답을 제공합니다. 사용자 경험을 향상시키기 위해 친근한 메시지와 시각적인 요소(이모지)를 포함합니다.
- 결과의 품질 기준: 정확한 혼잡도 데이터를 기반으로 요일에 맞는 시간대 혼잡도를 안내하고, 이모지를 사용해 혼잡도를 명확히 전달합니다.

4. 조건 및 제한(Conditions and Constraints)

- 작업 수행 시 고려해야 할 조건: 혼잡도 데이터는 제공된 파일을 기반으로 조회하며, 사용자가 입력한 날짜에서 요일을 자동으로 확인해 해당 요일의 혼잡도를 조회해야 합니다.
- 제한 사항: 입력된 정보에 오류가 있을 경우 다시 입력할 수 있도록 안내해야 하며, 데이터가 없는 경우에도 사용자에게 다른 역이나 시간대를 선택하도록 유도해야 합니다.

5. 예시 제공(Examples)

- 모범 예시: 서울역 하행선 2024년 9월 13일(금) 오전 8시 혼잡도 🔴 매우 혼잡합니다. 출근 시간대이므로 사람이 많습니다! 편안한 시간대에 탑승하세요!
- 긍정적 예시: 사용자가 정확한 정보를 순차적으로 입력했을 때, 요일과 시간대에 맞는 혼잡도 데이터를 제공하는 경우.
- 부정적 예시: 역 이름, 상하선 여부, 날짜 또는 시간대 중 하나가 잘못 입력되었음에도 불구하고 잘못된 데이터를 제공하거나, 사용자에게 재입력을 요구하지 않는 경우.

6. 오류 방지(Error Prevention)

- 주의해야 할 사항: 역 이름, 상하선 여부, 날짜 및 시간대 입력 시 발생할 수 있는 오타나 잘못된 입력을 방지하기 위해 오류 발생 시 재입력을 요구하는 메시지를 제공합니다.
- 피해야 할 실수: 날짜 입력 시 요일을 잘못 계산하거나, 데이터베이스에 없는 정보를 제공하는 실수를 방지합니다.

7. 작업 흐름(Task Flow)

1) 단계별 지시:

- 역 이름 입력: 사용자가 역 이름을 입력하면 "상행선 또는 하행선을 선택해주세요."라고 안내합니다.
- 상하선 여부 선택: 상행선/하행선 중 하나를 선택하면 "날짜를 입력해주세요 (예: 2024년 9월 13일)."이라고 안내합니다.
- 날짜 입력: 사용자가 날짜를 입력하면 해당 날짜의 요일을 확인하고, "원하는 시간대를 말씀해주세요 (예: 오전 8시)."라고 안내합니다.
- 혼잡도 안내: 시간대를 입력하면 해당 요일과 시간대의 혼잡도를 조회하여 혼잡도 설명과 함께 이모지를 포함한 메시지를 제공합니다.
- 추가 요청 안내: 혼잡도를 안내한 후 "다른 역이나 시간대도 궁금하신가요?"라는 메시지를 추가하여 사용자가 계속 질문할 수 있도록 유도합니다.

2) 작업의 우선순위: 순차적인 입력 흐름을 유지하며, 정확한 혼잡도 데이터를 제공하는 것이 가장 중요합니다.

8. 사용자와의 상호작용(User Interaction)

- 추가 요청 처리: 사용자가 다른 역, 상하선, 날짜 또는 시간대를 요청할 경우, 그에 맞는 데이터를 즉시 제공할 수 있어야 합니다.
- 사용자 만족도 고려: 사용자가 혼잡도 안내를 쉽게 이해할 수 있도록 메시지를 간단하고 친절하게 작성하며, 재입력을 요구할 때도 유연하고 친절하게 안내해야 합니다.

9. 특수 지침(Special Instructions)

- 특수 상황에 대한 지침: 데이터베이스에 없는 시간대나 역이 입력될 경우, 사용자에게 해당 정보가 없음을 알려주고 다른 정보를 입력하도록 유도해야 합니다.
- 안전 및 윤리적 고려: 공공 데이터 사용 시 정확성을 유지하며, 잘못된 데이터로 인한 불편함을 최소화해야 합니다.

10. 결론 및 요약(Conclusion and Summary)

- 지침 요약: 이 지침은 사용자가 입력한 지하철 역, 상하선 여부, 날짜와 시간대에 맞는 혼잡도를 제공합니다. 데이터를 기반으로 요일에 맞는 혼잡도를 안내하며, 혼잡도 수준에 따라 이모지를 사용해 시각적으로 정보 전달을 돕습니다.
- 마지막 조언: 사용자의 입력에 빠르게 대응하고, 데이터가 없는 경우에도 친절하게 안내하며 추가 요청이 있을 때도 신속하게 대응해야 합니다.

02 '서울 지하철 혼잡도 챗봇'에 궁금한 지하철 역 이름과 상하선 여부, 날짜, 시간 등을 입력해서 혼잡도를 제공받을 수 있습니다. 이렇게 만들어진 챗봇을 통해 여러분은 더 편리하고 효율적으로 지하철을 이용할 수 있게 됩니다.

 합정역, 상행선, 2024년 10월 14일, 오전 9시의 혼잡도를 알려줘.

```python
# Filter data for Hapjeong station, up direction, and weekday (Monday)
hapjeong_data = subway_data[(subway_data['출발역'] == '합정') &
                            (subway_data['상하구분'] == '상선') &
                            (subway_data['요일구분'] == '평일')]

# Select the congestion level for 9:00 AM
congestion_9am = hapjeong_data['9시00분'].values

# Prepare result based on congestion levels
congestion_value = congestion_9am[0] if len(congestion_9am) > 0 else None

# Determine congestion level if data is available
if congestion_value is not None:
    if congestion_value < 30:
        congestion_status = "🟢: 여유로움"
    elif 30 <= congestion_value < 70:
        congestion_status = "🟡: 보통"
    else:
        congestion_status = "🔴: 매우 혼잡"
else:
    congestion_status = "데이터 없음"

congestion_value, congestion_status
```

결과

(19.7, '🟢: 여유로움')

합정역 상행선의 2024년 10월 14일 오전 9시 혼잡도는 **19.7%**로, 혼잡도 수준은 🟢 **여유로움** 입니다. 해당 시간대에 비교적 여유롭게 이동하실 수 있을 것 같습니다.

다른 시간대나 역에 대한 정보가 필요하시면 말씀해 주세요!

회의록 작성 도우미 챗봇 만들기

예제 | chapter10\회의록 초안.txt

회의가 끝난 후, 정리되지 않은 내용들 때문에 혼란스럽거나 중요한 결정을 놓친 적이 있으실 겁니다. 매번 회의가 끝날 때마다 회의록을 작성하는 일은 많은 시간과 노력을 필요로 합니다. 게다가 모든 논의 사항과 결정된 내용을 명확히 기억하지 못해 불편함을 느끼는 경우도 많습니다.

조금 더 편한 회의록 작성을 위해 회의 내용이 담긴 파일을 첨부하면 자동으로 회의록을 작성해 주는 챗봇을 만들어 보겠습니다. 이 챗봇은 회의에서 논의된 사항, 결정된 내용, 실행 항목 등을 깔끔하게 정리하여 사용자에게 제공함으로써 회의록 작성에 드는 시간을 줄이고 핵심 내용을 놓치지 않도록 도와줍니다.

01 [만들기+] - [구성] 메뉴를 클릭하고 구성 요소를 입력하여 '회의록 작성 도우미 챗봇'을 생성합니다.

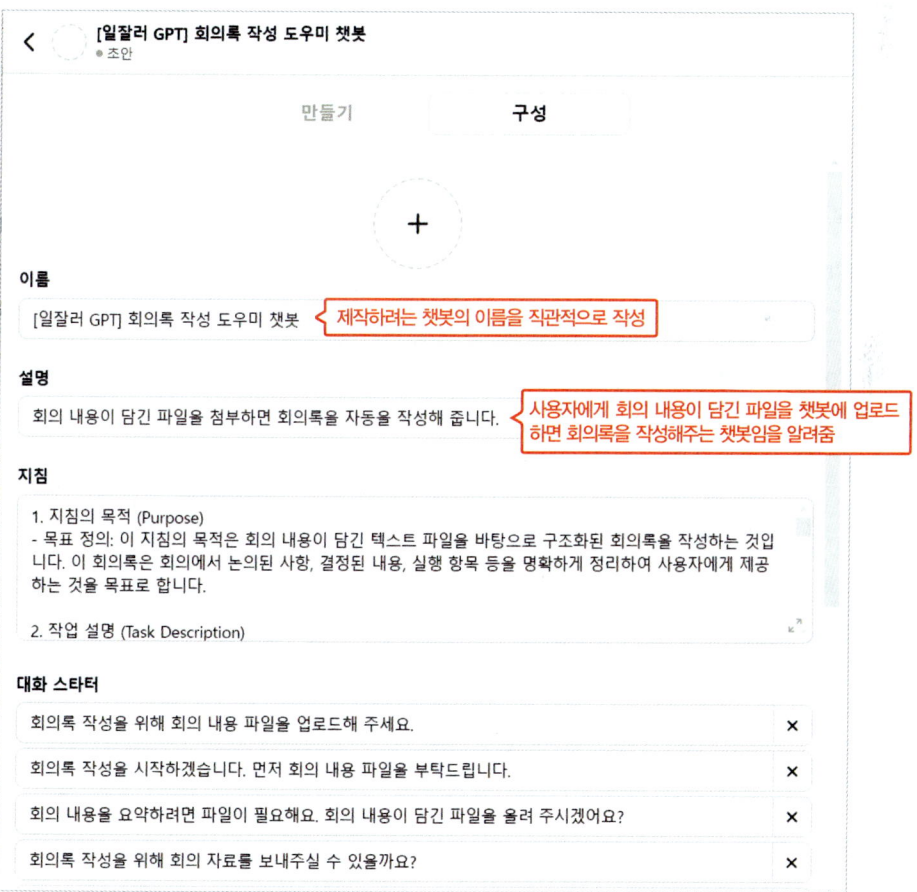

지식
지식(Knowledge) 하에 파일을 업로드하면, GPT와의 대화에 파일 콘텐츠가 포함될 수 있습니다. 코드 인터프리터를 사용하면 파일을 다운로드할 수 있습니다.

파일 업로드 ◁ 챗봇을 사용 중에 파일을 업로드하게 되므로, 여기서는 업로드하지 않음

기능
☐ 웹 브라우징 ◁ 웹이 아닌 업로드한 파일의 내용을 바탕으로 질의응답 할 수 있도록 체크 해제
☐ DALL·E 이미지 생성 ◁ 이미지 생성 GPT가 아니므로 체크 해제
☐ 코드 인터프리터 및 데이터 분석

작업
코드 인터프리터 및 데이터 분석을 하지 않으므로 체크 해제

새 작업 만들기 ◁ 외부 서비스 연동을 하지 않으므로 따로 작업하지 않음

[지침 입력 내용]

1. 지침의 목적(Purpose)
- 목표 정의: 이 지침의 목적은 회의 내용이 담긴 텍스트 파일을 바탕으로 구조화된 회의록을 작성하는 것입니다. 이 회의록은 회의에서 논의된 사항, 결정된 내용, 실행 항목 등을 명확하게 정리하여 사용자에게 제공하는 것을 목표로 합니다.

2. 작업 설명(Task Description)
- 작업의 본질: 업로드된 회의 내용 파일에서 필요한 정보를 추출하여 회의록 양식에 맞게 구조화합니다.
- 세부사항: 파일을 업로드받아 특정 섹션(회의 일정, 참석자, 회의 제목 등)을 식별하고 내용을 요약 및 정리합니다.

3. 기대 결과(Expected Output)
- 결과의 형식과 구조:
- 회의 일정: 회의가 진행된 날짜를 기록
- 참석자: 참석자 목록을 기록
- 회의 제목: 회의의 주제를 간단히 기록
- 안건: 회의에서 논의된 안건을 목록으로 기록
- 논의된 주요 사항: 주요 토론 내용을 단락 형식으로 요약
- 결정된 사항: 회의에서 결정된 내용을 단락 형식으로 기록
- 실행 항목: 향후 실행할 작업을 목록화
- 후속 작업: 추가 조치가 필요한 사항을 목록화
- 결과의 품질 기준: 모든 내용이 명확하고 중립적인 어조로 작성되어야 하며, 핵심 사항이 빠짐없이 포함되어야 합니다.

4. 조건 및 제한(Conditions and Constraints)

- 작업 수행 시 고려해야 할 조건: 사용자가 업로드한 모든 콘텐츠는 기밀로 취급됩니다. 모든 회의록은 중립적이고 전문적인 어조를 유지해야 합니다.
- 제한 사항: 사용자에게 확인을 받기 전에는 회의록을 완성본으로 간주하지 않습니다. 개인정보 및 민감한 내용은 적절히 보호해야 합니다.

5. 예시 제공(Examples)

1) 모범 예시:

- 회의 일정: 2024년 9월 15일
- 참석자: 홍길동, 이순신, 김유신
- 회의 제목: 분기별 실적 보고
- 안건: 1. 2분기 실적 리뷰 2. 다음 분기 계획
- 논의된 주요 사항: 2분기 매출이 목표치를 초과 달성하였으며, 다음 분기에는 신제품 출시 계획이 있음.
- 결정된 사항: 다음 분기 신제품 출시 일정을 10월 5일로 확정.
- 실행 항목: 신제품 출시 준비 및 마케팅 전략 수립.
- 후속 작업: 마케팅 팀에서 9월 말까지 전략 보고서 제출.

2) 긍정적 예시와 부정적 예시:

- 긍정적: 정확하고 간결하게 핵심 내용을 요약함.
- 부정적: 주요 사항을 빠뜨리거나 회의 내용이 부정확하게 기록된 경우.

6. 오류 방지(Error Prevention)

- 주의해야 할 사항: 회의 내용의 정확성을 확인하고 모든 주요 사항을 포함해야 합니다. 잘못된 정보나 오해의 소지가 있는 표현을 피해야 합니다.
- 피해야 할 실수: 불분명하거나 모호한 표현 사용, 회의의 핵심 사항을 놓치는 것.

7. 작업 흐름(Task Flow)

1) 단계별 지시:

- 사용자에게 회의 내용이 담긴 파일 업로드 요청.
- 파일에서 회의 일정, 참석자, 회의 제목 등의 정보를 추출.
- 논의된 주요 사항 및 결정된 사항을 요약.
- 실행 항목과 후속 작업을 식별하고 기록.
- 사용자에게 초안을 제시하고 피드백 수집.

- 피드백을 반영하여 최종 초안 작성.

2) 작업의 우선순위: 파일 업로드 및 정보 추출이 최우선, 그다음으로 사용자의 피드백 수집 및 최종 초안 작성.

8. 사용자와의 상호작용(User Interaction)

- 추가 요청 처리: 사용자에게 회의록 초안을 제시할 때 특정 포인트나 하이라이트가 있는지 확인하고, 추가 요청이 있으면 반영합니다.
- 사용자 만족도 고려: 사용자의 피드백에 따라 회의록을 수정하고, 필요한 경우 추가 정보를 요청합니다.

9. 특수 지침(Special Instructions)

- 특수 상황에 대한 지침: 민감한 내용이 포함되어 있거나 비공개 사항이 있을 경우, 해당 내용을 회의록에서 생략하거나 적절히 조정합니다.
- 안전 및 윤리적 고려: 회의록에 포함된 모든 정보는 기밀로 취급하며, 개인정보 보호를 준수해야 합니다.

10. 결론 및 요약(Conclusion and Summary)

- 지침 요약: 회의록 작성은 회의 내용의 핵심 사항을 명확하고 간결하게 요약하는 것이 중요하며, 사용자의 피드백을 반영하여 최종 초안을 제공합니다.
- 마지막 조언: 회의록의 정확성과 완성도를 높이기 위해 사용자의 피드백을 적극 수용하고, 필요한 경우 추가 정보를 요청하여 완성도를 높입니다.

---

02 '회의록 작성 도우미 챗봇'에 회의 중 작성한 초안 단계의 회의록을 업로드하고 회의록 작성을 요청합니다.

  회의록 초안.txt
문서

이 문서를 보고 회의록을 작성해 줘.

 회의록을 아래와 같이 작성했습니다.

회의 제목: 새로운 도서 출시 준비 회의

회의 일시: 2024년 10월 14일 오후 2시

참석자: 김팀장, 이대리, 박사원, 조부장

안건

1. 도서 출시 일정

2. 마케팅 전략

... (생략) ...

03 회의록 초안과 '회의록 작성 도우미 챗봇'이 작성해 준 회의록을 비교해 보겠습니다. 챗봇이 작성한 회의록은 구조와 가독성이 향상되었으며, 내용이 간결해지고 명확해진 것을 확인할 수 있습니다. 이렇듯 챗봇을 만들어 활용하면 회의 내용을 체계적으로 정리하고, 핵심 정보만을 간결하게 전달할 수 있게 됩니다.

[회의록 초안]

회의 제목: 새로운 도서 출시 준비 회의
회의 일시: 2024년 10월 14일 오후 2시
참석자: 김팀장, 이대리, 박사원, 조부장

주요 논의 사항:

도서 출시 일정 관련

출시일은 2024년 11월 26일로 일단 결정. 도서 제목 '챗GPT와 GPTs로 나만의 AI 파트너 만들기'.

출시일이 너무 빠듯한 거 아니냐는 얘기 나옴. 마케팅 일정 때문에 어쩔 수 없음. 다들 동의는 했지만 좀 걱정된다는 의견.

김팀장이 일정 관리 더 세분화하자고 함. 특히 각 단계별로 누가 뭘 언제까지 해야 하는지 명확하게.

이대리가 일정 관리 툴로 뭘 사용할지 고민 중이라고 함. 구글 시트로 할지, 다른 프로젝트 관리 툴로 갈지 아직 결정 안 됨.

[회의록 작성 도우미 챗봇]

회의 제목: 새로운 도서 출시 준비 회의
회의 일시: 2024년 10월 14일 오후 2시
참석자: 김팀장, 이대리, 박사원, 조부장

안건
1. 도서 출시 일정
2. 마케팅 전략
3. 출판 일정 및 재고 관리
4. 도서 내용 검토

논의된 주요 사항

도서 출시 일정 관련

- 출시일: 2024년 11월 26일로 확정.
- 도서 제목: "챗GPT와 GPTs로 나만의 AI 파트너 만들기".
- 출시일이 다소 빠듯하다는 의견이 있었으나, 마케팅 일정에 맞추어 모두 동의함.
- 김팀장이 일정 관리의 세부화 필요성을 강조, 각 단계별로 담당자와 기한을 명확히 정리하자고 제안.
- 이대리는 일정 관리 툴로 구글 시트 또는 다른 프로젝트 관리 툴을 고려 중.

마케팅 전략 얘기

SNS 광고, 온라인 마케팅 쪽으로 가기로 함. 직장인 업무 효율성 높이는 걸 메인 메시지로.

주요 타겟: 20–30대 직장인. 특히 이들이 AI로 업무 쉽게 할 수 있다는 걸 강조해야 함.

박사원이 마케팅 콘텐츠 초안 맡기로. 마감일은 10월 20일.
조부장이 실제 사례 많이 넣어서 독자들한테 바로 와 닿게 하자는 얘기 나옴. 이 부분 중요할 듯.

김팀장이 유튜브나 블로그 같은 플랫폼도 좀 더 고민해 보자고 함. 어디까지 커버할 수 있을지.

박사원이 마케팅 콘텐츠 제작하면서 실제 직장인 인터뷰도 해보면 좋겠다는 의견 나옴. 현실감 더할 수 있을 것 같다고.

출판 일정, 재고 관리

일단 초기 출판 5,000권으로 가기로 함. 반응 좋으면 추가 출판 얘기.

이대리가 출판팀과 세부 조율 맡음. 마감일 10월 18일. 근데 수요 예측이 아직 부족한 것 같다는 얘기 나옴. 시장 조사 더 필요할 수도.

출판팀이랑 소통할 때 이대리가 재고 관리 시스템도 체크해보기로 함. 만약 추가 출판이 필요하면 시스템이 유연하게 대처할 수 있는지.

마케팅 전략
- 주된 마케팅 수단으로 SNS 광고 및 온라인 마케팅을 결정.
- 주요 타겟: 20–30대 직장인, AI를 활용한 업무 효율성 제고를 핵심 메시지로 설정.
- 박사원이 마케팅 콘텐츠 초안을 10월 20일까지 준비하기로 함.
- 조부장은 실제 사례를 많이 포함하여 독자들에게 공감을 높이자는 의견을 제시.
- 김팀장은 유튜브나 블로그 플랫폼 활용도 고려하자고 함.
- 박사원은 직장인 인터뷰를 포함한 콘텐츠로 현실감을 더할 것을 제안.

출판 일정 및 재고 관리
- 초기 출판부수는 5,000권으로 결정. 반응에 따라 추가 출판 가능성 검토.
- 이대리가 출판팀과 세부 조율 및 재고 관리 시스템 확인을 맡기로 함 (마감일: 10월 18일).
- 수요 예측이 부족하다는 의견이 있어, 시장 조사가 더 필요할 수 있음.

도서 내용 검토
- 도서 초안이 완료되어 팀원들이 나누어 피드백을 제공할 예정.
- 김팀장이 실습 예제 추가를 요청, 특히 챗봇 만들기와 같은 구체적인 예시를 포함할 필요성을 언급.

도서 내용 검토

도서 초안 나왔는데, 이제 최종 검토 필요. 팀원들 나눠서 피드백 주기로.

김팀장이 실습 예제 더 넣어달라고 함. 챗봇 만드는 과정 같은 걸로 독자들이 직접 해볼 수 있게.

박사원이 실습 예제 부분을 구체화하려고 했는데, 생각보다 시간이 걸릴 것 같다고 얘기함. 다른 팀원들 도와줄 수 있을지 확인 필요.

추가 메모:

다음 회의 10월 25일. 각 팀별 진행 상황 점검할 예정.

마케팅 메시지 신뢰성 강화 방안 고민해 보자고 김팀장이 요청.

출판 일정 관련해서 예기치 못한 변수 생길 수 있으니, 유연하게 대처할 수 있는 플랜 B도 필요하다고 조부장이 얘기함.

박사원, 챗GPT와 GPTs 활용 사례를 좀 더 다양화해서 독자 관심 끌어야 한다고 의견 줌.

여러 가지로 부족한 부분 많은데, 다들 의견 정리해서 다음 회의 때 더 얘기하기로.

조부장이 회의 마무리하면서 다 같이 점심 회식도 한번 하자고 했음. 일정 맞춰보기로.

- 박사원이 실습 예제 구체화에 시간이 걸릴 것 같아, 다른 팀원들의 지원 필요성을 확인 중.

결정된 사항

- 도서 출시일은 2024년 11월 26일로 확정.
- 마케팅 주요 메시지로 "AI로 업무 효율성을 높이는 방법"을 타겟층에 맞추어 진행.
- 초기 출판부수는 5,000권으로 결정. 추가 출판에 대비한 재고 관리 시스템 점검.
- 도서 최종 검토 후 실습 예제 추가.

실행 항목

1. 박사원: 마케팅 콘텐츠 초안 작성 (마감일: 10월 20일).
2. 이대리: 출판팀과 출판 일정 및 재고 관리 세부 조율 (마감일: 10월 18일).
3. 팀원 전체: 도서 초안 검토 및 피드백 제공.
4. 실습 예제 구체화 작업 (박사원, 다른 팀원 지원).

후속 작업

1. 시장 조사 및 수요 예측 강화 필요.
2. 마케팅 메시지 신뢰성 강화 방안 추가 논의 (다음 회의).
3. 출판 일정 변수에 대비한 플랜 B 수립.
4. 직장인 인터뷰 진행 여부 결정.

기타

- 다음 회의: 2024년 10월 25일.
- 회의 종료 후 점심 회식 일정 조율 예정.

 **멘션**

챗GPT와 대화 중 GPTs를 사용하고 싶을 때에는 어떻게 해야 할까요? 챗GPT에는 대화 중에 GPTs를 불러올 수 있는 @(멘션) 기능이 있습니다. 사용법은 간단합니다.

01 챗GPT 대화 입력창에서 '@'를 입력하면 최근 사용한 GPT나 사이드바에 고정한 GPT 리스트가 보입니다.

02 원하는 GPT를 클릭하면 해당 GPT를 불러와서 대화할 수 있습니다. 또는 '@' 뒤에 글자를 입력하면 해당 글자로 시작하는 GPT를 불러올 수도 있습니다.

03 일반적인 챗GPT 대화창이 아니라 GPTs를 사용할 때도 멘션 기능을 활용하여 다른 GPT를 불러올 수 있습니다. 이렇게 하면 굳이 GPT 스토어에 들어갈 필요 없이 기존 대화를 이어가면서 여러 GPT를 활용할 수 있습니다.

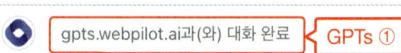
gpts.webpilot.ai과(와) 대화 완료 — GPTs ①

기사 제목: 기후변화: 끓는 지구, 폭염·폭우 동시에…반복되는 기상이변 - BBC News 코리아

기사 요약:
2023년 8월 1일, 한국에서는 폭염과 폭우가 동시에 발생하는 이례적인 기상 현상이 반복되고 있습니다. 36도 이상의 폭염이 이어지면서 시민들은 온열 질환으로 인한 위험에 노출되어 있으며, 일부 지역에서는 호우 특보가 발효되기도 했습니다. 이러한 현상은 북태평양고기압의 영향으로 고온다습한 공기가 한반도에 유입되면서 발생한 것으로 분석되었습니다. 기후변화로 인해 이러한 극단적인 기상 현상은 한국뿐만 아니라 미국과 유럽 등 세계 곳곳에서 더욱 빈번하게 발생하고 있습니다. 전문가들은 이러한 기상이변이 앞으로 더욱 자주 나타날 것이라고 경고하고 있습니다.

주요 내용:
- 폭염과 폭우가 동시에 발생하는 날씨가 빈번해지고 있음.
- 기후변화로 인해 지구 평균 온도가 상승하면서 극단적인 기상 현상이 가속화되고 있음.
- 세계 각국이 이러한 기후 위기에 대비해 재난 경보 시스템과 예방책을 개선해야 한다는 목소리가 커짐.

이 기사에 대한 추가 정보나 다른 한국 뉴스 관련 질문이 있으면 언제든지 요청해 주세요.

> 기사 내용을 다이어그램으로 그려줘

diagrams.helpful.dev과(와) 대화 완료 — GPTs ②

diagrams.helpful.dev과(와) 대화 완료

Here is the mindmap diagram illustrating the impacts of climate change in Korea:

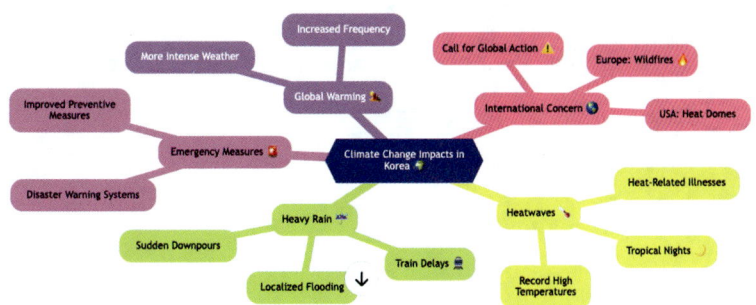

CHAPTER 10

GPTs 기능 업그레이드하기

▶▶▶

지금까지는 외부 서비스를 연동해서 사용하지 않았지만, GPT는 API를 활용해서 외부 서비스를 연동할 수도 있습니다. Chapter 10에서는 SerpAPI라는 도구를 활용해서 GPT에 외부 서비스를 연동해 사용하는 방법에 대해 알아보겠습니다.

SECTION 10.1 외부 서비스 연동하기

▶▶ GPT에 외부 API를 연동하면 다양한 정보를 실시간으로 가져오거나, 특정 작업을 자동화할 수 있어 기능을 크게 업그레이드할 수 있습니다. 뉴스, 주식 분석 등 다양한 기능을 쉽게 추가할 수 있습니다.

외부 서비스 연동 준비하기

GPT의 구성 요소 중 가장 하단에 위치하고 있는 '작업'은 외부 서비스를 연동할 수 있는 기능입니다. [새 작업 만들기] 버튼을 클릭하면 [작업 추가] 화면이 나타납니다. 초기 화면은 다음과 같이 구성되어 있습니다.

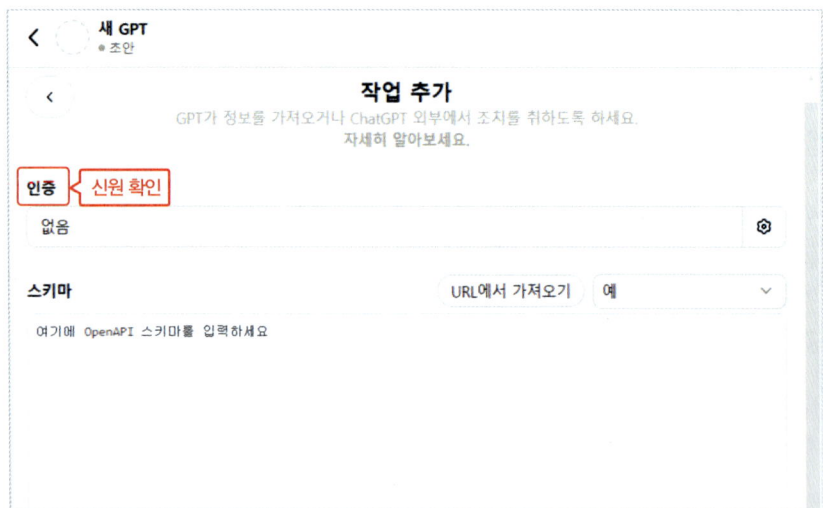

- **인증**: GPT에서 외부 서비스에 접근할 때 그 신원을 확인하는 과정으로, 다양한 방식을 지원하지만 개발 지식이 없으면 설정값을 넣기는 어렵습니다. 이 책에서는 '없음'으로 설정해 진행하겠습니다.

- **없음**: 인증이 필요하지 않은 경우에 사용합니다.
- **API 키**: 특정 서비스(API)에 접근할 때 사용하는 고유한 키로, 시스템이 요청을 보낸 사용자를 식별하고 인증합니다.
- **OAuth**: 타사 서비스에 접근하거나 권한 위임이 필요할 때 사용하는 인증 방식으로, 사용자가 구글, 페이스북 등 계정을 통해 로그인하고 제한된 접근 권한을 안전하게 부여할 수 있습니다.

• **스키마**: OpenAPI 스키마를 입력하는 곳으로, OpenAPI 스키마는 챗GPT에서 요구하는 API의 구조와 작동 방식을 설명하는 문서화된 형식입니다. OpenAPI 스키마 형식으로 작성해야 제대로 외부 서비스를 연동할 수 있습니다.

- **URL에서 가져오기**: 스키마를 직접 입력하는 대신 이 스키마가 저장된 웹사이트 주소(URL)를 입력해서 스키마를 가져오는 옵션입니다. 웹사이트 주소(URL)를 입력만으로 스키마를 자동으로 불러올 수 있습니다.

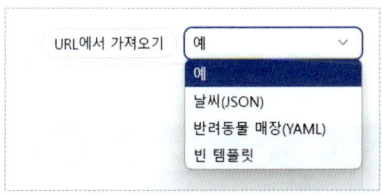

- **예**: OpenAI 스키마 형식의 예시들을 확인할 수 있습니다.
- **날씨(JSON)**: JSON 형식으로 작성된 스키마 예시입니다. 날씨는 예시 주제입니다.
- **반려동물 매장(YAML)**: YAML형식으로 작성된 스키마 예시입니다. 반려동물 매장은 예시 주제입니다.
- **빈 템플릿**: 스키마 템플릿입니다. JSON 형식으로 작성되어 있습니다.

> **NOTE** JSON과 YAML 모두 데이터를 표현하는 형식입니다. JSON은 중괄호({})와 콜론(:)을 사용해 데이터를 구조화하며, 웹 API에서 표준으로 많이 사용되는 형식입니다. YAML은 들여쓰기와 콜론으로 데이터를 구조화하여 사람이 읽기 쉬운 형식입니다.

- **개인정보 보호 정책**: GPT 사용자의 개인정보가 어떻게 관리되고 보호되는지를 설명하는 문서 링크를 입력하는 곳입니다. 보통 OpenAI의 개인정보 처리방침이 담긴 https://openai.com/policies/privacy-policy 링크를 넣습니다.

SerpAPI 알아보기

Canva와 같은 그래픽 디자인 도구는 GPT와 연동되어 GPT 내에서 Canva 서비스를 사용할 수 있도록 지원하고 있습니다. 이처럼 GPT에서는 API를 활용해서 외부 서비스를 연동할 수 있습니다. 하지만 API를 활용해서 서비스를 연동하려면 어느 정도의 개발 지식이 필요합니다. 서비스마다 API를 제공하는 방식과 정책이 다르기 때문입니다. 따라서 개발 지식이 없는 초보자가 외부 서비스를 연동하는 것은 생각보다 쉽지 않습니다.

따라서 이 책에서는 SerpAPI라는 서비스를 GPT에 연동하는 법을 알려드리고자 합니다. SerpAPI는 구글, 유튜브, 네이버 등 다양한 검색 엔진의 결과를 쉽게 가져올 수 있게 해주는 서비스입니다. SerpAPI를 활용하면 개발 지식이 부족하더라도 쉽게 GPT에 검색 서비스를 연동할 수 있습니다. SerpAPI 서비스를 사용하기 위해 회원 가입 절차를 먼저 진행하겠습니다.

01 SerpAPI 홈페이지(www.serpapi.com)에 접속 후 [Sign up]을 클릭해 회원 가입을 진행합니다. 회원 가입을 위해서는 e-mail과 핸드폰 인증을 모두 진행해야 합니다.

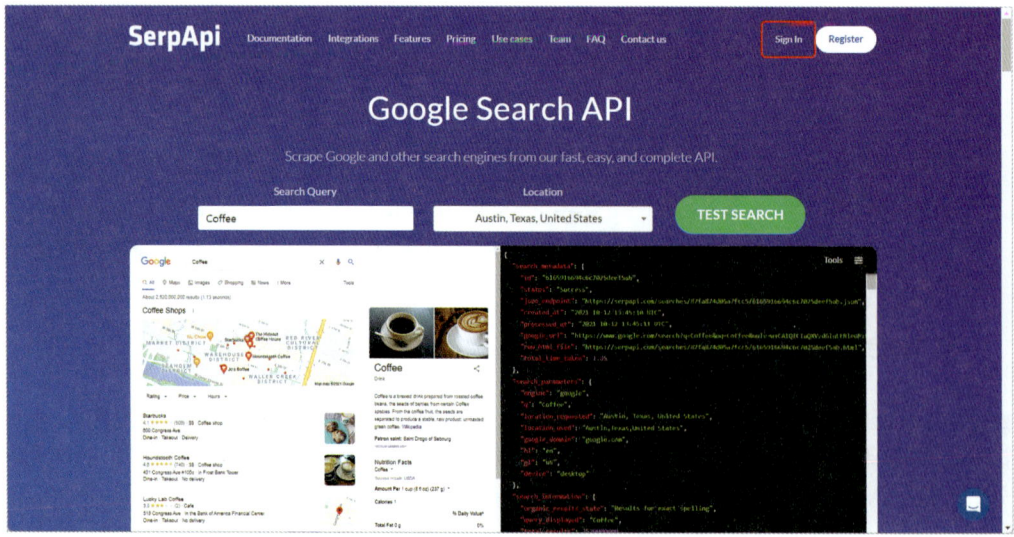

02 인증을 완료하면 원하는 플랜을 선택할 수 있는 화면이 나타납니다. 무료 계정은 한 달에 100번 무료로 API를 호출할 수 있는 크레딧을 제공합니다. 그 이상 호출하려면 유료 계정으로 전환해야 합니다. [Subscribe]를 클릭해 무료 계정 생성을 완료합니다.

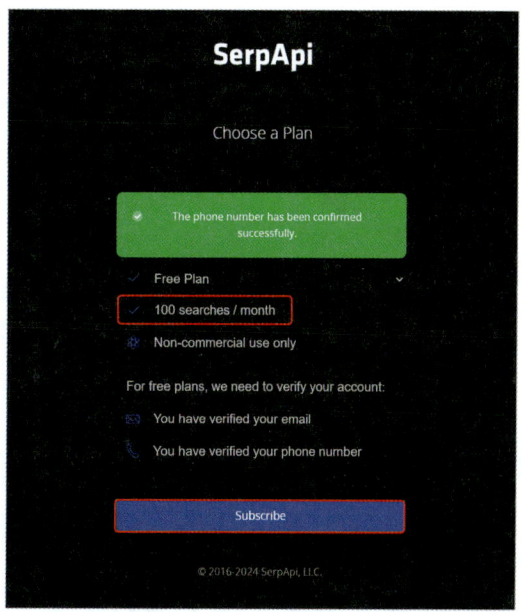

03 왼쪽의 메뉴를 살펴보면 구글의 여러 서비스와 Baidu, Bing, Yahoo, Youtube, Apple App Store, Naver 등 다양한 서비스를 확인할 수 있습니다. SerpAPI를 활용하여 연동 가능한 서비스들로, 만들고자 하는 챗봇의 목적에 따라 선택하면 됩니다. 이 책에서는 네이버, 유튜브, 구글 파이넌스 서비스를 연동하여 챗봇을 만들어 보겠습니다.

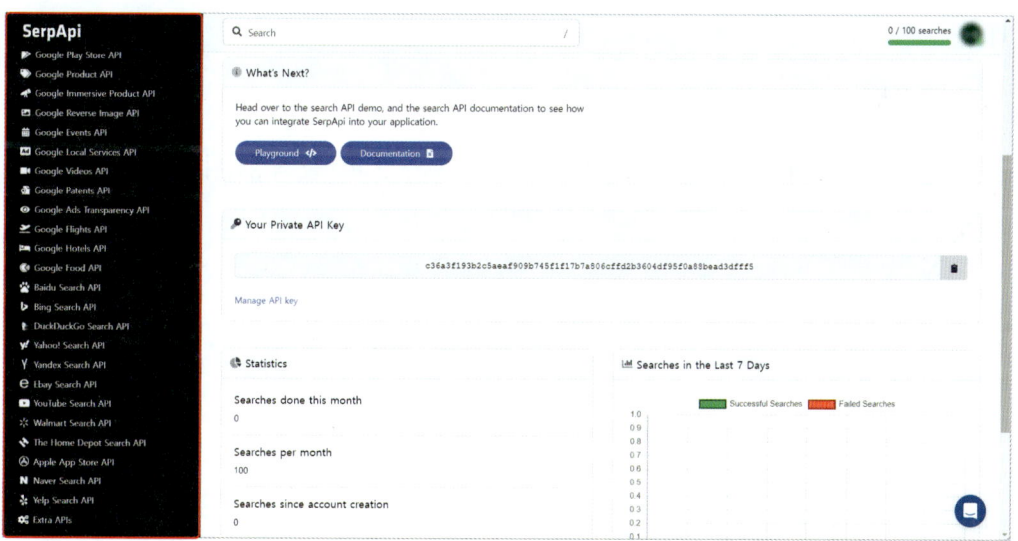

SECTION 10.2 API로 업그레이드하는 나만의 챗봇

▶▶ Chapter 9에서 우리는 나만의 챗봇을 만들어 보았습니다. 이번에는 조금 더 나아가 API를 활용해 더 유용한 챗봇을 만들어 보려 합니다. 여러분의 챗봇이 더 똑똑하고 다재다능해 질 수 있는 방법을 알려 드리겠습니다.

네이버 뉴스 요약 챗봇 만들기

직장인이라면 시간의 부족함을 절실히 느낄 때가 많습니다. 업무에 치이다 보면 경제, 산업, 트렌드 같은 중요한 뉴스를 놓치기 일쑤입니다. 하지만 이런 정보의 부재는 업무 효율에 직접적인 영향을 줄 수 있습니다. 이때 필요한 '네이버 뉴스 요약 챗봇'을 만들어 보겠습니다.

이 챗봇은 사용자가 원하는 키워드를 입력하면 관련 뉴스를 검색하고 핵심만 요약해 제공합니다. 아침 출근길이나 점심시간 같은 짧은 시간을 투자하는 것만으로도 최신 정보를 놓치지 않을 수 있습니다.

01 챗봇 제작을 위해 [+만들기] → [구성] 메뉴를 클릭 후 구성 요소를 작성합니다.

네이버 뉴스 요약 챗봇
● 초안

만들기 구성

이름

네이버 뉴스 요약 챗봇

설명

키워드를 입력하면 네이버 뉴스를 요약해서 알려주는 챗봇입니다.

지침

- 출처: [기사 출처]
- 내용: 기사 요약 (5줄의 완성된 문장)

2) 결과의 품질 기준: 요약된 내용은 정확하고 간결하며, 기사의 핵심 내용을 전달해야 합니다. 불필요한 정보는 제외하고 중요한 부분만 요약해야 합니다.

대화 스타터

오늘 가장 주목할 만한 뉴스는 무엇인가요?	×
경제와 관련된 최신 뉴스가 있나요?	×
오늘의 주요 정치 뉴스는 어떤 것이 있나요?	×
최신 기술 관련 뉴스를 요약해 줄 수 있나요?	×
	×

지식

지식(Knowledge) 하에 파일을 업로드하면, GPT와의 대화에 파일 콘텐츠가 포함될 수 있습니다. 코드 인터프리터를 사용하면 파일을 다운로드할 수 있습니다.

파일 업로드

기능

☐ 웹 브라우징
☐ DALL·E 이미지 생성
☐ 코드 인터프리터 및 데이터 분석 ⓘ

작업

새 작업 만들기

02 작성 후 [작업] - [새 작업 만들기]를 클릭해 [작업 추가] 화면으로 이동합니다.

03 작업 추가를 하기 전 챗봇에 네이버 뉴스를 연동하기 위해 SerpAPI에서 [Naver Search API] - [News Results]를 클릭합니다.

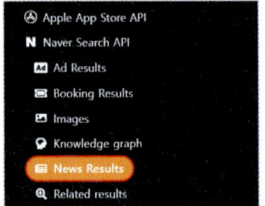

04 [Naver News Results] 화면에서 뉴스 결과를 확인할 수 있습니다. 하단의 [Code to integrate]에서 cURL을 선택 후 해당 코드를 복사합니다.

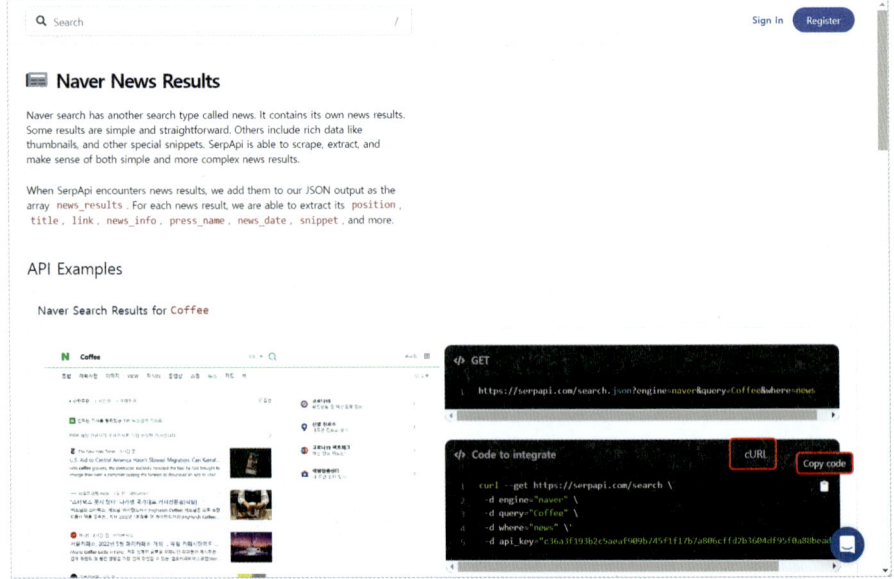

05 다시 [작업 추가] 화면으로 돌아와 [ActionsGPT에서 도움 받기]를 클릭합니다.

 **ActionsGPT**

ActionsGPT는 GPT 모델과 외부 애플리케이션, 서비스, API를 연결하여 사용자 요청에 따라 특정 작업을 수행하는 기능을 제공하는 기술입니다. 기본적으로 GPT가 사용자 질문에 답변하는 것 이상의 역할을 하도록 만들어졌으며, 외부 애플리케이션과 상호작용하는 작업을 실행할 수 있습니다.

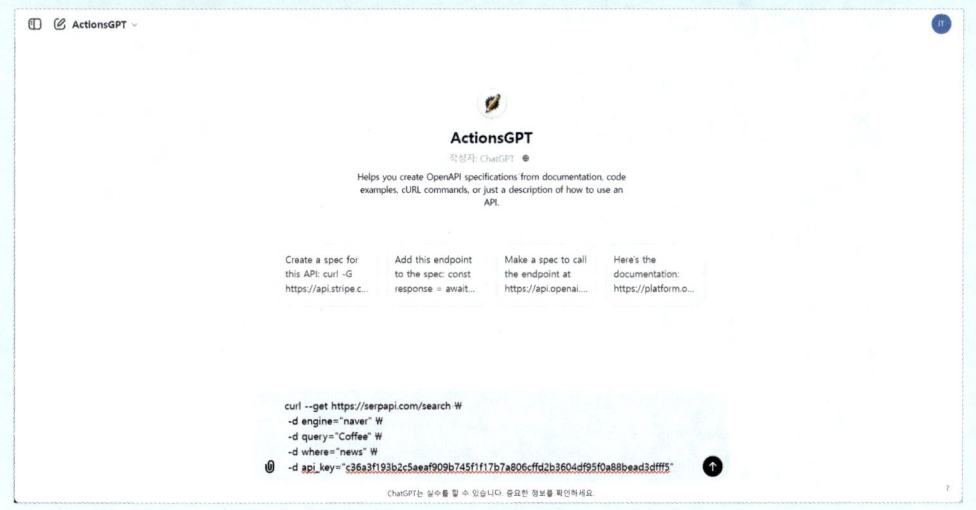

06 'ActionsGPT' 채팅창에 복사한 cURL코드를 붙여 넣습니다.. 코드를 입력받은 ActionsGPT가 cURL 코드를 OpenAPI 스키마 형식에 맞춰 작성해 줍니다.

```
curl --get https://serpapi.com/search \
 -d engine="naver" \
 -d query="Coffee" \
 -d where="news" \
 -d api_key="c36a3f193b2c5aeaf909b745f1f17b7a806cffd2b3604df95f0a88bead3dfff5"
```

Based on the cURL command you provided, which makes a GET request to the SerpApi's Naver search engine, here's the corresponding OpenAPI 3.1.0 specification. This request appears to retrieve search results (filtered by news) for a specific query (in this case, "Coffee") from Naver via the SerpApi.

```yaml
openapi: 3.1.0
info:
  title: SerpApi Naver Search API
  description: This API allows searching Naver using SerpApi for a specific query and filtering the results based on the news section.
  version: 1.0.0
servers:
  - url: https://serpapi.com
    description: SerpApi Main Server
paths:
  /search:
    get:
      operationId: getNaverSearchResults
      summary: Get search results from Naver (news section)
      description: Perform a search on Naver using SerpApi, with the ability to specify the query and filter by the news section.
      parameters:
        - name: engine
          in: query
          required: true
          description: The search engine to use (must be "naver").
            ..(생략)..
```

07 이 데이터 형식은 'YAML'로 우리는 'JSON' 형식으로 다시 작성해 달라고 요청합니다.

 JSON 형식으로 다시 작성해 줘.

 물론입니다! 아래는 OpenAPI 3.1.0 스펙을 JSON 형식으로 변환한 것입니다.

```json
{
  "openapi": "3.1.0",
  "info": {
    "title": "SerpApi Naver Search API",
    "description": "This API allows searching Naver using SerpApi for a specific query and filtering the results based on the news section.",
    "version": "1.0.0"
  },
  "servers": [
    {
      "url": "https://serpapi.com",
      "description": "SerpApi Main Server"
    }

...(생략)...
```

08 'ActionsGPT'가 JSON 형식으로 작성해준 코드를 복사해서 작업의 스키마에 붙여 넣고, 마우스 커서를 스키마의 **"name": "api_key"**로 이동합니다.

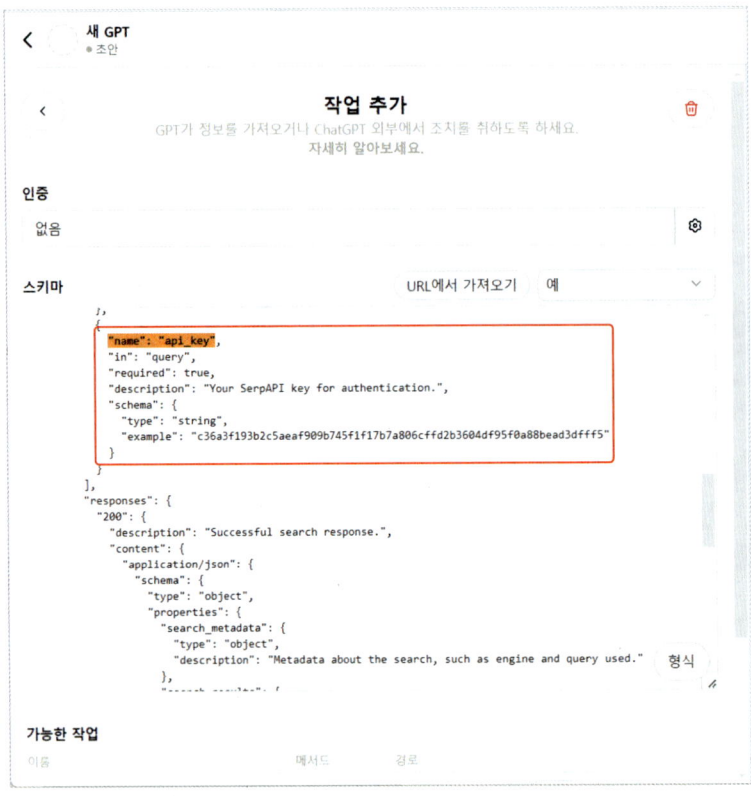

09 스키마에서 아래 화면과 같이 **"enum": [SerpAPI의 API키]**를 추가합니다. type과 enum을 구분하기 위해 **"type": "string"** 뒤에 쉼표(,)를 꼭 추가해 주세요.

> NOTE 내 SerpAPI의 API 키는 [SerpAPI] - [Your Account] - [Your Private API Key]에서 확인할 수 있습니다.

10 [가능한 작업]에서 테스트를 선택하면 오른쪽 [미리 보기]창에 '**[debug] Calling HTTP endpoint**' 텍스트가 나타납니다. 이때 '항상 허용하기'를 선택합니다.

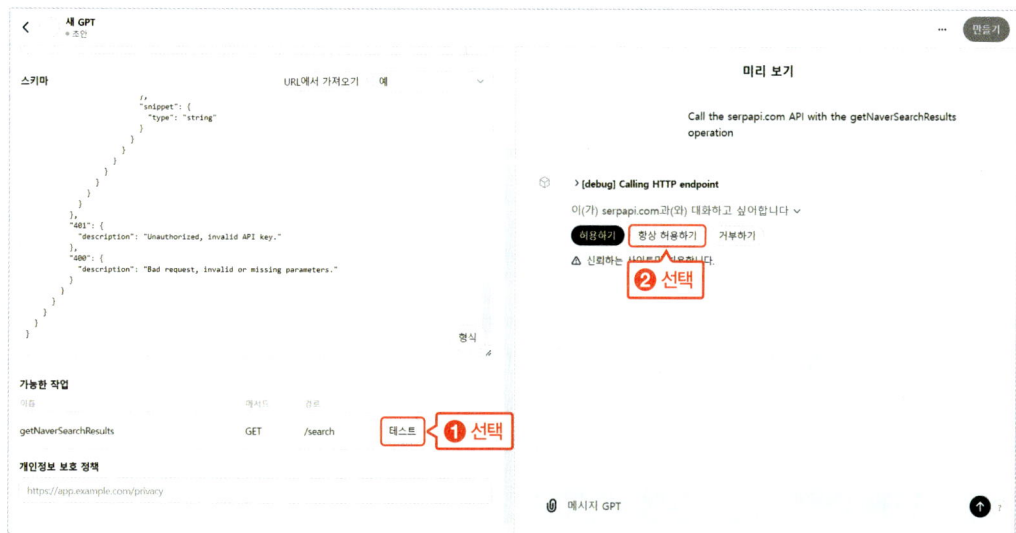

11 다음과 같이 미리 보기 화면이 나타나면 정상적으로 네이버 뉴스가 연동된 것입니다.

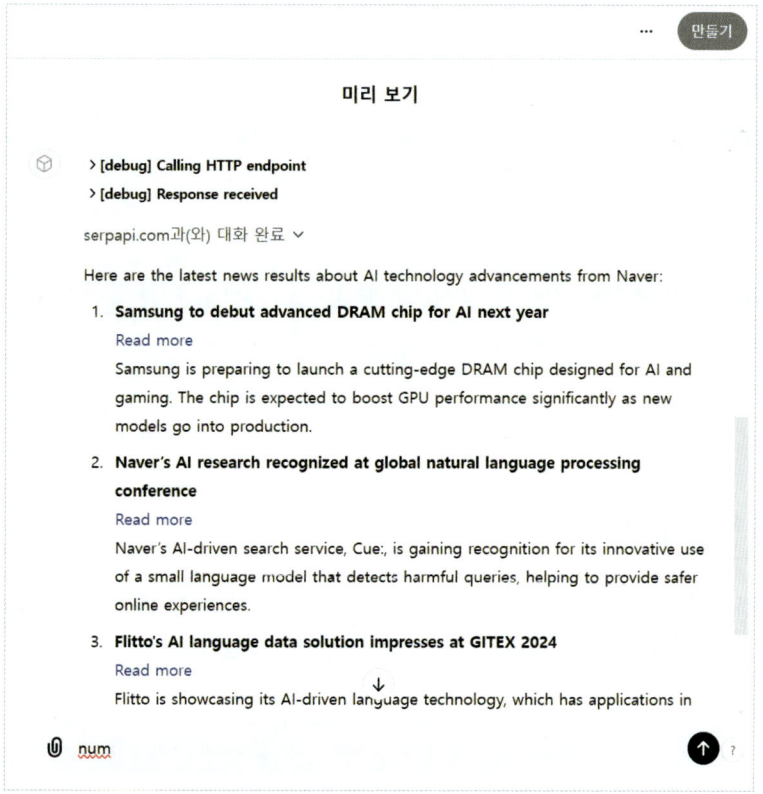

12 마지막으로 [개인정보 보호 정책]에 'OpenAI의 개인정보 보호정책(https://openai.com/policies/privacy-policy) 주소를 기입 후 [만들기]를 클릭합니다.

개인정보 보호 정책
https://openai.com/policies/privacy-policy

13 '네이버 뉴스 요약 챗봇'이 완성되었습니다. 이 챗봇을 통해 실시간으로 네이버 뉴스를 검색하고, 원하는 주제의 최신 기사들을 바로 확인할 수 있습니다.

 지난주에 제일 인기 있던 경제 뉴스 5가지 알려줘.

 다음은 지난주에 가장 인기 있던 경제 뉴스 5가지입니다:

1. **제목**: [채널A 경제시그널 전문] 금도끼냐 은도끼냐…혁신가 vs 사기꾼 일론 머스크
   - **날짜**: 2024년 10월 18일
   - **출처**: 채널A
   - **내용**: 일론 머스크가 혁신가인지 사기꾼인지에 대한 논란이 지속되는 가운데, 그의 경제적 영향력에 대한 분석이 큰 화제를 모았습니다.

... (중략) ...

- **제목**: 남들은 다 아는 지난주 산업 경제 뉴스 5
- **날짜**: 2024년 7월 14일
- **출처**: 이코노믹리뷰
- **내용**: 춘천시 강원정보문화산업진흥원의 성과급 삭감과 관련한 근로기준법 위반 사건이 경제 이슈로 주목받았습니다.

유튜브 키워드 검색 챗봇 만들기

바쁜 일상 속에서 필요한 정보를 빠르게 찾을 수 있는 능력이 중요해지고 있습니다. 특히 업무나 취미와 관련된 동영상 콘텐츠를 찾고자 할 때, 유튜브에서 일일이 검색하고 관련 영상을 확인하는 데 많은 시간이 소요될 수 있습니다. 이 문제를 조금 더 편리하게 사용하기 위해 '유튜브 키워드 검색 챗봇'을 만들어 보겠습니다.

01 네이버 뉴스 요약 챗봇과 동일하게 [+만들기]를 클릭해 기본적인 구성 요소를 입력합니다. 작성이 완료되었다면 유튜브를 연동하기 위해 SerpApi 사이트에 접속해 [YouTube Search API] - [Video Results]를 클릭합니다.

02 Video Results를 클릭하면 나오는 화면 하단의 'code to integrate'에서 cURL을 선택하고 Copy code를 클릭해 해당 내용을 복사합니다.

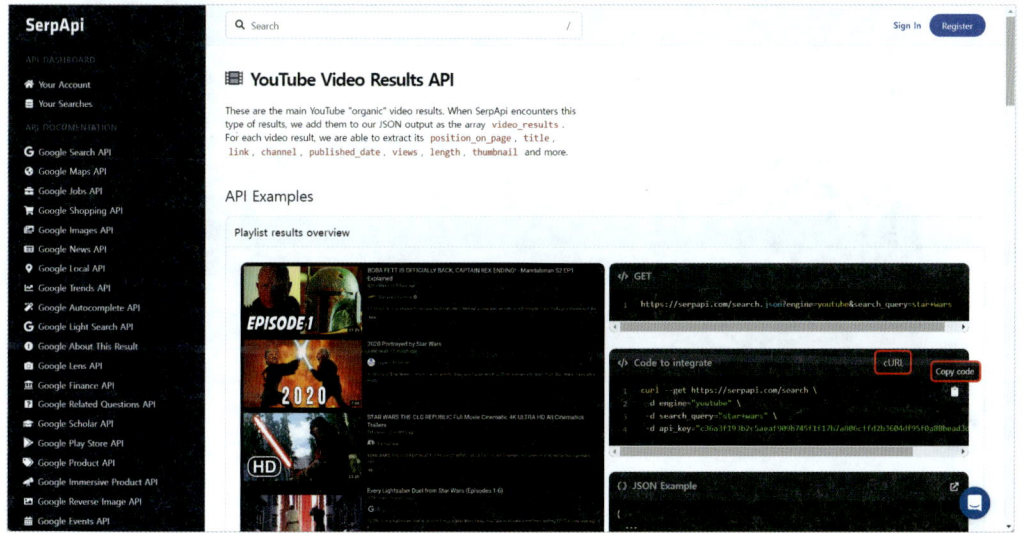

03 'ActionsGPT' 채팅창에 복사한 cURL코드를 붙여 넣습니다. 코드를 입력받은 ActionsGPT가 cURL 코드를 OpenAPI 스키마 형식에 맞춰 작성해 줍니다. 역시나 JSON 형식으로 재요청해서 코드를 확인합니다.

```
curl --get https://serpapi.com/search \
 -d engine="youtube" \
 -d search_query="star+wars" \
 -d api_key="c36a3f193b2c5aeaf909b745f1f17b7a806cffd2b3604df95f0a88bead3dfff5"
```

To generate a valid OpenAPI 3.1.0 specification from the provided cURL command, I will convert the parameters (engine, search_query, api_key) and method (GET) into the appropriate OpenAPI structure.

Here's how the OpenAPI 3.1.0 YAML specification would look:

```yaml
openapi: 3.1.0
info:
  title: SerpAPI - YouTube Search
  description: This API retrieves YouTube search results using the SerpAPI service.
  version: 1.0.0
servers:
  - url: https://serpapi.com
    description: SerpAPI main server
paths:
  /search:
    get:
...(생략)...
```

JSON 형식으로 다시 작성해 줘.

아래는 요청하신 OpenAPI 3.1.0 사양을 **JSON 형식**으로 변환한 내용입니다:

```json
{
  "openapi": "3.1.0",
  "info": {
    "title": "SerpAPI - YouTube Search",
    "description": "This API retrieves YouTube search results using the SerpAPI service.",
```

```
    "version": "1.0.0"
},
"servers": [
    {
        "url": "https://serpapi.com",
        "description": "SerpAPI main server"
    }
],
```
...(생략)...

04 JSON 형식의 코드를 복사해서 작업의 스키마에 붙여 넣고, 마우스 커서를 스키마의 **"name":
"api_key"**로 이동합니다.

05 스키마에서 아래 화면과 같이 **"enum": [SerpAPI의 API키]**를 추가합니다. type과 enum을 구분하기 위해 **"type": "string"** 뒤에 쉼표(,)를 꼭 추가해 주세요.

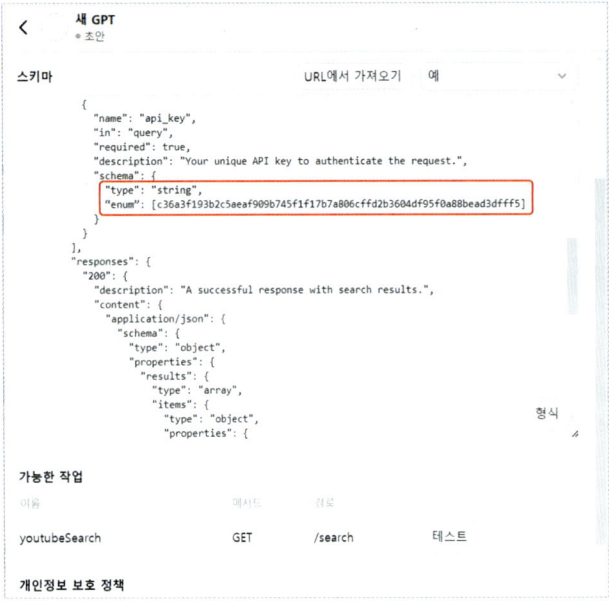

06 [가능한 작업]에서 테스트를 선택하면 오른쪽 [미리 보기]창에 '**[debug] Calling HTTP endpoint**' 텍스트가 나타납니다. 이때 '항상 허용하기'를 선택합니다.

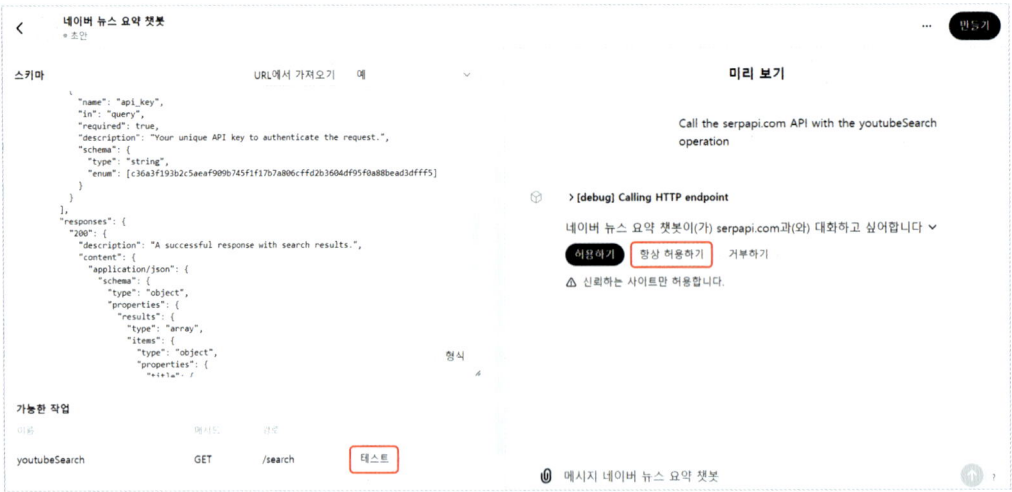

304 　CHAPTER 10 GPTs 기능 업그레이드하기

07 다음과 같이 미리 보기 화면이 나오면 정상적으로 유튜브가 연동된 것입니다.

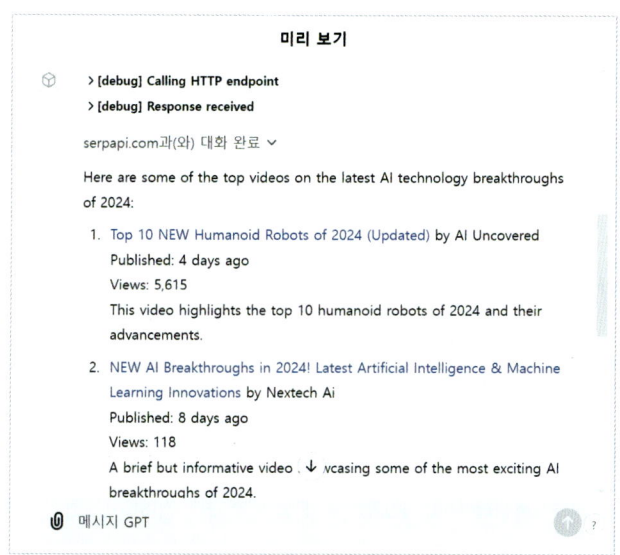

08 마지막으로 [개인정보 보호 정책]에 'OpenAI의 개인정보 보호정책(https://openai.com/policies/privacy-policy) 주소를 기입 후 [만들기]를 클릭합니다.

09 '유튜브 키워드 검색 챗봇'이 완성되었습니다. 이 챗봇으로 출퇴근 시간이나 잠깐의 여유 시간에 필요한 정보를 빠르게 얻을 수 있습니다. 업무뿐 아니라 인기 있는 영상이나 최신 트렌드를 파악하는 데에도 유용하게 활용될 수 있습니다.

 시간 관리 방법에 관한 유익한 동영상 있어?

 다음은 **시간 관리 방법**에 대한 유익한 유튜브 동영상 목록입니다:

1. **상위 1%만 아는 진짜 시간관리 | 3가지만 기억하세요** – 채널: 퇴사한 이형 (조회수: 226K, 길이: 10:15)

2. **2024 계획 세우기 | 하루를 48시간처럼 쓸 수 있는 획기적인 시간관리법** – 채널: 책식주의 (조회수: 931K, 길이: 16:53)

3. 아마 처음 듣는 얘기일걸요? 심플하게 시간관리 잘하는 법! – 채널: 허대리 (조회수: 701K, 길이: 8:56)

4. 세상 유용한 시간관리 법 by 벤저민 프랭클린 – 채널: 노우티KnowT (조회수: 140K, 길이: 3:34)

5. 인생이 변하는 일정 관리법 | 정신과 의사가 경험한 자기 관리 노하우 – 채널: 멘탈탄탄 (조회수: 101K, 길이: 9:48)

원하는 영상 번호를 선택하면 해당 영상에 대한 요약을 제공해드리겠습니다!

 최근 디지털 마케팅 트렌드에 대한 영상 추천해 줘.

 다음은 **최근 디지털 마케팅 트렌드**에 대한 유익한 유튜브 동영상 목록입니다:

1. 마케팅 트렌드 2024 싹 바뀔 10가지 총정리 (+AI, 2025) – 채널: 일헥타르 컴퍼니 (조회수: 132K, 길이: 12:40)

2. 2024 최신 마케팅 7가지 트렌드 총정리 (자청) – 채널: 이상한마케팅 (조회수: 64K, 길이: 12:55)

3. 2024 마케팅 트렌드 오박사가 알려드립니다! – 채널: 마케팅학교 (조회수: 1.3K, 길이: 7:10)

4. 2024년 마케팅 흐름은 이렇게 변하고 있습니다 – 채널: 곽팀장 (조회수: 47K, 길이: 18:02)

5. 2024 디지털 마케팅 트렌드, 이 세 가지는 미리 알아두세요 – 채널: 나스TV (조회수: 1.4K, 길이: 5:15)

원하는 영상 번호를 선택하면 해당 영상에 대한 요약을 제공해드리겠습니다!

찾아보기

문자

<!-- -->	57
@	284

A~D

AGI	27
API	205
Canva	290
canvas	17
Chain of Thought Prompting	52
Colab	175
DALL·E	46, 86

F~J

Fine-Tuning	15
GPT	4
GPT 스토어	262
GPT( ) 함수	211
GPT-3.5	4
GPT-4	5, 116
GPT-4 Vision	97
GPT-4o	5
GPT_CLASSIFY( ) 함수	220
GPT_EDIT( ) 함수	218
GPT_EXTRACT( ) 함수	216
GPT_FORMAT( ) 함수	214
GPT_LIST( ) 함수	212
GPT_TABLE( ) 함수	213
GPT_TAG( ) 함수	222
GPTs	262
GPU	27
HTML	55, 168
JSON	55, 289

O~T

OCR	40, 41
Reinforcement Fine-Tuning	15
Repetition and Refinement Prompting)	53
SerpAPI	290
Shot Prompting)	51
Sora	15
VScode	175
WEBP 파일	89
YAML	289
o1	9, 11
o1-mini	11
o3	25
o3-mini	25
token	26

ㄱ

감정	94
강의 스크립트	105
결측치	123
계정	30
고급 프롬프트 엔지니어링	51
광고	69
구글 스프레드시트	208
구도	90
굵은 글씨	56
그래프	164
기본 대화	38
기울임 글씨	56

ㄴ~ㄷ

노션	61
뉴스 요약	292

▶▶ 찾아보기

대사	69
데이터 모델링	148
데이터 분석	123, 143
데이터 수집	140
데이터 시각화	145
데이터 전처리	120
데이터 탐색	140

ㄹ~ㅁ

레시피	98
리스트	56
마케터	71
마케팅	71, 137
마케팅 전략	131
마크다운	55, 77
마크다운 코드	61
막대 그래프	128
멀티모달	8
메타데이터	15
멘션	284
목적	48
무료 플랜	37
문맥	48
문제 해결	52

ㅂ

박스 플롯	128
반복과 개선 프롬프트	53
백틱	56
변환	107
보고서 작성	137
보도 자료	82
분위기	94
브레인스토밍	66
블로그	66
비율	90

ㅅ

산점도	128
생각의 사슬 프롬프트	52
샷 프롬프트	51
서치	22
선택	88
설정	35
소라	15
소셜 미디어	71
스레드	33
스크립트	69, 105
스키마	289
스타일	96
스토리라인	69
스토리텔링	69

ㅇ

아이디어	66
아카이브	36
엑셀	183, 188
예술 기법	96
예시	49
오류 메시지	100
외부 서비스	288
원샷	51
웹 스크래핑	156, 163
웹 크롤링	168, 170
웹페이지	156, 226
웹페이지 개선	232
웹페이지 배포	253
웹페이지 제작	227

유료 계정	34	타깃 오디언스	48
의사결정 과정	53	탐색적 데이터 분석	123
의학적 자료 판독	102	태그	243
이메일	79	테마	35
이모티콘	76	텍스트	91, 107
이미지 생성	86	토큰	26
이미지 입력	39	톤	50
이미지 편집	87	통계 자료	103
이상치	123		
인사이트	129, 143		
인터페이스	15		

ㅈ~ㅊ

재무제표	110
전처리	140
제로샷	51
제목	55
주석	57
주제	35
지침	268
질감	93
챗GPT	4
챗봇	266
청구서	109

ㅍ~ㅎ

파이 차트	128
파인튜닝	27
페르소나	49, 119
포맷	50
푸터	249
퓨샷	52
프로젝트	67
프로젝트 관리	53
프롬프트	33, 89
프롬프트 엔지니어링	42
플랫폼	73
플러스 플랜	37
플로팅 버튼	247
피드백	251
할루시네이션	265
함수식	194
해상도	90
해시태그	72, 75
히스토그램	128

ㅋ~ㅌ

캔버스	17, 81
코드 블록	56
코딩	17, 19
콘텐츠 기획	73
클러스터	150
클러스터링	150
키워드	74
타깃	71